Gerald Lembke

VERZOCKTE
ZUKUNFT

Für meine Tochter

Inhalt

Vorwort

»Was ist nur mit den jungen Leuten los?« Ertappen Sie sich auch manchmal bei diesem Stoßseufzer – oder hören ihn aus dem Mund von Freunden oder Kollegen, die sich über das Wesen und Verhalten der heute 15- bis 25-Jährigen wundern? Es geht dann zum Beispiel um das Fehlen einfachster Umgangsformen, um Desinteresse und Gleichgültigkeit statt Begeisterung, um mangelnde Konzentrationsfähigkeit und permanente Ablenkung durch das Smartphone oder um die immer häufiger anzutreffende Unfähigkeit, einen einigermaßen fehlerfreien Brief zu formulieren oder den Dreisatz im Alltag anzuwenden. Man ist irritiert über die Angepasstheit, den Materialismus und den fehlenden Rebellionsgeist der Generation der »Millennials«. Oder umgekehrt über fehlenden Ehrgeiz und unterentwickelte traditionelle Tugenden. Und man ereifert sich über die große Rolle, die Freizeit und Spaß bei den jungen Leuten spielen, die doch am Anfang ihrer Karrieren stehen (oder stehen sollten).

Wahrscheinlich haben Sie angesichts solcher Klagen auch schon oft gedacht: »Dieses Nörgeln über die Jugend von heute und ihre Defizite gab es doch schon immer – und als ich jung war, haben meine Eltern und Großeltern genauso gesprochen.« Da ist sicher etwas dran – schon Sokrates soll über fehlende Bildung und Manieren in der jungen Generation geklagt haben:

>> Die Jugend liebt heutzutage den Luxus. Sie hat schlechte Manieren, verachtet die Autorität, hat keinen Respekt vor älteren Leu-

ten und schwatzt, wo sie arbeiten soll. Die jungen Leute stehen nicht mehr auf, wenn Ältere das Zimmer betreten. Sie widersprechen ihren Eltern, schwadronieren in der Gesellschaft, verschlingen bei Tisch die Süßspeisen, legen die Beine übereinander und tyrannisieren ihre Lehrer.«

Auch wenn manches merkwürdig aktuell klingt: So jammerten die Alten eben schon immer über die Jugend – und besonders gerne kritisiert die Elterngeneration ein Verhalten, das sie selbst ebenfalls an den Tag gelegt hat: Sogar Eltern, die im nostalgischen Rückblick gerne mit ihren ersten Sauf-, Rauch- und Sexerfahrungen prahlen, tadeln ihre Kinder, wenn diese dieselben Erfahrungen suchen.

Kann man es also dabei belassen, das alles als Geschwätz älterer Leute abzutun, die sich für unersetzlich halten und die den defizitorientierten Blick »fertiger« Erwachsener auf zwangsläufig »unfertige« Jugendliche haben? Bis ich vor zwölf Jahren als Professor an der Hochschule in Mannheim anfing, hätte ich das vermutlich exakt so gesehen – und dieses Buch bald wieder zugeklappt. Mittlerweile habe ich dazu aber leider eine andere Meinung. Denn ich erlebe täglich, wie orientierungslos manche meiner Studentinnen und Studenten durchs Leben stolpern, wie wenig soziale Kompetenzen sie haben und wie sie an einfachsten Aufgaben scheitern, bei denen sie das eingepaukte Wissen in eigenen Worten wiedergeben oder anwenden müssten.

Und ich stehe im regelmäßigen Kontakt zu vielen Unternehmen und spüre deren Sorge und Ratlosigkeit: Wer sind diese jungen Menschen, auf die wir – die Unternehmen und die Gesellschaft – in Zukunft angewiesen sind? Welches sind ihre Fähigkeiten? Warum scheuen sie Verantwortung? Und wo ist ihr Antrieb, anzupacken und in Führungspositionen etwas zu verändern? Personalvertreter beschweren sich regelmäßig über Defizite im sozialen Verhalten, über unrealistische Vorstellungen, über das Arbeitsverhalten und über die mangelhafte Selbsteinschätzung vieler Berufseinsteiger.

Noch viel alarmierender allerdings finde ich, dass die jungen Erwachsenen selbst ihre Defizite nur zu klar sehen. Eine 19-jährige Abiturientin äußerte 2018 auf einer Podiumsdiskussion:

» Wir sind selbst erschrocken über unser Verhalten. Das Dauer-daddeln und Teilen von Spaßvideos im Internet ist unsere Realität, und viele merken nicht mehr, dass sie damit die reale Welt komplett ausblenden. Die Panik kommt ein paar Tage vor dem Abi oder unmittelbar danach, wenn viele einfach nicht wissen, was sie machen sollen, außer YouTuber zu werden.«

Und eine 26-jährige Bachelorabsolventin aus einer Mannheimer Werbeagentur bestätigt diese Selbstbeschreibung einer Generation:

» Viele von uns leben in einer Spaßgesellschaft, in der Anstrengung vermieden wird. Wir verbringen einen gehörigen Teil unseres Lebens mit der Suche nach spaßigen Inhalten oder neuen Stellenausschreibungen im Internet. Ich kenne nur wenige in meinem Freundes- und Bekanntenkreis, die tatsächlich für ihren Job an die Grenzen gehen oder sich für gesellschaftliche Themen interessieren. Und wenn, dann sind das oft nur oberflächliche Bekundungen. Wirklich engagieren tut sich niemand, wenn es nicht zu mehr Freizeit oder Work-Life-Balance führt.«

Diejenigen, die die Phase der Selbstüberschätzung überwunden haben (dazu weiter unten mehr), fragen sich mit großer Verunsicherung, wie fit sie eigentlich sind für eine Zukunft, die ihnen Enormes abverlangen wird – von Digitalisierung über Globalisierung und Demokratiegefährdung bis Klimakatastrophe und Strukturwandel der Wirtschaft. Sie sehen durchaus mit Beklemmung und Sorge, was sie alles nicht können und wie oft ihnen der Antrieb fehlt. Aber warum sind viele junge Menschen so gehemmt in ihrer Leistungsfähigkeit? Was hindert sie daran, ihr Leben in die eigene Hand zu nehmen und sich in unseren Unternehmen und in unserer Gesellschaft einzubringen? Warum sind sie so orientierungslos?

Einige Beobachter machen es sich recht einfach: Sie geben sich damit zufrieden, der jungen Generation charakterliche Schwächen vorzuwerfen (»Ihr kriegt den Arsch nicht hoch!«)[1] und sie der Wehleidigkeit zu bezichtigen, wo sie doch »zwölf Stunden Freizeit am

Tag« hätten[2] und ununterbrochen nur Spaß suchten. Sie seien wohl »erschöpft vom Bummeln«[3], verschöben »den Schwerpunkt lässig in Richtung Hängematte«[4] oder hätten einfach einen »relaxten«[5] Umgang mit der Leistungsgesellschaft gefunden. Aber ist es wirklich so simpel? Ich glaube das nicht.

Meine These lautet vielmehr: Viele junge Erwachsene haben Angst. Und diese Angst haben wir Älteren ihnen eingeimpft. Aus Sorge um Wachstum und Wohlstand verspielen wir (natürlich unbeabsichtigt) die Potenziale unserer Kinder und verzocken ihre Zukunft – und damit auch die unseres Landes. In Familien (Kapitel 3), Schulen (Kapitel 4) und Universitäten (Kapitel 5) wird der Keim gelegt und fortwährend genährt für ihre Orientierungslosigkeit und ihre Lethargie – und dafür, dass immer mehr junge Menschen unter psychischen Krankheiten leiden oder es ihnen an Lebenstüchtigkeit fehlt. Aber das Bild wäre nicht vollständig, wenn man die Politik und die Wirtschaft außer Acht ließe – wobei sich Letztere paradoxerweise gerne über die Resultate des von ihr selbst miterzeugten Drucks beschwert. Dazu mehr in Kapitel 6. Und ich behaupte, dass die Probleme einer angstgestressten Jugend von ganz anderer Art sind als der in allen früheren Zeitaltern beklagte rebellische Geist und die Unangepasstheit der damaligen Jugend.

Die These, dass wir unsere Kinder einem Angst erzeugenden Erziehungs- und Bildungssystem aussetzen, will ich in diesem Buch begründen. Dafür müssen wir tief in die genannten Lebensbereiche eintauchen – in die familiäre Erziehung, die Ausbildung an Schulen und die Ausbildung an Universitäten beziehungsweise Hochschulen. (Universitäten und Hochschulen fasse ich im Folgenden unter dem synonymen Begriff »Unis« zusammen.) Für eine solche Analyse ist es wichtig, sich über Tabus und veraltete politische Frontbildungen hinwegzusetzen. Sie werden in diesem Buch manche Überlegungen finden, bei denen eine auf Polarisierung fixierte Öffentlichkeit reflexhaft »Der ist ja ein Rechter!« denkt – etwa wenn ich über Tugenden und Werte spreche, über die problematische disziplinarische »Entwaffnung« der Lehrer oder darüber, was es für Kinder bedeutet, wenn beide Eltern beruflich voll eingespannt sind. Andere Passagen wie meine Kritik an der neoliberalen Ideologie werden mich in den Augen anderer Leser als Linken erscheinen lassen. Ich würde mich freuen, wenn möglichst viele Leser solches Schubladendenken ignorieren und das Buch als Ganzes auf sich wirken lassen als Beitrag zu einem besseren Verständnis der jungen Generation.

Dieses Verständnis musste ich mir im Übrigen selbst erst einmal erarbeiten. Denn anfangs wollte ich meinen Frust über die Defizite vieler Studierender einfach nur in ein polemisches »Jugendbashing«-Buch gießen. So ein Buch von der Art: »Endlich sagt's mal einer!« Zumal es, das gebe ich gerne zu, Studierende gab und gibt, deren Ignoranz und deren bescheidener Intellekt mich auf die Palme bringen. Das Material für diesen ursprünglichen Plan finden Sie teilweise in Kapitel 2 wieder.

Aber das genügte mir dann doch nicht. Zum einen schätze ich die Zusammenarbeit mit meinen Studentinnen und Studenten seit zwölf Jahren viel zu sehr, als dass ich sie allesamt als Teil einer desinteressierten und unfähigen Null-Bock-Generation betrachten könnte. Und zum anderen wollte ich doch genauer wissen, woher die partielle Lebensuntüchtigkeit mancher Jugendlicher kommt – und warum das Phänomen sich so schnell ausbreitet. Man schätzt, dass heute etwa ein Fünftel der Deutschen zwischen elf und 21 Jahren an einer psychischen Störung oder Erkrankung leiden – allein die Hälfte davon unter Angststörungen.[6] Aber auch unter den psychisch einigermaßen stabilen Studentinnen und Studenten begegne ich vielen, denen die Benutzung ihres Verstands zu riskant erscheint und die sich lieber anpassen und in der Unselbstständigkeit verharren. Was setzt sie so unter Druck, dass sie sich nicht zu selbstbewussten, eigenständig denkenden und handelnden Menschen entwickeln können? Und warum haben viele von uns Älteren so ein mulmiges Gefühl beim Gedanken daran, wer demnächst das Steuer in Gesellschaft und Wirtschaft in die Hand nehmen soll?

Je länger ich mit Lehrern, Professoren, Erziehern, Unternehmern, Personalverantwortlichen und Studierenden sprach, desto mehr bekam ich das Gefühl, dass wir in unseren Kindern heute die Wirkung von fast 40 Jahren neoliberaler Ideologie präsentiert bekommen. Ob Eltern, Lehrer oder Dozenten – wir alle haben diese Ideologie längst verinnerlicht. Und die elterliche Erziehung, die Schule und die Uni geben die damit einhergehenden Ängste und Überzeugungen bewusst oder unbewusst an unsere Kinder weiter – etwa die Ansicht, dass es nur an einem selbst liegt, ob man sich im permanenten Konkurrenzkampf des Lebens durchsetzt und »alles erreicht« oder ob man »versagt«. Natürlich wünscht sich jeder Einzelne, dass seine Kinder trotzdem die Zeit und den Raum bekommen mögen, sich ohne übermäßigen Druck zu freien Menschen zu entwickeln, die mit mehr Neugier als Angst auf die Welt zugehen. Auch ich hoffe das für meine neunjährige Tochter – und rede mir gerne ein, dass ihr das vergönnt sein wird. Aber ich bin der Überzeugung: Unsere Kinder wachsen in einem System auf, das enormen Druck auf sie ausübt. Und dieser Druck kommt – mit Duldung durch die Politik und von der Mehrheit der Bürger akzeptiert – aus der Wirtschaft. Wenn wir uns also die Ökonomisierung unseres Bildungssystems nicht bewusst machen und uns aktiv dagegenstellen, wird sich nichts ändern.

Letztlich lautet die Frage, die die Generation der heutigen Eltern, Pädagogen, Politiker und Manager sich zu wenig gestellt hat: Wie bildet sich Persönlichkeit? Und warum sind Persönlichkeiten so wichtig für unsere Zukunft? Über welche Defizite bei jungen Menschen müssen wir endlich offen sprechen? Wie bekommen wir den allgegenwärtigen Druck aus unserem Bildungssystem heraus, der Erziehung und (Persönlichkeits-)Bildung so massiv erschwert oder ganz verhindert? Was können wir tun, um umzusteuern? Dieser Frage widme ich mich im abschließenden Kapitel 7.

Drei Bemerkungen zum Ende dieses Vorworts

Erstens: Dieses Buch handelt vom Führungsnachwuchs unserer Gesellschaft. In den Kapiteln über die Universitäten und über die Anforderung der Wirtschaft geht es deshalb fast ausschließlich um junge Erwachsene mit höheren Bildungsabschlüssen, also AbiturientInnen und Studierende. Mit dieser Gruppe habe ich regelmäßig zu tun, und ihrem Werdegang gilt mein besonderes berufliches Interesse. Die anders gelagerten Probleme, die Firmen und Berufsschulen mit Auszubildenden haben, stehen nicht im Fokus dieses Buchs.

Zweitens: Einfache und monokausale Erklärungen für Probleme sind nie gut. Aber es gibt Megatrends, die in vielen Lebensbereichen starke Wirkungen entfalten. Solche Erklärungen zu akzeptieren, fällt uns besonders dann oft schwer, wenn wir uns in unserem eigenen Lebensstil kritisiert oder ertappt fühlen. Um nur zwei Beispiele zu nennen: Wer oft und gerne in Urlaub fliegt, wehrt sich intuitiv gegen die Information, wie schädlich der Flugverkehr für das Klima ist. Und wer raucht, Alkohol trinkt und gerne Fleisch isst, mag oft nicht so genau hinhören, wenn von gesunder Ernährung die Rede ist. Im Zusammenhang mit diesem Buch wird es manchem Leser mit dem Thema »Neue Medien« so gehen. Wir alle nutzen sie – und auch viele Erwachsene finden, wenn sie ehrlich sind, nicht immer das rechte Maß dabei. Ich bin überzeugt, dass die heutigen Jugendlichen und jungen Erwachsenen geprägt worden sind von den grenzenlosen Möglichkeiten der Digitalisierung und des Internets, ohne schon gelernt zu haben, wie man sich vor dem damit einhergehenden Suchtfaktor schützt. Und ich glaube, dass für manche der in diesem Buch beschriebenen Probleme auch (!) der gedankenlose Umgang mit den digitalen Medien ursächlich ist. So paradox es klingt: Die Eignung junger Leute für die Herausforderungen des digitalen Wandels wird unter anderem gefährdet durch die exzessive Nutzung digitaler Medien. In einer früheren Publikation habe ich das so ausgedrückt: »Eine Kindheit ohne Computer ist der beste Start ins digitale Zeitalter.«[7]

Der dritte Hinweis: Obwohl ich mit einer Sachsen-Anhaltinerin verheiratet bin, ist mein Blick auf die deutsche Bildungs- und Unternehmungslandschaft stark westdeutsch geprägt. Es wäre künstlich, so zu tun, als sei das anders. Und heutige Jugendliche wachsen nun einmal in eine westlich-kapitalistisch geprägte Wirtschafts- und

Gesellschaftsordnung hinein. Über einen ergänzenden Beitrag aus ostdeutsch geprägter Perspektive würde ich mich freuen.

Im Zuge der Arbeit an diesem Buch bin ich endgültig vom Kritiker zum Verteidiger der jungen Leute geworden. Sie haben enormes Potenzial – und wir müssen aufhören, dieses Potenzial zu blockieren. Damit wir unser aller Zukunft nicht verzocken.

Gerald Lembke, im Februar 2019

1 Wo drückt der Schuh?

Das Deutschland des Jahres 2019 steht objektiv betrachtet glänzend da: Wir sind Exportweltmeister und haben annähernd Vollbeschäftigung und Preisstabilität, die individuelle Zufriedenheit der Bürger ist hoch, es herrscht Frieden und ein im Weltmaßstab fast unerreichter Wohlstand. Wir sind eine Demokratie und ein gut geführtes und organisiertes Land, eingebunden in europäische Strukturen. Es ist kein Zufall, dass so viele Migranten Deutschland als ihr Traumland angeben.

Und doch ist Deutschland ein verunsichertes Land. Denn ebenso wie an der Börse wird auch bei der Grundstimmung einer Nation nicht die Gegenwart, sondern die Zukunft gehandelt. Und diese Zukunft besteht für viele vor allem aus bangen Fragen – zumal wir Deutschen eher zu bangem Pessimismus als zu zukunftsfrohem Optimismus neigen. Die Vielfalt der Welt und die Offenheit der Zukunft empfinden viele als Bedrohung – und nicht mehr, wie in der zweiten Hälfte des 20. Jahrhunderts, als Chance. Wird die Weltwirtschaft weiterhin so laufen, wie es unsere Exportwirtschaft braucht? Wie werden der Klimawandel und die Digitalisierung das Leben jedes Einzelnen verändern? Wird die Europäische Union zerbrechen? Wird der über 70 Jahre während Frieden in Europa halten? Besteht unsere – teilweise offen verachtete – Demokratie die Herausforderungen der Zukunft? Werden wir die soziale Spaltung in Gewinner und Verlierer überwinden? Wie lange ist eine wachstumsorientierte, auf das Auspressen der natürlichen und menschlichen Ressourcen angewiesene Wirtschaftsordnung durchzuhalten? Drohen wir im Verwalten unseres Wohlstands und unseres Erbes zu erstarren? Und wie wird der demografische Wandel sich auf unsere Wirtschaft und unsere Sozialsysteme auswirken? Ist die Zukunft bei unseren Kindern in guten Händen?

Eine »kollektive Bequemlichkeitsverblödung« werde uns »früher oder später auf die Füße fallen«, hat der Politologe Thomas Kliche 2018 prophezeit. Er bezog sich darauf, dass »die Leute lieber dreimal im Jahr Urlaub machen oder Dschungelcamp schauen, als sich auch nur mit den einfachsten Grundlagen von Wirtschaft, Politik und Gesellschaft zu beschäftigen.«[1]

Auch wenn man diese drastische Wortwahl nicht teilt – über eines immerhin herrscht Einigkeit: Für unsere Zukunft brauchen wir junge Menschen, die viel wissen. Ein rohstoffarmes Hochlohnland wie Deutschland muss auf Hochtechnologie und permanente Innovationen setzen, um seinen Rang nicht zu verlieren. Darauf konzentrieren sich die Anstrengungen, die unter dem Begriff »Bildungsrepublik Deutschland« zusammengefasst werden – in Universitäten und Hochschulen, in der Schule und mehr und mehr auch schon im Kindergarten.

Aber ist der Begriff »Bildungsrepublik« überhaupt angemessen? Bildung bedeutet ja viel mehr als das Anhäufen von Wissen – sie hat mit dem Herausbilden einer Persönlichkeit zu tun, die das erworbene Wissen eigenständig und klug anwenden kann. Bildung ist letztlich das Ergebnis von Erziehung und nicht von Paukerei. Leider wird die Erziehungsaufgabe seit einigen Jahrzehnten in unserer Gesellschaft herumgereicht wie eine heiße Kartoffel. Ursprünglich war sie Aufgabe der Eltern. Schon seit vielen Jahren jedoch sehen Lehrer sich damit konfrontiert, dass die Schule elementare Erziehungsaufgaben übernehmen muss, um die Schüler überhaupt erst unterrichtsfähig zu machen. Auch Schulen sind an dieser Aufgabe gescheitert, müssen aber des gesellschaftlich vorgegebenen Bildungsziels wegen dennoch »Zeugnisse der Hochschulreife« für recht unreife Jugendliche ausstellen. Die Erziehungsaufgabe ist also mittlerweile in die Unis weitergewandert – diese persönliche Erfahrung als Hochschulprofessor bildet einen Kern dieses Buchs.

Und da auch die Hochschulen unter dem Druck stehen, niemanden wegen fehlender sozialer Kompetenzen durchfallen zu lassen, stehen inzwischen die Betriebe vor der Aufgabe, mit Berufsanfängern fertigzuwerden, denen es teilweise an elementaren Fähigkeiten fehlt, wie man sie durch eine echte Erziehung erwirbt. Selbstbewusste und kreative junge Leute, die bereit sind, Verantwortung zu übernehmen und Führungspositionen auszufüllen, sind absolute Mangelware. Der Verantwortungs- und Führungsnachwuchs ist oft vollständig überfordert. Das wird noch verstärkt durch das dynamische Veränderungstempo der Wirtschaft, das mit Stichworten wie »Industrie 4.0« und »globale Konkurrenz« zu tun hat. Die Firmen müssen sich mit der ungewohnten Aufgabe befassen, ihre künftigen Führungskräfte erst einmal an die Hand zu nehmen und behutsam zur Selbstständigkeit des Denkens und Handelns zu führen.

Unsere junge Generation ist nicht geprägt von einem rebellischen Geist und von Lust auf Veränderung, sondern von Anpassung und Fatalismus. »Ist eben so«, heißt die schulterzuckende Reaktion auf betriebliche und gesellschaftliche Missstände. Wie der Soziologe Thomas Druyen 2018 gezeigt hat, gehören die Deutschen zu den Anpassungs- und Reaktionsweltmeistern: »Ganz offenbar gelingt es unserer Bevölkerung in weit überwiegendem Maße, mit leichten und schwereren Herausforderungen im Moment ihres Eintretens zurechtzukommen, sich anzupassen, sie zu adaptieren und zu bewältigen.« Und er fügt fast schon sarkastisch hinzu: »Da müsste es doch auch möglich sein, nicht erst bis zur Bedrohung, Krise oder Katastrophe zu warten, sondern früher, präventiver und weitsichtiger tätig zu werden.«[2] Aber revolutionäre Innovationen liegen den Deutschen nicht so wie anderen Nationen.

Dass Deutschland nur als Wissensgesellschaft oder besser: als *echte* »Bildungsrepublik« eine Zukunft hat, wird hier nicht infrage gestellt. Aber dass das auf Druck basierende System, mit dem Schulen und Unis momentan Wissen vermitteln, uns wirklich hilft – das muss massiv bezweifelt werden. Die aktuellen Erfahrungen von Eltern,

Lehrern und Dozenten, aber auch von Ärzten und Therapeuten sprechen jedenfalls ganz klar dagegen. Dafür gibt es zu wenig glückli-
che und zuversichtliche junge Menschen, die Lust auf Zukunft und
Bock auf gesellschaftliches Engagement haben. Stattdessen sind viele
politische und wirtschaftliche Bemühungen darauf ausgerichtet, die
Menschen in den herrschenden Konformismus zu zwingen, um den
Wohlstands- und Sozialstaat mit allen verfügbaren Mitteln aufrecht-
zuerhalten. Das Sicherheitsdenken vieler Menschen kommt diesen
Bemühungen entgegen. Aber ist es wirklich wünschenswert, dass die
Individualität der Menschen dem gesellschaftlichen Wert des »Funk-
tionierens« untergeordnet wird? Statt individuelle Begabungen und
Talente zu fördern und Persönlichkeiten zu bilden, werden in Schu-
len und Unis wirtschaftlich verwertbare »Kompetenzen« vermittelt.
Jugendliche wachsen in einer Atmosphäre auf, die immer klarer zwischen Siegern und Verlierern unterscheidet und die ihnen suggeriert,
dass es nur von einem selbst abhängt, zu welcher Gruppe man gehört.
Dabei ist es unverändert vor allem die soziale Herkunft, die bei uns
über Arm und Reich entscheidet.

Deutschland leidet stärker als die meisten anderen westlichen
Länder unter »Abwärtsmobilität«: 18 Prozent der Deutschen über
26 Jahren hatten 2015 einen niedrigeren Bildungsabschluss als ihre
Eltern. Und nur ein knappes Viertel überflügelte die Eltern in dieser Hinsicht – während diese Quote im OECD-Durchschnitt bei
41 Prozent und in Finnland sogar bei 55 Prozent lag.[3] (Allerdings
muss man diese Zahlen mit mehr Vorsicht interpretieren, als manche
Medien es tun. Sie können ja auch bedeuten, dass es in Deutschland
besonders viele Eltern mit hohen Bildungsabschlüssen gibt. Rein
theoretisch gesprochen: In einer Gesellschaft, die nur aus Akademikern bestünde, läge die Quote der Kinder, die ihre Eltern »überho-
len«, logischerweise bei null Prozent – was dann aber kein Anlass zur
Empörung sein sollte. Und tatsächlich ist der Akademikeranteil unter den Eltern heute fast doppelt so hoch wie noch in den 1990er-Jah-
ren. Wie Ergebnisse des Statistischen Bundesamtes zeigen, »… ver-
fügten 29 % der 30- bis 34-Jährigen über einen Hochschulabschluss,
während der Anteil unter den 60- bis 64-Jährigen bei 19 % lag.«[4] Ein

entsprechend größerer Anteil der Kinder kann also gar keinen höheren Abschluss erreichen als ihre Erzeuger. Trotz dieser mathematischen Denkfalle trifft es aber zu, dass die Chancen von Nicht-Akademiker-Kindern, ein Studium zu beginnen und abzuschließen, in Deutschland tatsächlich geringer sind als in vielen anderen Ländern. Die Ungleichverteilung der Bildungschancen je nach Einkommen der Eltern hat sich zudem wieder zementiert.

Auch der traditionelle Elternwunsch, den eigenen Kindern möge es einmal besser gehen als einem selbst, wird oft nicht mehr erfüllt. Den Kindern der Babyboomer, also den Enkeln der Wirtschaftswundergeneration, geht es oft schlechter als ihren Eltern. Der sozialdemokratisch geprägte Aufbruch der 1960er und -70er, der vielen Kindern aus einfachen Familien ein Studium und den sozialen Aufstieg ermöglichte, war nur eine Episode. Der soziale Fahrstuhl nach oben ist stillgelegt. So sehr sich Nicht-Akademiker auch abstrampeln: Es bleibt statistisch unwahrscheinlich, dass ihre Kinder einen akademischen Abschluss erlangen werden. In diesen Familien dürfte die Angst, auf der Verliererseite zu landen, besonders ausgeprägt sein. Das seit den 1990ern steigende Armutsrisiko, die stagnierende Lohnentwicklung in den unteren Einkommensgruppen und die Lebensbedingungen der Millionen von Hartz-IV-Empfängern lässt die Sorge, in einer rasant sich wandelnden Arbeitswelt den Anschluss zu verlieren, schnell in Panik umschlagen.
Eine Studie des Instituts für Makroökonomie und Konjunkturforschung (IMK) im Auftrag der Hans-Böckler-Stiftung von 2016 zeigt, dass die Einkommensungleichheit in Deutschland heute deutlich höher ist als noch vor 20 Jahren. Der Anteil der Mittelschicht an der Gesamtbevölkerung ist unter 60 Prozent gefallen. Es sind mehr Menschen in der Oberschicht angekommen, aber noch mehr in die Unterschicht abgerutscht. Die Einkommensschere öffnet sich also immer weiter. In der Eurozone ist Deutschland mittlerweile das Land mit der zweithöchsten Vermögensungleichheit, wie das gewerkschaftsnahe Wirtschafts- und Sozialwissenschaftliche Institut (WSI) 2016 mitteilte.

Junge Menschen wachsen mit dem Gefühl auf, dass ihnen die bürgerliche Mitte der Leistungsgesellschaft verschlossen bleiben könnte. Diese Angst vermittelt ihnen ihre Elterngeneration. Die hat besonderen seelischen Stress durch die Diskrepanz zwischen der Realität und den (viel pessimistischeren) Erwartungen. Heinz Bude sprach bereits 2014 von einer »Gesellschaft der Angst«[5] und konstatierte eine »Statuspanik« in der Mittelschicht: Demnach setzten die Menschen den Maßstab für das eigene Leben vor allem danach, was die anderen tun und haben. Die Angst, nicht mithalten zu können, äußere sich unter anderem in Neid – einer Eigenschaft, die in Deutschland verbreiteter ist als in vielen anderen Ländern. Viele Menschen sind vor allem mit ihrem sozialen Status beschäftigt und vernachlässigen deshalb ihre menschlichen, nicht ökonomischen Bedürfnisse – und die ihrer Kinder.

Stichwort Status: Wir haben eine Generation erzogen, die bis zur klinischen Diagnose des Narzissmus auf sich selbst fixiert ist. Ihr Leben kreist stark um den aktuellen Status auf ihren Profilen in den sozialen Netzwerken. Sie haben von ihrer Elterngeneration, den zwischen 1955 und 1969 geborenen Babyboomern, eine Ich-Bezogenheit geerbt und diese im Gleichschritt mit dem gesellschaftlichen Großtrend »Individualisierung« so verinnerlicht, dass sie narzisstisches Verhalten heute als normal empfinden und nicht mehr reflektieren. Die 25-jährige Sophie bringt es am Beispiel ihrer Eltern auf den Punkt:

 Meine Eltern haben es mir vorgemacht. Sie waren in ihrer beruflichen Entwicklung Ich-Verkäufer. Wir haben gelernt, dass das Sich-Verkaufen heute entscheidend für den schnellen Job ist. Schlau ist heute, wer sich schneller und besser verkauft als andere. Der bekommt mehr Gehalt, steigt in die nächste Position auf, bekommt einen Dienstwagen und ein iPhone. Die fachlichen und sozialen Fähigkeiten sind in den letzten Jahren doch in den Hintergrund gedrängt worden. Schlau ist nicht der Intelligenteste, sondern der Pfiffigste, der seine Bewerbungen als YouTube-Video verschickt.«

Die Elterngeneration der heutigen jungen Erwachsenen hat den Grundstein gelegt für den heute deutlich wahrnehmbaren Narzissmus in unserer Gesellschaft. Die um 1970 Geborenen grenzten sich deutlich von ihrer Vorgängergeneration ab. Sie wollten nicht leben wie ihre Eltern – und erst recht nicht auf die Straße gehen wie die 68er, um die Welt zu verbessern. Mit ihnen begann vielmehr die »Ich-Arbeit«. Spätestens mit den konsumorientierten 1980er-Jahren, der Wohlstandsidylle vor der Wiedervereinigung, rückte das Individuum immer stärker in den Vordergrund. Geradezu symbolisch für diesen Trend zum Ich stehen die Motivationsseminare von Jürgen Höller und die unzähligen ähnlichen, Ich-zentrierten Weiterbildungen, Seminare, Trainings, Coachings und Medien in den 1980ern und -90ern.

Die Kinder der Jürgen-Höller-Jünger treiben ihr Ich mithilfe ihrer Eltern und so mancher Pädagogen und Medien zur Perfektion. Heute dreht sich alles ausschließlich um sie. »Ich bin der/die Wichtigste«, heißt nicht selten das unausgesprochene Lebensmotto. Als intelligent betrachten sich viele junge Menschen heute schon, wenn sie sich auf rein egoistische und wirtschaftlich verwertbare Ziele fokussieren. Und in dieser verzerrten Selbstwahrnehmung werden sie fatalerweise noch bestätigt durch den *war of talents*: Wegen des akuten Fachkräftemangels wird Schülern und Studierenden bereits in ihren jungen Lebensjahren suggeriert, dass sie ohne besondere Anstrengungen mit durchschnittlicher Leistungsbereitschaft dringend gebraucht werden. Auch ohne ausreichende fachliche, methodische und persönliche Fähigkeiten geht es mit der Karriere nach oben. Von so einer komfortablen Jobsituation konnten ihre Eltern nur träumen.

>> Unsere Bewerbungen wurden in den 1990ern deutlich nach Noten und Leistungen sortiert. Heute genügt oft schon ein hübsches Foto, selbstsicheres Auftreten und so etwas wie Ausstrahlung, unter dem viele lediglich perfekt gestylte Haare verstehen«, berichtet ein Personalleiter.

Gegenwärtig sichert auch Mittelmaß eine Anstellung und schnellen beruflichen Aufstieg – und verstärkt so eine zu positive Selbstwahrnehmung bis hin zum Narzissmus.

Narzisstisch anmutendes Verhalten dient jedoch eher der Kompensation tief greifender Minderwertigkeitsgefühle und Unsicherheiten. Das sind etwa mangelnde Selbstliebe; die Vorstellung, angepasst und austauschbar zu sein; die Unfähigkeit, mit Kritik umzugehen; mangelnde Wertschätzung für das eigene Tun und die eigene Persönlichkeit. Diese Unsicherheiten lassen sich durch optische Täuschungen und situatives Überkompensieren in der Anpassungsgesellschaft anfangs leicht überspielen – aber wenn tatsächlich »geliefert« werden muss, sieht es oft mau aus. Und das hat natürlich wirtschaftliche Konsequenzen und kann Firmen, die sich zu sehr auf solche Blender stützen, in echte Schwierigkeiten bringen.

Man kann nun die berechtigte Frage stellen, warum ein Narzissmus, den auch schon die Elterngeneration gehabt habe, sich auf die heutige Generation plötzlich so negativ auswirke. Ganz offensichtlich scheint es dem Land ja trotz dieser narzisstischen Haltung (oder sogar ihretwegen?) schon länger recht gut zu gehen. Aber zum einen ist der Narzissmus durch die sozialen Medien extrem potenziert worden – und zum anderen ist er natürlich nur ein Mosaikstein des »Problembilds«, das ein Teil der jungen Generation darstellt. Erst zusammen mit anderen Voraussetzungen, die auf die Elterngeneration noch nicht zutrafen, bekommt er seinen heutigen negativen Stellenwert – so etwa durch die Leichtigkeit, mit der auch mittelmäßige und schlechte Studierende eine attraktive Stelle bekommen, was sie in ihrer falschen Selbstwahrnehmung nur noch bestätigt. In der Elterngeneration hingegen zählte es zwar auch schon, sich gut zu verkaufen – aber reine Blender flogen doch schnell auf.

Vordergründig will die Generation der heute 15- bis 25-Jährigen vor allem: Spaß. Aber hinter der Fassade des von allen erwarteten Happy-Seins verbergen sich nur allzu oft Unzufriedenheit und Angst bis hin zu latent depressivem Verhalten. Eigentlich ist es eine Aufgabe der Eltern, diesen latenten Schwankungen vorzubeugen – durch Erziehung und Empathie. Doch der ständig steigende Produktivitätsdruck unserer Wirtschaft, die ungeheure Beschleunigung des Lebens, seine permanente Veränderung und der dadurch verursachte Stress hinterlassen auch ihre Spuren bei der Elterngeneration – und wirken damit auch auf die Psyche ihrer Kinder. Man hat den Eindruck, dass die Leistungsfähigkeit von immer mehr Menschen erschöpft ist – die Zitrone ist weitgehend ausgepresst.

Das lässt sich auch am privaten Lebensstil ablesen: Die spezielle »Work-Life-Balance« der Wirtschaftswunder-Generation, die ja sehr viel sorgloser mit ihrer Gesundheit umging und dennoch regelmäßig Wachstumsraten von über fünf Prozent erzielte, wäre heute undenkbar. Die Leistungsträger unserer Wirtschaft könnten sich nicht mehr erlauben, in dem Maße Nikotin, Alkohol und reichhaltig-ungesundes Essen zu konsumieren und auf Sport zu verzichten, wie es bis in die 1970er-Jahre normal war. Heute müssen High-Performer ihre Arbeitskraft regelmäßig durch Fitness und gesunde Ernährung regenerieren, um auf Dauer mithalten zu können. Junge Erwachsene rauchen weniger und ernähren sich häufiger vegetarisch oder vegan als ihre Eltern und leben sicherlich insgesamt gesünder. Aber man kann natürlich darüber streiten, ob man das nur als positives Zeichen nimmt oder auch als bedenkliches Symptom dafür, wie sehr der ökonomische Druck mittlerweile in die private Lebensgestaltung hineinwirkt.

Dass das Bedürfnis nach Entlastung und Stressabbau durch Rausch weiterhin vorhanden ist, sieht man an Phänomenen wie dem Komasaufen bei Jugendlichen und einer exzessiven Party- und Festivalkultur, bei der junge Leute dank aufputschender Mittel und Energydrinks viel länger durchhalten als die Generation davor. Im Studium sowie im Arbeitsalltag dagegen wird weniger auf leistungssenkende Substanzen wie Alkohol als vielmehr auf leistungssteigernde Mittel zurückgegriffen.

Auch das Versprechen, die Digitalisierung werde die Arbeitskräfte entlasten und kreative Potenziale freisetzen, erweist sich oft als trügerisch: In vielen Betrieben verursacht das Bedienen der EDV min destens so viel Arbeit, wie diese EDV erspart – und eventuell doch frei gewordene Kapazitäten werden umgehend zur Steigerung der Produktivität verplant.

Verstärkt werden der seelische Stress und die egoistische Ellenbogenmentalität durch die Zweifel an der Gerechtigkeit unserer Wirtschaftsordnung: Zwei von drei Deutschen glauben einer Umfrage zufolge, dass sich Leistung nicht (mehr) lohnt, so eine Studie der Bertelsmann Stiftung.[6] Nur 32 Prozent sehen die Chancengerechtigkeit im Berufsleben gewahrt. Genau diese Überzeugung, dass Leistung sich lohne, hatte vor allem die westdeutsche Babyboomer-Generation motiviert, alles für ihre Jobs zu geben. Und viele (Männer) wurden im Laufe ihrer Karriere mit Führungspositionen belohnt, ernteten Anerkennung, erarbeiteten sich einen materiellen Status und können heute auf eine wirtschaftlich erfolgreiche Lebensgestaltung zurückblicken. Heute haben 75 Prozent der Deutschen – trotz der aktuell besseren Chancen für junge Leute wegen des Fachkräftemangels – das Gefühl, dass die Unsicherheiten auf dem Arbeitsmarkt in den letzten zehn Jahren zugenommen haben, was angesichts vieler prekärer und befristeter Arbeitsverhältnisse und dem Imperativ des »lebenslangen Lernens« ja auch zutrifft. Die Zeiten, in denen man mit der einmal absolvierten Ausbildung eine Anstellung finden und die Tätigkeit bis zur Rente ausüben konnte, sind in den allermeisten Branchen vorbei.

Nach diesem kurzen (und notwendigerweise nur kursorischen) Blick auf den Zustand unserer Gesellschaft schauen wir uns im folgenden Kapitel an, wie die Jugendlichen und jungen Erwachsenen aufgestellt sind. Angesichts der Herausforderungen der Zukunft ist das eine existenzielle Frage für uns alle.

2 Die nächste Generation: fit für die Zukunft?

Wäre man boshaft, würde man unserer Gesellschaft jetzt gratulieren: Selten waren so viele Jugendliche und junge Erwachsene berühmt. Aber damit sind leider nicht die Influencer und YouTuber gemeint, die mit (meist kurzfristigem) Erfolg teilweise erstaunlich viel Geld mit Videos aus ihren Kinderzimmern verdienen. Und erst recht nicht die Ausnahmetalente, die etwa bei »Jugend forscht«, bei »Jugend musiziert« oder im Sport Erfolge feiern oder erfolgreiche Start-up-Unternehmen führen. Nein, gemeint ist ein nennenswerter Teil der 15- bis 25-Jährigen, über deren Defizite sich Pädagogen, Personalchefs und auch viele andere Menschen die Köpfe zerbrechen.

Natürlich: Viele junge Menschen gestalten weiterhin selbstbewusst, aktiv und zielgerichtet ihr Leben. Und die Erwartungen an die sogenannte »Generation Y« sind ebenso groß wie ihre Chancen. Die 29-jährige Redakteurin Greta Lührs charakterisiert ihren idealtypischen Altersgenossen so: »(…) hat einen akademischen Abschluss, Auslandserfahrungen, Fremdsprachenkenntnisse und will einen Job, der einfach alles bietet.«[1] Aber ein nennenswerter Teil dieser Altersgruppe hat all diese Fähigkeiten und Chancen eben nicht. Und um diese jungen Leute geht es in diesem Buch. Denn es ist für unsere Zukunft relevant, wenn aus der demografisch ohnehin »zu kleinen« *Generation Y und Z* auch noch ein bedenklich großer Prozentsatz für die künftige Führung unserer Unternehmen und unserer Institutionen auszufallen droht. Therapeuten, Krankenkassen und Unternehmen bestätigen, dass immer mehr junge Menschen sich enorm schwer damit tun, ihren beruflichen Weg zu entdecken und sich zurechtzufinden in einer Arbeitswelt, die nach den ökonomischen Regeln von Leistung und Effizienz funktioniert. Und dabei handelt es sich meist nicht um eine politisch motivierte, begründete und organisierte Verweigerung, sondern eher um ein (scheinbar) individuelles Nichtwollen oder Nichtkönnen.

Was also ist es, das Beobachtern wie zum Beispiel Eltern, Lehrern, Unidozenten und Personalchefs auffällt und Sorgen bereitet? Welche Defizite sehen sie bei Jugendlichen und jungen Erwachsenen und wieso geht es hier um mehr als um die üblichen Pubertäts- und Adoleszenzphänomene? Warum fallen so häufig Begriffe wie »lebensuntüchtig«, »orientierungslos«, »überfordert«, »lethargisch«, aber auch »selbstüberschätzend«, »egozentrisch« und »sozial inkompetent«?

Es sind sowohl fachliche als auch persönliche Schwierigkeiten, die so viele beschäftigen. Vieles ist schon länger in der Diskussion und wird allein deshalb gern als »Stammtischparole« beiseitegewischt. Aber bekanntlich lösen sich Probleme nur sehr selten dadurch, dass man sie in dieser Weise ignoriert oder für belanglos erklärt. Um zu verstehen, was los ist, und um idealerweise Lösungen zu finden, muss man zuerst den Blick auf die Defizite richten. Deshalb widmet sich dieses Kapitel nur diesen Defiziten – auf die Ursachen gehen dann die Kapitel 3 bis 6 ein.

»Das muss ich nicht können, das kann man doch googeln.«

Beginnen wir mit den fachlichen Problemen, die wir Professorinnen und Professoren bei jungen Studentinnen und Studenten und die Unternehmen bei Berufseinsteigern häufig feststellen. Es beginnt mit ganz elementaren Fähigkeiten, ohne die man früher ganz sicher kein Abiturzeugnis ausgehändigt bekommen hätte. So erlebe ich im Unialltag erschreckend oft, welche Lücken sich etwa beim Rechnen und in Deutsch auftun – und das trotz guter bis sehr guter Noten. (In Kapitel 5 gehe ich ausführlicher darauf ein.) Ein nennenswerter Teil der Studierenden kann nicht auf dem Papier ausrechnen, wie hoch der Anteil der Mehrwertsteuer an einem Gesamtpreis ist, beherrscht also die Prozentrechnung nicht. Und Bewerbungsanschreiben an Firmen, also die ersten »Visitenkarten« einer Bewerberin oder eines Bewerbers, sind zwar meist grafisch sehr schick gestaltet, aber praktisch nie fehlerfrei. Der Normalfall ist eher ein wahres Feuerwerk teils peinlichster orthografischer und grammatischer Fehler. Das Bemerkenswerte daran ist: Die meisten Bewerber würden auf Nachfrage sofort zugeben, dass sie orthografisch nicht sattelfest sind, und sie kennen auch ganz sicher jemanden, der ihnen hätte helfen können. Aber sie wissen gar nicht, dass korrekte Rechtschreibung definitiv zu einer formal korrekten Bewerbung gehört – oder es ist ihnen egal. Diese Wurschtigkeit ist unter anderem ein Ergebnis der Tatsache, dass korrekte Orthografie in den sozialen Medien keine oder nur eine marginale Rolle spielt.

Auch bei der Allgemeinbildung sieht es oft verheerend aus – etwa bei der Geografie unseres Heimatlands. Mit der Frage, ob Köln eher im Westen oder im Süden Deutschlands liegt, kann man manche Studentinnen und Studenten durchaus ins Schleudern bringen. Dieses Wissen, so meinen sie, bräuchten sie nicht – es gebe doch Navis.

Apropos Navi: Besonders verblüffend ist für viele Unternehmen die Tatsache, dass die *digital natives* sich zwar traumwandlerisch sicher alle digitalen Anwendungen aneignen können, die Spaß versprechen – dass ihnen aber oft elementarste Kenntnisse über digitale Tools fehlen, die nur dem Arbeiten dienen, wie Excel, Word etc. Das viel gerühmte intuitive Erfassen digitaler Funktionen scheint oft an die unmittelbare Belohnung durch Kontakt oder andere Zerstreuungen gebunden.

In Bewerbungsgesprächen setzen Personaler gerne sogenannte Brainteaserfragen ein, um das analytische, kreative und logische Denkvermögen der Kandidaten zu testen. Es sind keine Wissens-, sondern eher Denksportaufgaben, und die Antworten liefern einen Einblick in das Denken des Bewerbers. So lautete eine typische Brainteaserfrage in den USA beispielsweise einmal: »Wie viele Menschen nutzen in San Francisco an einem Freitagmittag um halb drei Facebook?« Wer hier wie aus der Pistole geschossen »5 000« antwortet, hat schon verloren. Denn es geht nicht um das Erraten einer konkreten Zahl, sondern um die Herangehensweise, also einen nachvollziehbaren und logischen Denkprozess, der Logik und originelle Denkansätze miteinander verbindet. Wer hier gut abschneidet, der zeigt, dass er oder sie ausgetretene Wissenspfade verlassen und neue Lösungsansätze entwickeln kann.

Dass viele deutsche Absolventen angesichts einer solchen Aufgabe nur ratlos gucken würden, ist ein alarmierendes Zeichen. Denn wenn junge Erwachsene Schwächen im Denken haben, ist das für Unis und für Unternehmen nochmals gravierender als Lücken in der Allgemeinbildung. Immer häufiger kämpfen sie damit, dass Studienanfänger und Berufseinsteiger nicht gut im Problemlösen sind, es ihnen an Kreativität und Vorstellungskraft fehlt und sie Defizite in der Informationsaneignung haben. »Schwächen im Denken« bedeutet nicht zwangsläufig, dass jemand im Sinne des Intelligenzquotienten dumm ist. Aber das Anwenden erworbenen (oder besser: eingepaukten) Wissens auf einen anderen Bereich oder gar auf die Praxis bereitet solchen Kandidaten größte Schwierigkeiten. Warum sie etwas Bestimmtes lernen (sollen), ist ihnen oft überhaupt nicht klar.

Dieser Befund ist besorgniserregend, denn begründete und nicht auf Intuition und Bauchgefühl beruhende Urteile sind nur auf der Basis geschulten und kritischen Denkens möglich. Wer das nicht beherrscht, bewegt sich durch die Welt wie eine Lokomotive: Er kommt nur dorthin, wo auch Schienen liegen. Die Welt jenseits des Eisenbahnsystems bleibt ihm für immer verborgen. Für problemlösendes Denken ist eine solche Gedankenwelt, die überwiegend aus »weißen Flecken« besteht, natürlich fatal. Ein Unternehmer mit Lehrauftrag an einer privaten Hochschule erklärt, warum:

Alles wird als gegeben hingenommen, niemand hinterfragt etwas. Selbst der größte Unsinn bleibt oft unwidersprochen. Statt den Konflikt zu suchen oder etwas Neues einfach mal auszuprobieren, passen die jungen Leute sich dem Mainstream an, auch in Unternehmen. ›Es ist doch schon alles da, was soll ich da noch beitragen?‹, erzählen sie mir dann. Doch wenn diese Menschen später unbequeme Entscheidungen treffen müssen, werden sie sie voraussichtlich nicht treffen – aus.«

Die angesprochene Angst ist vor allem die vor Fehlern. Offenbar haben es viele junge Leute nicht kennengelernt, dass man Fehler machen und dazu stehen darf – wenn man dann daraus lernt. Sie sind eher umgeben von Menschen, die die Verantwortung für Fehler von sich weisen – und am liebsten gar nichts entscheiden, damit man ihnen nichts vorwerfen kann. Allerdings ist in vielen Situationen der größte denkbare Vorwurf überhaupt der der Tatenlosigkeit.

Wie die menschliche Muskulatur verfügt auch unser Gehirn über die Fähigkeit zu wachsen. Wachsen bedeutet hier aber nicht mehr Masse, was für die Hirnleistung irrelevant wäre, sondern die Zunahme von Nervenverbindungen. Diese vermehren sich, wie die Muskeln, vor allem durch regelmäßige Benutzung, also Training. Und je mehr Nervenverbindungen wir haben, desto besser sind unsere kognitiven Fähigkeiten wie zum Beispiel das Abstraktionsvermögen. Dieses hilft dabei, Muster zu erfassen und anzuwenden und sich über komplexe Zusammenhänge schnell einen Überblick zu verschaffen. Wer nicht abstrahieren kann, kann Probleme nicht oder nur unter hohem Zeitaufwand lösen, sich keine eigene Meinung bilden und Information nicht in einen größeren Zusammenhang wie zum Beispiel ein Unternehmensziel stellen. Abstraktion schafft geistige Freiheit, von der alle profitieren: der junge Mensch, weil er damit mündiger und motivierter wird, der Chef, weil er von der Schnelligkeit des Mitarbeiters profitiert, und schließlich das Unternehmen, weil es damit sein Innovationspotenzial erhöht.

Eigentlich müssten Universitäten Abstraktionsvermögen als

Selbstverständlichkeit voraussetzen. Doch Dozierende sind oft ratlos, wie wenig selbst nach einem drei- oder fünfjährigen Studium vorhanden ist. Ein Dozent für Germanistik und Kulturwissenschaften bringt diesen Frust ungeschminkt zum Ausdruck:

 Was vielen Studierenden völlig unbekannt zu sein scheint, ist die Anwendung ihres Abstraktionsvermögens. Es ist erschreckend, wie gering diese Hirnfähigkeit bei den jungen Erwachsenen entwickelt ist. Die einfachsten Regeln und Regelmäßigkeiten können nicht übergeordnet betrachtet werden. Sie verharren auf der Handlungsebene und wenden lediglich fertiges, mechanisch eingepauktes Wissen an. Da kommt nichts Eigenes. Dafür müssten sie eigentlich nicht studieren.«

Die meisten Studierenden liefern zwar durchaus eine Art von Leistung ab, wenn sie ihre Bachelor- oder Masterarbeit pünktlich und hübsch gelayoutet abgeben. Aber inhaltlich zeigen viele Arbeiten deutliche Schwächen sowohl in der Abstraktion als auch in der Konkretisierung der herangezogenen Erkenntnisse. Wehe, in der mündlichen Prüfung fragt jemand nach: »Der Titel Ihrer Arbeit lautet doch: *Entwicklung eines Konzepts für die Vermarktung von XY*. Definieren Sie doch einmal den Begriff Konzept!« Neun von zehn werden antworten: »Keine Ahnung.«

Ähnliches gilt für Unternehmen. Sind dort Projektergebnisse abzuliefern, tun sie das, doch ein gezieltes Nachfragen führt oft zu Enttäuschungen. Die Informationen sind oft aus schnell und einfach verfügbaren Quellen zusammenkopiert und visuell aufgehübscht. Die Inhalte sind jedoch nicht verstanden, weil sie geistig nicht durchdrungen worden sind. Dass ihr Arbeitsergebnis zum Erfolg des Unternehmens beitragen soll, indem zum Beispiel Umsätze generiert werden (von denen dann ihr Gehalt bezahlt werden kann), scheint vielen gar nicht klar zu sein. Sie nehmen ihr Unternehmen als Fortsetzung von Schule und Uni wahr, in dem man Aufgaben abarbeitet, ohne sich große Gedanken über deren Sinn zu machen.

Querdenken? Fehlanzeige!

Warum beherrschen Studierende – trotz der tapferen Bemühungen vonseiten mancher Lehrer und Dozenten – das kritische und reflektierende Denken und das Abstrahieren nicht mehr? Ganz einfach: Weil es ihnen irrelevant erscheint. Denn belohnt wird an Unis heute das Erreichen guter Noten durch Auswendiglernen – und nicht das kritische Hinterfragen. Das mag auch früher schon in einigen eher technisch orientierten Studiengängen so gewesen sein. Doch heute raubt die Fixierung auf den schnellen Abschluss in praktisch allen Fächern die Energie für das kritische Denken. Stattdessen unterliegen junge Leute immer öfter dem »Bestätigungsfehler«, bei dem Informationen so ausgewählt und interpretiert werden, dass sie die eigenen Erwartungen erfüllen und der eigenen sowie der Mehrheitsmeinung entsprechen. Was nicht passt, wird bewusst oder unterbewusst ausgeblendet. Das Denken wird nicht durch Fachwissen und Weitblick, sondern durch die eigene subjektive und emotionale Wahrnehmung gesteuert. Und dieser Fehler wird von der »Filterblasenkultur« im Netz gefördert: Der größte Rückhalt und die meisten Likes winken denen, die wie ein Fisch im Schwarm mitschwimmen. Die Algorithmen der sozialen Netzwerke belohnen bekanntlich ein Kommunikationsverhalten, das nur bedingungslose Bestätigung (der Mehrheit) oder persönliche Beleidigung (der Minderheit) kennt. Wer dabei mitmacht, erntet Gemeinschaft, wohlige Wärme und ein Gefühl der Sicherheit. Auch in der Schule werden eigenständige Denker und kritische Nachfrager gern als Problemschüler betrachtet, die den Betrieb aufhalten. Und oft signalisieren selbst die besorgten Eltern ihren Kindern, dass eine kritische Haltung ihnen eher Nachteile im Leben bringen werde.

Aber genau die intellektuelle Wachheit, die man für eine kritische Prüfung unterschiedlicher Lösungsmöglichkeiten oder Standpunkte benötigt, erwartet die Wirtschaft auch in Zukunft von Hochschulabsolventen. Kritisches Denken ist kognitive Arbeit. Es bedeutet Anstrengung und Mühe. Man benutzt sein Gehirn und denkt nach, bevor man bewertet oder handelt. Kritisches Denken heißt, zu analysieren, neue und verschiedenartige Informationsquellen heranzuziehen und Lösungsalternativen zu entwickeln. Darauf ist im Übrigen nicht nur die Wirtschaft angewiesen, sondern auch die Gesellschaft. Die Diskussionen über die Flüchtlinge haben gezeigt, wie verführerisch eine Denkfaulheit ist, die zwar vermeintlich einfache Scheinlösungen und monokausale Schuldzuweisungen hervorbringt – aber keinerlei konstruktive Gedanken.

Um ein Problem zu durchdringen, muss man die eigenen und die fremden Positionen hinterfragen, eine eigene Haltung entwickeln und mit diplomatischem Geschick aus mehreren Lösungsvorschlägen Entscheidungsvorlagen entwickeln. Und darauf sind viele junge Menschen nur unzureichend vorbereitet. Ein »Querdenken«, das systematisch Alternativen und verschiedene Perspektiven durchspielt und auch mal originelle und unkonventionelle Lösungen hervorbringt, wird im Zuge ihrer Ausbildung nicht mehr gefördert und prämiert. Dabei ist es für Forschungs- und Entwicklungsaufgaben in Unternehmen höchst relevant – vor allem dort, wo die Routinen der Vergangenheit nicht mehr greifen und, auf oft dünner Datenbasis, komplexe Entscheidungen getroffen werden müssen. Dafür bedarf es oft neuer Wege und der Bereitschaft, Risiken einzugehen. Konkrete Anwendungsfelder finden sich zum Beispiel in neuen Produktentwicklungen oder in der Entwicklung von Marketingkampagnen. Dort ist kritisches Denken eine unerlässliche Tugend.

Aber viele Studierende und angehende Führungskräfte scheuen die intellektuelle Arbeit des Querdenkens. Eine 22-jährige Bachelorstudentin beispielsweise sagt zu ihrer Lebensplanung:

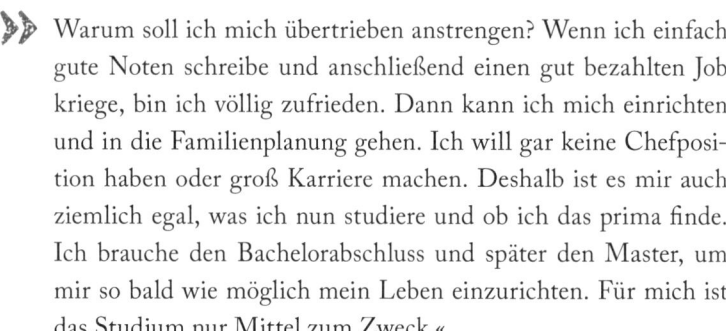 Warum soll ich mich übertrieben anstrengen? Wenn ich einfach gute Noten schreibe und anschließend einen gut bezahlten Job kriege, bin ich völlig zufrieden. Dann kann ich mich einrichten und in die Familienplanung gehen. Ich will gar keine Chefposition haben oder groß Karriere machen. Deshalb ist es mir auch ziemlich egal, was ich nun studiere und ob ich das prima finde. Ich brauche den Bachelorabschluss und später den Master, um mir so bald wie möglich mein Leben einzurichten. Für mich ist das Studium nur Mittel zum Zweck.«

Eine solche Einstellung klingt nicht nur nach 62 Jahren statt 22 – sie ist auch gefährlich. Denn wer sein Leben so plant, trägt nichts dazu bei, die Voraussetzungen zu stabilisieren und zu erneuern, auf denen »die Einrichtung des Lebens« ruht. Wenn zu viele Uniabsolventen so denken, werden sie irgendwann feststellen, dass der Wohlstand, in dem sie sich möglichst anstrengungslos einrichten wollten, zu bröckeln beginnt. Vor allem aber werden sie sich irgendwann intellektuell ganz furchtbar langweilen.

Eine kuriose Umkehrung der Verhältnisse beobachte ich, wenn es um das politische Engagement der Studentinnen und Studenten geht: Anders als in den Jahren um 1968 sind es heute eher die Dozenten, die einen politischen Standpunkt haben und sich auch dafür einsetzen – während Studierende oft passiv sind. Jugendstudien behaupten zwar regelmäßig, die jungen Leute seien sehr wohl politisch interessiert und engagiert, nur eben nicht in traditionellen Strukturen wie etwa Parteien – aber wenn man sich das angebliche Engagement einmal genauer anschaut, stellt man fest, dass es oft nur um ein gutes Gefühl bei geringstem Aufwand geht. Die »Shell Jugendstudie« von 2015 stellte fest, dass sich »fast sechs von zehn Jugendlichen schon einmal an einer oder mehreren politischen Aktivitäten beteiligt haben. An der Spitze stünden dabei der Boykott von Waren aus politischen Gründen und das Unterzeichnen von Petitionen. Online-Petitionen sind beliebter als Unterschriftenlisten.«[2] Zugespitzt formuliert: Der Kauf von Biobananen und gelegentliche Klicks auf Kampagnenbuttons gelten in diesem Sinne bereits als politische Aktivitäten.

Zwar sagt die Shell Studie auch, dass sich jeder zehnte Jugendliche an einer Bürgerinitiative beteilige und immerhin jeder vierte schon einmal an einer Demo teilgenommen habe. Aber als in Baden-Württemberg einmal eine Demonstration für bessere Studienbedingungen organisiert wurde, wollte ich aus Interesse wissen, wie die Studierenden dazu stehen. Ein großer Teil wusste nichts davon oder interessierte sich nicht dafür – während manche Dozenten daran teilnahmen. Junge Erwachsene stehen selten in grundsätzlicher Opposition zu unserem Gesellschaftssystem. In meinen Diskussio-

nen mit jungen Erwachsenen provoziere ich mit dem Satz: »Jede andere Jugend vor euch wollte immer die Welt verändern.« Und immer
wieder bekomme ich die Antwort: »Wieso? Die ist doch wunderbar
so, wie sie ist.« Das erinnert mich an den Roman von Robert Musil
Der Mann ohne Eigenschaften. Hier wird die Geschichte von Ulrich
erzählt, der die Wirklichkeit als das »ziellose Ergebnis einer Überfülle von Möglichkeiten«[3] sieht. Die grundsätzliche Zufriedenheit
mit den gesellschaftlichen Verhältnissen ist möglicherweise auch ein
Ergebnis der Globalisierung: So wie Menschen in Afrika durch das
Internet erstmals erfahren, wie ungerecht die Reichtümer der Welt
verteilt sind, und sich teilweise auf den Weg zu uns machen, so wird
unserer Jugend durch den allgegenwärtigen Vergleich mit dem Rest
der Welt bewusst, wie gut es uns und ihr eigentlich geht. Für eine
Opposition »aus Prinzip« haben die meisten kein Verständnis. Allerdings bietet die zufriedene Passivität in politischen und gesellschaftlichen Fragen natürlich keine ermutigende Aussicht, wenn es um die
Lösung existenzieller Fragen wie eben unseres ungerechten Welt-
wirtschaftssystems oder des Klimawandels geht.

»Ich konzentrier mich gleich, ich muss nur noch kurz eine WhatsApp checken.«

Wenn Sie Erfahrung damit haben, mit einem Unternehmen einen
Auftrag zu besprechen, kommt Ihnen die folgende Szene vermutlich
bekannt vor. Sie betreten den Besprechungsraum für eine Präsentation und werden von zwei jungen Mitarbeitern (oder Mitarbeiterin-
nen) geradezu überschwänglich freundlich begrüßt. Getränke und
Knabberzeug sind liebevoll drapiert – allerdings bemerken Sie mit
einer gewissen Verstimmung, dass erneut nur das stark kohlensäu-
rehaltige Mineralwasser bereitsteht, von dem Sie den beiden jungen
Leuten bereits bei den beiden letzten Terminen gesagt haben, dass

Sie es nicht vertragen. Die beiden jungen Mitarbeiter beginnen ihre Präsentation mit viel Schwung und Begeisterung. Als Sie allerdings nach einigen Minuten einhaken und auf einen Fehler hinweisen, den Sie schon beim letzten Mal ausdrücklich angesprochen hatten, schlägt ihre Stimmung schnell um. Sie werden unruhig, verziehen das Gesicht und setzen ihren Vortrag dann ohne große Leidenschaft fort. Sie sind offensichtlich frustriert von Ihrem Einspruch. Als das Smartphone in der Gesäßtasche des jungen Mannes vibriert, überlässt er seiner Kollegin das Weiterreden und versenkt sich erst einmal in seine Nachrichten. Offensichtlich ist ihm die jetzt anstehende Aufgabe zu anstrengend, nämlich Ihre Kritik anzunehmen, Ihr Bedürfnis besser zu verstehen und in eine veränderte Dienstleistung zu übersetzen. Das würde die Bereitschaft zu einer längeren Phase der Konzentration und des lösungsorientierten Nachdenkens erfordern. Schlecht für den Unternehmer, wenn er keine personellen Alternativen hat und für die Akquise neuer Aufträge weiterhin auf diese beiden jungen Kräfte angewiesen ist.

Die Fähigkeit, seine Aufmerksamkeit zu steuern, Informationen zu speichern und mit diesen zu arbeiten, wird vom populär benannten Stirnhirn (medizinisch: präfrontaler Cortex oder Frontallappen) gesteuert. Diese kognitive Steuerzentrale des Gehirns ist erst bei Erwachsenen zwischen 25 und 30 Jahren voll ausgebildet – der Prozess der Formung beginnt aber bereits im Kindesalter.[4] Das Stirnhirn ist übrigens auch verantwortlich für die Impuls- oder Selbstkontrolle, also die bewusste Beherrschung von seelischen Zuständen (Emotionen und Handlungen). Psychologen und Erziehungswissenschaftler sind sich einig in der Auffassung, dass dies eine zentrale Fähigkeit im späteren (Berufs-)Leben ist. Der Neuropsychologe Manfred Herrmann bringt es auf den Punkt: »Erfolg ist die Summe unterlassener falscher Entscheidungen.«[5] Studien haben gezeigt, dass Menschen, die als Kinder und Jugendliche nicht gelernt haben, sich altersgerecht im Griff zu haben, 30 Jahre später schlechtere kognitive Fähigkeiten haben. Sie waren schon als Kinder signifikant häufiger auffällig wegen Entwicklungs- und Verhaltensstörungen, verdienen später im Schnitt weniger, sind öfter krank und begehen mehr Verbrechen als Menschen mit einer seit jeher guten Selbstkontrolle.[6] Dabei leuchtet der Zusammenhang zwischen einem gesunden seelischen Zustand und beruflichem Erfolg selbst wirtschaftsnahen Wissenschaftlern ein, die die persönliche Anstrengung als notwendige Voraussetzung für beruflichen Erfolg hervorheben. Der bekannte Top-Management-Guru Fredmund Malik ist überzeugt, dass man an zielführender und harter Arbeit nicht erkrankt, sondern lediglich müde wird.[7]

Kritisches Denken, Kreativität und Konzentration sind die wichtigsten kognitiven Fähigkeiten im Arbeitsleben. In der Gehirnforschung werden diese drei als geistige Fähigkeiten bezeichnet, die das menschliche Denken und Handeln steuern. Sie werden immer dann relevant, wenn automatisiertes, also antrainiertes, gelerntes Handeln nicht mehr ausreicht, um ein Problem zu lösen. Menschen mit besonders ausgeprägten kognitiven Fähigkeiten werden als intelligenter und mental stärker wahrgenommen. Sie begreifen und verarbeiten Informationen schneller und besser. Heute weiß man, dass diese Fähigkeiten nicht ausschließlich angeboren sind, sondern sich auch, je nach Förderung, im Laufe der familiären Sozialisation und der Schulzeit weiterentwickeln – oder verkümmern.

Ein Erwachsener mit gut entwickeltem Stirnhirn sollte in der Lage sein, sich auf eine Arbeit oder einen Lernstoff über einen längeren Zeitraum von bis zu 90 Minuten zu konzentrieren, also Ablenkungen auszublenden und das Bedürfnis danach zu unterdrücken. Aber dieser Hochschullehrer gibt ohne Zweifel wieder, was die meisten seiner Kollegen beobachten:

>> Unsere Studierenden können sich nicht mehr länger als zehn Minuten am Stück konzentrieren. Schuld ist die Dauerablenkung, unter anderem durch die Smartphones. Immer öfter schaue ich in den letzten Jahren in lethargisch-gelangweilte Gesichter.«

Ein anderer Dozent bestätigt diesen Befund und schildert dessen Auswirkungen auf die akademische Lehre (die man teilweise kaum noch so nennen kann):

Länger als zehn Minuten kann sich keiner mehr in der Vorlesung konzentrieren, dann muss es lustig werden oder es muss eine längere Pause eingeschoben werden, in der dann die Aufmerksamkeit den virtuellen sozialen Netzwerken und der ständigen Kommunikation mit den Eltern, dem Freund oder der Freundin gilt.«

Über die Frage, ob die Smartphonenutzung schuld ist an der dramatisch gesunkenen Konzentrationsfähigkeit oder ob sie nur ein Symptom ist, kann man lange streiten. Aber dieser Streit wird oft unehrlich geführt. Wenn Dozenten durch die Bank beobachten, dass zwei Drittel ihrer Studierenden permanent mit ihrem Smartphone beschäftigt sind, und wenn genau diese jungen Leute auf einfachste Kontrollfragen zum eben Besprochenen keine Antwort wissen, also offensichtlich abgelenkt waren – dann ist es Nebelkerzenwerferei, einen kausalen Zusammenhang anzuzweifeln. Dass sowohl Reizüberflutung und Überforderung als auch Unterforderung und Reizmangel sich negativ auf die Konzentrationsfähigkeit auswirken, ist längst nachgewiesen. Während zu viele Reize eine Überlagerung von Eindrücken und die Überforderung des neuronalen Speichers bewirken, führt eine Unterforderung dazu, dass das Gehirn sich nicht weiterentwickelt und auf dem Status quo verharrt. Gemäß der bereits vor über 100 Jahren formulierten Yerkes-Dodson-Regel ist die kognitive Leistungsfähigkeit bei sehr niedrigem und sehr hohem Erregungsgrad schlechter als bei mittlerer Herausforderung. Die Betroffenen reagieren dann im Extremfall mit einem Burn-out (zu hoher Einsatz und Negativstress) oder einem Bore-out, also Langeweile-Stress aus Desinteresse.

Laut der Sinus-Studie von 2016[8] sieht die Mehrheit der Jugendlichen ihren Gebrauch der sozialen Medien kritisch und fühlt sich oft auch überfordert davon. Aber sie sagen zugleich, dass sie nicht davon loskommen – schon weil alle sozialen Kontakte darüber laufen. Man sieht förmlich schon ein Treffen der Anonymen WhatsApper vor sich, bei dem sich jemand vorstellt: »Hallo, ich heiße Anna und ich bin smartphonesüchtig.«

Eine kleine Episode aus meinem Bekanntenkreis soll diesen Abschnitt beschließen: Die Tochter von Bekannten feierte ihren 18.

Geburtstag. Gleich zu Beginn ging sie mit einem Korb herum und bat alle, für die Dauer der Feier ihr Smartphone dort hineinzulegen. Die meisten Gäste folgten ihrer Bitte nur sehr widerstrebend. Aber nach der Party sagten alle, das sei die schönste und beste Feier seit Jahren gewesen, weil man endlich wieder unabgelenkt miteinander gesprochen, gelacht, gespielt und getanzt habe. Das hätten sie zuletzt auf ihren Kindergeburtstagen erlebt.

Was die fachlichen, für die unmittelbare Erledigung der Arbeit erforderlichen Fähigkeiten der Berufseinsteiger angeht, sieht es also teilweise sehr düster aus. Wie ist es aber um die menschlichen Eigenschaften der jungen Erwachsenen bestellt?

Persönliche Defizite

Der Personalmanager eines Automobilzulieferers im Schwäbischen formuliert stellvertretend für viele Kollegen einen lauten Stoßseufzer:

»» In den letzten Jahren nehmen wir deutlich wahr, dass die Bereitschaft zur Leistung bei den jungen Bewerbern grundsätzlich vorhanden ist, aber die tatsächliche Fähigkeit zur Leistungserfüllung deutliche Defizite aufweist. Es sind vor allem Defizite in den persönlichen Kompetenzen wie Disziplin, Engagement oder der Bereitschaft, Verantwortung zu übernehmen. Für uns sind das unabdingbare Tugenden und Voraussetzungen, die ein junger Mensch bei uns mitbringen muss.«

71 Prozent von 1 214 befragten Entscheidern aus Unternehmen sahen 2014 in der Abnahme von persönlichen Kompetenzen eine Bedrohung für den künftigen Erfolg ihrer Unternehmen und den Wirtschaftsstandort Deutschland. Das ist eine dramatische Perspektive, die es lohnt, genauer zu betrachten. Andere beklagen eine stetig nachlassende Motivation, sich fortschreitend zu verbessern. Auch

die Leidenschaft dafür, eine wichtige Aufgabe wirklich perfekt zu lösen, nimmt in den Augen von rund zwei Dritteln der Befragten ab. Und wo es doch Perfektionismus gibt, richtet er sich oft auf Nebensächlichkeiten wie die Gestaltung eines Dokuments oder die penible Ordnung auf dem Schreibtisch. 70 Prozent der Befragten nehmen eine abnehmende Bereitschaft zur Übernahme von Verantwortung bei jungen Menschen wahr.

Mehr als die Hälfte aller deutschen Unternehmen beklagen sich vor allem über mangelnde Selbstfähigkeiten vieler Berufseinsteiger, also Defizite im sozial-kommunikativen und im persönlichen Bereich. Die Studie des Instituts der deutschen Wirtschaft im Auftrag der Deutschen Gesellschaft für Qualität e. V. prognostizierte 2014, dass diese Mängel den wirtschaftlichen Wohlstand Deutschlands gefährdeten.[9] Beispielhaft für viele sei hier der Vertreter eines sehr großen Verbands mittelständischer Unternehmer zitiert:

 Viele junge Menschen sind nicht ausbildungsfähig, weil es ihnen vor allem an sozialen Kompetenzen fehlt. Die Unzufriedenheit mit den sozialen Fähigkeiten, konkret mit der Zuverlässigkeit, dem Einfühlungsvermögen, der Konfliktfähigkeit, der Frustrationstoleranz und der Kommunikationsfähigkeit mit Kollegen, ist in den letzten Jahren deutlich gestiegen.«

Beginnen wir mit der Zuverlässigkeit. Vorgesetzte und ältere Kollegen sind oft fassungslos darüber, wie unbekümmert junge Erwachsene Termine, Verträge, Zusagen, Regeln und Absprachen ignorieren – und dabei tiefenentspannt bleiben. Auf die Aussage »Ich rufe Sie zurück« reagieren Gesprächspartner schon gar nicht mehr, da dies erfahrungsgemäß sowieso nicht passiert. Der Gedanke, dass man sich auf ihre Aussagen verlassen können muss und dass sie ihre Aufgaben in der zugesagten Qualität erledigen sollten, muss manchen erst nahegebracht werden. Und Kritik an ihrem Verhalten verstehen sie oft überhaupt nicht. Offensichtlich wurde hier während der Erziehung und Ausbildung einiges versäumt. Wichtiger noch dürfte aber sein, dass die Erziehung durch die Peergroup weggefallen ist. Wer früher, in vordigitalen Zeiten, zu spät zu einer Verabredung mit Freunden kam, musste entweder feststellen, dass er seine Leute verpasst hatte, oder er bekam deutlich die Genervtheit der Kumpels zu spüren, die er hatte warten lassen. Heute jedoch ermöglicht das Smartphone eine maximale Unverbindlichkeit bei Verabredungen. Ob und wann man zu einer Gruppe stößt oder eine zugesagte Hilfe leistet, ändert sich im Laufe eines Tages mehrfach oder bleibt bis zum Ende offen. Man hat schließlich vor allem am Samstagabend gerne mehrere Eisen im Feuer. (Die Unverbindlichkeit führt übrigens zu dem kuriosen Ergebnis, dass viele Jugendliche heute mehr Samstagabende zu Hause verbringen als frühere Generationen – weil man sich bis zum Ende nicht einigen kann, ob, wann, wo und mit wem man sich trifft.) Dass eine so sozialisierte Generation einen Termin oder eine Zusage nur als unverbindlichen Vorschlag versteht, verwundert kaum. Der Geschäftsführer einer Digitalagentur erzählt:

 Ein neuer junger Mitarbeiter, gerade aus dem Bachelorstudium kommend, unterschrieb einen Arbeitsvertrag zum 1.11. Am 3.11. ward er immer noch nicht gesehen. Als wir ihm hinterhertelefonierten und schließlich bei der Mutter landeten, erzählte diese, der Sohnemann weile momentan für ein halbes Jahr in Neuseeland. Ob er sich denn nicht bei uns gemeldet habe.«

Unternehmen erwarten von ihren Mitarbeitern ein Grundmaß an Verbindlichkeit und Engagement, neudeutsch »Commitment«. Dass diese Tugenden auch etwas mit Kollegialität zu tun haben, muss jungen Berufseinsteigern häufig erst beigebracht werden.

82 Prozent von 1 028 über 18-jährigen Befragten sind der Meinung, dass sich die meisten Leute in Wirklichkeit gar nicht darum kümmern, was mit ihren Mitmenschen geschieht.[10] Diese 2018 festgestellte Mehrheitsmeinung ist vor allem Ausdruck davon, dass es den Befragten selbst an Einfühlungsvermögen fehlt. Ein Projektmanager eines großen Softwarekonzerns beschreibt die empathischen Fähigkeiten der 25- bis 30-Jährigen in desillusionierender Weise:

Sie trösten sich gegenseitig regelmäßig in ihren sozialen Netzwerken, wenn es jemandem nicht gut geht. Aber wenn sie einem schwitzenden Kollegen dabei helfen sollen, ihn in einem kritischen Projekt zu unterstützen, sind sie schneller im Feierabend, als wir schauen können. Wenn Unterstützung mit Anstrengung verbunden ist, versagt bei vielen nicht nur die Kollegialität, sondern auch die Mitmenschlichkeit.«

Sobald das Interesse an anderen Menschen echtes, analoges Engagement erfordert, weil diese in eine schwierige Situation geraten, ziehen sich viele junge Erwachsene lieber zurück. Sie können und wollen sich in die Probleme anderer nicht hineindenken, können und wollen nicht zuhören und achten nicht darauf, was andere ihnen mitteilen und wie sie dies tun. Sie handeln nach der Maxime, stets genug Abstand zu wahren und die Schwierigkeiten anderer nicht zu ihren eigenen zu machen.

Eine Metaanalyse, die über drei Jahrzehnte hinweg Daten von insgesamt 13 737 Studierenden sammelte und auswertete, hat bestätigt, dass die Menschen sich immer weniger umeinander kümmern und nicht mehr so viel Wert auf Gemeinschaft legen, wie dies in den 1960er- und 1970er-Jahren noch der Fall war.[11] Letztlich drückt sich in dieser bedrückenden Entwicklung eine gestörte Selbstwahrnehmung aus. Denn Grundlage der Empathie ist die Selbstwahrnehmung – je offener eine Person für ihre eigenen Emotionen ist, desto besser kann sie auch die Gefühle anderer deuten, wie Daniel Goleman schon 1997 in seinem Bestseller über emotionale Intelligenz feststellte.

Für spätere Führungsaufgaben ist Empathie jedoch eine entscheidende persönliche Fähigkeit. Und wenn die Grundlagen dafür in der Kindheit nicht gelegt worden sind, kann sie später auch nicht antrainiert werden. Man hat es dann mit den berüchtigten »Nieten in Nadelstreifen« zu tun – Schnöseln mit einem Topabschluss in Betriebswirtschaft, die jedoch empathie- und manierenfrei sind. Ihnen fehlt die grundlegende Fähigkeit, Motive und Beweggründe von Mitarbeitern, die nicht direkt beobachtbar sind, aber ihr Verhalten bestimmen, empathisch zu erschließen und die Erkenntnisse in die eigene Führungsarbeit zu integrieren.

Konflikte lassen sich im Geschäftsleben nicht vermeiden. Umso wichtiger ist es, dass Mitarbeiter damit umgehen können – egal ob es um Kollegen oder Externe geht. Konfliktfähigkeit ist eine zentrale Charaktereigenschaft im Beruf. Führungskräfte beobachten allerdings, dass viele junge Menschen Konflikten grundsätzlich aus dem Weg gehen, vor allem wenn es um Auseinandersetzungen mit Kunden oder externen Dienstleistern geht.

Egal ob es um eine fachliche oder eine persönliche Ebene geht – Konflikte werden in der Regel ausschließlich als etwas Negatives und Unangenehmes betrachtet, das man vermeiden will. Dabei können Konflikte auch positive Energie entwickeln: Wenn sie aktiv bearbeitet werden, können sie dabei helfen, Spannungen und Missverständnisse offenzulegen und effektiv aufzulösen. Dafür muss man allerdings konstruktiv mit solchen Situationen umgehen können und die Existenz verschiedener Interessen ertragen. Ein IT-Projektmanager berichtet über seine jüngeren Kollegen:

 Viele verkennen die Ursachen von Konflikten, können unterschiedliche Sichtweisen nicht wahrnehmen und ansprechen und sind daher auch nicht in der Lage, Lösungen zu entwickeln, in denen niemand als Verlierer zurückbleibt.«

Insbesondere hat sich die Fähigkeit, zwischen fachlichen und persönlichen Konflikten zu unterscheiden, in den letzten Jahren deutlich verändert. Fachliche Kritik wird oft persönlich genommen. Ein Unternehmer aus Niedersachsen schildert eine typische Episode:

»Ihr Arbeitsergebnis ist falsch«, sagt ein Kunde. »Nein, das ist nicht falsch, das sehen Sie verkehrt!«, meint der junge Projektleiter. Nachdem der Kunde dargelegt hat, wo der fachliche Irrtum liegt, zieht sich der Projektleiter beleidigt zurück und schmollt.

Mangelnde Konfliktfähigkeit führt zu tief sitzenden Unzufriedenheiten oder Frustrationen. Das sind die beobachtbaren Verhaltensweisen eines »blinden Flecks«. Dieser wird in der Sozialpsychologie als jener Teil des eigenen Ichs verstanden, der von der eigenen Person nicht wahrgenommen wird. Jene psychischen Funktionen, die dazu beitragen, erzeugen nach der bekannten Psychoanalytikerin Anna Freud schließlich Abwehrverhalten.[12]

Viele junge Menschen wissen nicht sehr viel über sich. Und sie standen oft während ihres gesamten Ausbildungsgangs unter einem erheblichen Anpassungsdruck, der das offene Austragen von Konflikten und das offene Äußern von Frust eher unterbindet. Das hat bei manchen jungen Erwachsenen tragische Konsequenzen: Tobt in ihrem Inneren das Gefühl, ungerecht behandelt zu werden, wird dies nicht direkt angesprochen, sondern die Schuld an einem Problem auf einen Kollegen oder einen Kunden gelenkt. Diese Ausweichstrategie kann sich bis zum regelrechten Mobben eines anderen Menschen steigern.

Die Bereitschaft, eine Auseinandersetzung offen anzunehmen, zivilisiert auszutragen und konstruktiv zu bewältigen, ist nicht nur für die Berufstätigkeit relevant, sondern auch für das soziale Zusammenleben.

Rückschläge und Niederlagen gehören zum Leben – und oft geben sie erst den entscheidenden Impuls, aus dem alten Trott herauszukommen und etwas zu verändern. Die deutsche Fußballnationalmannschaft möge uns hier in einem kleinen Exkurs als Beispiel dienen, mit dem fast jeder etwas anfangen kann. In gewisser Weise ist sie nämlich vergleichbar mit einem Unternehmen und seinen Erfolgs- und Misserfolgszyklen am Markt. In den ersten fünf Jahrzehnten nach dem Krieg gehörte die DFB-Elf praktisch ununterbrochen und unangefochten zu den Weltmarktführern – ungefähr wie der Volkswagenkonzern. Selbst wenn es mal schlecht lief, stimmte am Ende eines Turniers fast immer die Bilanz, sprich: kam man unter die letzten Vier. Nach dem WM-Triumph von 1990 begann es jedoch allmählich zu bröckeln. Aber man wollte noch nicht so richtig wahrhaben, woran es krankte, nämlich am Ausbildungssystem. Dass an dieser Basis jeder erfolgreichen Unternehmenszukunft dringend etwas verändert werden musste, gestand man sich erst nach dem katastrophalen »Geschäftsjahr« 2000 ein, als neue »Marktteilnehmer« wie Portugal und Frankreich den Deutschen schmerzlich vorführten, wie ein modernes Produkt aussieht. Der DFB-Fußball sah plötzlich so alt aus wie ein VW Golf der ersten Baureihe. Erst jetzt nahm man sich das Thema Nachwuchs systematisch vor. Der Lohn kam dann ab 2006, als man mit einer neuen Generation von Führungskräften (Lahm, Hummels, Özil, Boateng, Khedira, Neuer, Kroos, Müller) einen Erfolgszyklus startete, der 2014 im Gewinn des WM-Titels gipfelte. Man hatte in eine gute Ausbildung investiert und so das Produkt erneuert und wieder attraktiv gemacht. So konnte man die Weltspitze zurückerobern.

Doch es gehört vermutlich zum natürlichen Gang der Dinge – ob im Sport oder in Unternehmen –, dass mit dem Moment des größten Erfolgs die Anspannung nachlässt. Die alten Chefs und ihre Rezepte werden von niemandem infrage gestellt – sie haben ja gerade bewiesen, dass sie es draufhaben. Eine »Weiter so«-Mentalität macht sich breit, man genießt den Erfolg – und gleitet so unbemerkt in den nächsten Abwärtszyklus. Es ist kein Zufall, dass seit über 50 Jahren kein Weltmeister seinen Titel verteidigen konnte. Auch Deutschlands Nationalmannschaft blieb nicht verschont von dieser Erfahrung: Die WM 2018 wurde zum Desaster, weil die alten Recken jetzt eben weniger wie Recken als vielmehr alt aussahen. Ihre Routinen griffen ins Leere, weil sich die Konkurrenz in der Zwischenzeit erneuert und verjüngt hatte. Im Herbst 2018 hatte die Erkenntnis, dass eine Ära zu Ende ging, sich so weit durchgesetzt, dass Bundestrainer Löw eine Verjüngung der Mannschaft einleitete. Ob und wie schnell man aus der Niederlage lernen und wieder auf die Erfolgsbahn zurückfinden würde, stand bei Redaktionsschluss dieses Buchs noch nicht fest. Klar sichtbar war aber: Angesichts peinlicher und schmerzlicher Niederlagen steckten die Verantwortlichen nicht den Kopf in den Sand, sondern versuchten, zu reagieren. Man richtete sich an der Überzeugung auf, dass die notwendigen Fähigkeiten, Kräfte und Ressourcen im Prinzip vorhanden waren. Aufgeben kam nicht infrage.

Die Fähigkeit, auf Niederlagen mit Veränderungsmut statt mit Resignation zu reagieren und Enttäuschungen auszuhalten, nennt man Frustrationstoleranz. Leider beschützt unsere konflikt- und frustvermeidende Vollkasko- und Helikopter-Erziehung viele junge Menschen vor der Erfahrung echter Niederlagen – und nimmt ihnen damit die Chance, mit so etwas umgehen zu lernen und idealerweise sogar daran zu wachsen. Das Ergebnis sind Berufseinsteiger, die beim ersten Missgeschick oder Gegenwind in Panik geraten, sich empören oder aufgeben. Für die Älteren fremd ist oft auch die geringe Bereitschaft der Millennials, sich lange für ein Ziel abzurackern und jahrelang auf die Früchte dieser Mühen zu warten. Sie wollten »die Belohnung sofort – oder gar nicht«, wie die Autorin Greta Lührs schreibt.[13]

Kommen wir noch einmal zurück zur Nationalmannschaft: In seiner Analyse nach dem frühen Ausscheiden des Weltmeisters 2018 gab Bundestrainer Joachim Löw als Hauptgrund die fehlende Leidenschaft an. »Wir haben es bei diesem Turnier nicht geschafft, neue Reize zu setzen. Wir hatten keine Leidenschaft, keinen bedingungslosen Kampf.«[14] Reize, Leidenschaft, Kampf – daran fehlt es in unserer auf Anpassung und Konfliktfreiheit ausgerichteten Bildungslandschaft vielfach. Die Ausnahme ist eine kleine Elite von Hochleistungsarbeitern, die für ihre Aufgabe brennen und dafür mal angefeindet, mal bewundert werden. Die meisten jungen Menschen jedoch konstatieren bei sich selbst eher einen Mangel an Leidenschaft und Kampfeswillen für die eigenen beruflichen Ziele. Das bestätigt der ehemalige Fußballjugendtrainer Horst Hrubesch, der 2000 bis 2016 für den Deutschen Fußball-Bund in der Jugendarbeit tätig und Trainer der deutschen U-21-Nationalmannschaft sowie der deutschen Olympiaauswahl war, in einem Interview mit der Frankfurter Allgemeinen Zeitung:

>> Ich sehe ein Problem, (...) dass die Spieler zu normalen Menschen erzogen werden, dass sie selbständig sind, eigenverantwortlich handeln und nicht fremdbestimmt durch den Berater.

Wir dürfen ihnen nicht (…) alles abnehmen. Ich finde auch bedenklich, dass die Jungs zu sehr belastet werden. (…) Wo bleibt da die normale Entwicklung samt Schule?«[15]

Wie soll sich Selbstständigkeit und eine mündige Lebensweise entwickeln können bei so viel Fremdsteuerung? Was im Leistungssport bereits in immer früheren Jahren beginnt, ist ein Symbol für die Hochleistungsgesellschaft, in der wir alle leben. Fällt die Projektionsfläche »Top-Leistungserbringer« (zum Beispiel nach einer Spitzensporttätigkeit verursacht durch eine Verletzung) weg, bleibt oftmals nicht mehr viel übrig von den schillernden Figuren des Leistungssports.

In der normalen Lebensgestaltung junger Menschen verhält es sich ähnlich. Begeisterung und Leidenschaft für Problemlösungen und betriebliche Herausforderungen weichen oft einem Pragmatismus, der so früh wie möglich in ein materiell abgesichertes und damit zufriedenes Leben nach dem Vorbild der Eltern führen soll. Das allerdings ist ohne Ehrgeiz und Engagement nicht zu haben, genauso wenig wie ein Weltmeistertitel. Es gibt eine deutliche Diskrepanz zwischen den Erwartungen an den Lebensstandard und der Bereitschaft, sich dafür krummzulegen – dieser Zusammenhang wird oft ausgeblendet. Viele Nachwuchskräfte tun nur das, was unmittelbar von ihnen erwartet oder verlangt wird, und geben sich mit einer mittelmäßigen Position zufrieden. Die Autorin Beate Strobel nennt das »hedonistische Unambitioniertheit«.[16]

Bei jedem zweiten Hochschulabsolventen liegt das Anfangsgehalt brutto unter 35 000 Euro. Das reicht natürlich für einen durchschnittlichen Lebensstandard, aber viele junge Leute halten eigentlich mehr für selbstverständlich: regelmäßiger, vielfältiger Freizeitspaß, ein Auto, die Finanzierung von Wohneigentum, eine Familie. Sie betrachten das als normal und als ihr Recht.

Ein weiterer Faktor ist das Erben: Ein nennenswerter Teil meiner Studierenden hat unabhängig vom Studienerfolg und vom Ehrgeiz materiell schon ausgesorgt, weil sie als Einzelkind oder als eines von zwei Kindern irgendwann die Immobilie(n) ihrer Eltern und/oder Großeltern übernehmen werden. Für die Wahl des Studienfachs spielt Leidenschaft nur bei knapp der Hälfte der Deutschen eine Rolle – in Großbritannien sind es 62, in den USA 69 Prozent.[17] Teil einer Elite zu sein gilt vielen gar nicht mehr als erstrebenswert. Mit der fehlenden Leidenschaft geht eine oft unterentwickelte Belastbarkeit einher. Junge Mitarbeiter machen schneller schlapp, als man das von ihnen erwarten könnte. Und sie scheuen oft davor zurück, in Führungspositionen oder bei einem Sonderprojekt Verantwortung zu übernehmen und dadurch auf der Karriereleiter nach oben zu kommen.

Laut einer Studie von Ernst&Young maßen 2018 nur noch 41 Prozent der Studentinnen und Studenten dem beruflichen Aufstieg eine hohe Bedeutung in ihrem Leben bei. »Eine steile Karriere mit außergewöhnlichen Verdienstmöglichkeiten verliert immer weiter an Attraktivität«, so der Leiter der Personalabteilung von Ernst&Young, Oliver Simon.[18]

Ein Pendant zu den weiter oben erwähnten Wissenslücken, etwa in Deutsch oder im einfachen Rechnen, ist das Fehlen elementarer Umgangsformen. Dabei sind junge Erwachsene vordergründig durchaus freundlich, und sie treten in der Regel auch sehr gepflegt auf. Aber dass man eine Mail an einen Vorgesetzten oder eine Professorin nicht mit der Anrede »Hallo« beginnen sollte, ist vielen fremd. Auch der Gedanke, sich in Anwesenheit einer älteren Person nicht die letzte Sitzgelegenheit im Konferenzraum zu schnappen, kommt keineswegs allen. Und in den Bereich fehlender Umgangsformen gehört auch, wenn man dem Gesprächspartner nicht in die Augen schaut, wenn man während eines Gesprächs ungeniert Kaugummi kaut und wenn man sich unvermittelt aus dem Gespräch ausklinkt, weil das Smartphone um Aufmerksamkeit buhlt.

Vor allem die Kommunikation spiegelt den oft narzisstisch anmutenden Mangel an Höflichkeit und Einfühlungsvermögen. Weil auf vielen Kanälen der virtuellen Kommunikation nur sehr sparsame soziale Regeln gelten, geht die Fähigkeit verloren, die Ebenen zu unterscheiden und sich auf den Gesprächspartner einzustellen. Eine Professorin berichtet:

>> Ich werde mit studentischen E-Mails zugeworfen. Sie sind meist mit unklarem Betreff versehen und in epischer Breite formuliert und ich weiß nach der Lektüre nicht, welche Frage zu beantworten ist. Die Anrede ist »Hi« und die Grußformel »Ciao, Sandra«. Um dem Wahnsinn zu entkommen, habe ich die Zeit meiner Sprechstunden wöchentlich verdoppelt, damit sie zu mir kommen und ihre Anliegen persönlich vortragen können. Doch es hat nichts geändert. Man möchte lieber digital mit mir kommunizieren. Mir gegenüberzusitzen ist vielen Studierenden offenbar unangenehm.«

Die interpersonelle Kommunikation von Mensch zu Mensch haben viele gar nicht wirklich erlernt. Das fängt schon mit einfachsten Telefongesprächen an: Wie melde ich mich korrekt? Wie bringe ich mein Anliegen sachlich, klar und freundlich vor? Wie gehe ich mit einer ablehnenden Antwort um? All das weicht oft einer rein emotional gesteuerten Kommunikation. Viele meiden Gespräche, in denen ihnen Widerstand entgegenschlagen könnte, und zögern notwendige Gespräche mit ihren Dozenten oft bis zum letzten Moment hinaus.

Wie stabil sind sie überhaupt?

Bisher haben wir vor allem persönliche Eigenschaften und Fähigkeiten betrachtet, die unmittelbar mit der »Performance« im Beruf zu tun haben. Aber junge Menschen sind ja nicht nur Funktionsträger. Und immer häufiger sehen Ältere mit Sorge, wie labil SchülerInnen, Studierende oder junge KollegInnen sind und welche psychische Last sie oft auf den Schultern tragen.

Unidozenten und Personalchefs haben hohe Erwartungen an junge Leute zwischen 20 und 25. Dabei gehen sie in der Regel immer noch von persönlich reifen Menschen aus, die zugleich berufspraktisch interessiert, persönlich gebildet, fachlich fokussiert, (selbst-) verantwortungsvoll, eigeninitiativ und entscheidungsfreudig sind. Doch die Realität in der Altersgruppe zeigt häufig das Gegenteil: Viele sind noch recht unreif und persönlich nicht annähernd so weit, dass sie die Erwartungen erfüllen könnten. Adoleszenz bedeutet im 21. Jahrhundert immer häufiger eine Art verlängerter Pubertät. Da sie sich nach außen recht gut verkaufen können, nehmen die Älteren die jungen Bewerber häufig als viel kompetenter und reifer wahr, als sie sind. Die oft vorhandene Verunsicherung und Angst erkennen sie meist nicht oder nicht rechtzeitig.

Bei nicht wenigen steigern diese Befindlichkeiten sich zu handfesten psychischen Erkrankungen wie Depressionen, Angststörungen oder Panikattacken. Für den »Barmer Arztreport 2018« wurden die Daten von mehr als acht Millionen Versicherten im Alter von 18 bis 25 Jahren ausgewertet.[19] Allein in den Jahren 2005–2016 ist der Anteil der Patienten mit einer psychischen Erkrankung um 38 Prozent gestiegen – bei Depressionen sogar um 76 Prozent. Bei den Studierenden, die bislang als weitgehend »gesunde« Gruppe galten, ist mittlerweile mehr als jeder Sechste (17 Prozent) betroffen. Das entspricht rund 470 000 Personen. Der Barmer Arztreport führt aus:

>> Vieles spricht dafür, dass es künftig noch deutlich mehr psychisch kranke junge Menschen geben wird. Gerade bei den angehenden Akademikern steigen Zeit- und Leistungsdruck kontinuierlich, hinzu kommen finanzielle Sorgen und Zukunftsängste.«

Der Paderborner Allgemeinmediziner Holger Guski, der wegen der Nähe seiner Praxis zur Uni viele Studierende behandelt, berichtete 2018 in der *Paderborner Zeitung* von massiven psychischen Problemen bei immer mehr jungen Leuten:

>> Prüfungsstress, Leistungsdruck, falsche Studien- oder Berufswahl äußern sich in Magen- oder Rückenschmerzen, Migräne und oft Herzrasen.« Die Folge seien oft Depressionen. »Ich habe

mir nicht vorstellen können, dass das ein Schwerpunkt meiner Arbeit wird.«[20]

Laut TK-Gesundheitsreport[21] steigt seit 2010 die Einnahme von Psychopharmaka bei Studierenden (20–34 Jahre alt) immer mehr an, die Besuche bei Psychotherapeuten häufen sich. Allein in NRW sind psychische Erkrankungen bei mehr als vier Prozent der männlichen Studierenden so massiv, dass sie mindestens einmal während des Studiums einen Psychotherapeuten aufsuchen; Tendenz steigend. Unter Studentinnen lag diese Quote sogar bei sieben Prozent – das sind ca. 20 000 junge Akademikerinnen. Zum Vergleich: Bei den gleichaltrigen Erwerbspersonen kontaktierten nur 1,13 Prozent der Männer und 3,54 Prozent der Frauen einen psychotherapeutischen Experten.

Ein typischer Ausdruck der Labilität und der Ängste vieler junger Menschen ist die Unfähigkeit, Entscheidungen zu treffen. Zu dieser Schwäche, die sich bis hin zum Zwang verschärfen kann, tragen sicherlich auch die Überforderung der *digital natives* angesichts millionenfacher Wahlmöglichkeiten und die oben bereits erwähnte Unverbindlichkeit bei, die zum Offenhalten vieler Entscheidungen bis zum letzten Moment führt. Aber auch der Anpassungsdruck durch Eltern, Schule und Uni trainiert den jungen Menschen ihre angeborene Entscheidungsfreude ab. Dabei ist diese eine wichtige Tugend, um sich in komplexen Umfeldern sicher zu orientieren. Gleiches gilt für die Autonomie. Beide bedürfen jahrelanger Übung im Laufe des Lebens. Am besten lernt man Entscheiden, indem man im Grundschulalter freie Spiele mit eigenen Regeln entwickelt und diese permanent verändert. Wenn Kinder nicht zu früh in ein Korsett fertiger Regeln gepresst werden, lernen sie das ganz von allein mit Gleichaltrigen – weil sie dann ständig soziale Entscheidungen treffen müssen. Was bedeutet die Aktion des Gegenübers? Was ist meine nächste Aktion? An welche Regeln halte ich mich, welche neuen müssen vereinbart werden? Diese kleinen und schnellen Entscheidungen trainieren ununterbrochen das Gehirn, die Persönlichkeit – und erhöhen die spätere Lebenstüchtigkeit und Autonomie.

Die Angst vor Entscheidungen lähmt viele junge Menschen. Ist sie richtig? Werde ich mit ihr auffallen? Kann ich zu ihr stehen? Was passiert, wenn sie falsch ist? Kann mir das schaden?

Wer entscheidungsschwach ist und sich zwischen mehreren Möglichkeiten entscheiden muss, konzentriert sich auf die Nachteile der ausgeschlagenen Alternativen statt auf die Vorzüge der gewählten Variante. Deshalb halten viele sich mehrere Optionen offen und wählen dann im letzten Moment die angenehmste oder jene, die am leichtesten umzusetzen ist. Dass das nicht immer die beste ist, versteht sich von selbst.

Eine Reaktion von jungen Menschen, die sich den Leistungsanforderungen des Arbeitslebens nicht gewachsen fühlen, ist der Rückzug. Das Phänomen der Einsamkeit nimmt nicht nur bei Senioren, sondern auch bei Twens zu – wofür es aber kaum öffentliche Aufmerksamkeit gibt. Trotz voller Terminkalender, Lern- und Arbeitsgruppen und einer dreistelligen Zahl virtueller »Freunde« erleben sie regelmäßig das bedrückende Gefühl des Alleinseins. Rebecca Nowland, die über die Auswirkungen von Einsamkeit auf die körperliche und geistige Gesundheit sowie auf die Gesellschaft forscht, spricht vom »Bridget-Jones-Phänomen«[22] – nach der bekannten Filmfigur, die tagsüber von vielen Menschen umgeben ist und abends allein in ihrer Wohnung sitzt.

Ein 22-jähriger Student berichtet:

 Ich habe so viele Leute um mich herum, doch jeder beschäftigt sich eigentlich nur damit, wie er durch das Studium kommen soll. In Facebook gibt es ein paar geschlossene Gruppen, in denen profilieren sich die formellen und manche informellen Wortführer des Jahrgangs, die meisten liken oder beobachten nur. Die Leute, die ich auch persönlich kenne, mit denen kommuniziere ich persönlich, wenn ich sie mal erreiche oder wenn sie mal Zeit haben. Jeder ist mit dem Stress beschäftigt, den sich viele aus meiner Beobachtung selbst machen. Lockersein oder Entspanntsein geht in der Gruppe nicht ohne Unithemen. Da habe ich auch

keine Lust mehr, dabei zu sein, und ziehe mich immer mehr zurück. Und ich bin nicht die Einzige.«

Der Psychiater Manfred Spitzer hat auf den Zusammenhang
zwischen dem Trend zu mehr Einsamkeit und weniger Gemein-
schaftsorientierung einerseits und dem »Ich-Wahn«, also der
Selbstbezogenheit vieler junger Menschen andererseits hingewiesen. Als eine Wurzel erkennt er den Trend zum Sich-Vergleichen,
das dank sozialer Netzwerke eine ganz andere Breite und Brisanz
hat als früher. Früher verglich man sich innerhalb der Schulklasse,
des Seminars oder der Firma. Heute jedoch sind die Maßstäbe komplett verrutscht. Der ständige Vergleich mit schillernden TV-Stars,
so Spitzer, führe aufgrund der Nichterreichbarkeit dieses Status zu
Rückzug und langfristig zu Einsamkeit.[23] Es gibt kein sichereres
Mittel, sich unglücklich zu machen, als die Orientierung an künstlich gestylten und mehrfach schönheitsoperierten Stars.

Der Vergleich mit solchen unerreichbaren Vorbildern erzeugt
oder verstärkt häufig eine große Unsicherheit und ein gestörtes
Selbstbewusstsein. Das erkennt man zum Beispiel, wenn Studierende mehrfach nachfragen, ob sie etwas anders machen dürften,
als es im Rahmenstudienplan steht. Auf der einen Seite interessieren
einige Studierende solche Regeln nicht. Doch sollten diese einmal
dokumentiert sein, wünscht sich eine Mehrheit eine exakte Auslegung und Umsetzungshilfen. Die Angst, etwas falsch zu machen
oder einer Vorgabe nicht perfekt zu entsprechen, wirkt auf diese wie
ein Killer auf die eigene Selbstwirksamkeit. Denn die entsteht vor
allem durch individuelles, selbstständiges Tun – mit dem Risiko,
Fehler zu machen, und der Chance, aus diesen zu lernen. Trotz der
Erziehungsbemühungen vieler Eltern und Pädagogen sind fehlende
Selbstwirksamkeitserfahrungen eines der prägendsten Defizite der
jungen Menschen heute.

Nur sehr wenige Pädagogen haben das Prinzip der notwendigen Selbstwirksamkeit verinnerlicht und weichen notfalls auch
bewusst von den standardisierten Lehrplänen ab, um positive Selbst-
erfahrungseffekte zu ermöglichen. Die Masse des standardisierten

Lehrstoffs sowie die pädagogischen Rahmenbedingungen vor Ort lassen kaum noch Raum dafür.

Manche sind im permanenten Posieren natürlich auch Gewinner. Sie neigen oft ohnehin zur Selbstüberschätzung bis hin zum Narzissmus und übertragen dann auch die Anerkennung der Community für ihr Aussehen kurzerhand auf den Rest ihrer Persönlichkeit. Solche Menschen nehmen ihr eigenes Können zu positiv wahr. Sie sind Opfer des Dunning-Kruger-Effekts, wonach profundes Halbwissen und Unkenntnis oft mehr Selbstsicherheit verleihen als das wahre Wissen eines Experten. In einem Interview brachte der Namensgeber David Dunning die mangelnde Selbstkritik solcher Kandidaten auf den Punkt: »Wenn jemand inkompetent ist, dann kann er nicht wissen, dass er inkompetent ist. [...] Die Fähigkeiten, die man braucht, um eine richtige Lösung zu finden, [sind] genau jene Fähigkeiten, die man braucht, um eine Lösung als richtig zu erkennen.«[24]

Inkompetente Menschen überschätzen also regelmäßig ihr eigenes Können, sind nicht in der Lage, das Ausmaß ihrer eigenen Inkompetenz zu erkennen, sehen deshalb keinen Grund, sich zu verbessern, und schützen sich, indem sie die überlegenen Fähigkeiten der anderen systematisch unterschätzen. Der Geschäftsführer einer mittelständischen Agentur berichtet von einem typischen Beispiel:

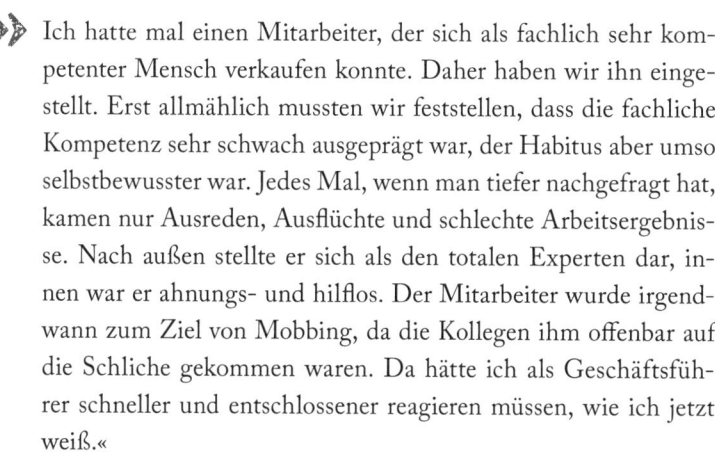 Ich hatte mal einen Mitarbeiter, der sich als fachlich sehr kompetenter Mensch verkaufen konnte. Daher haben wir ihn eingestellt. Erst allmählich mussten wir feststellen, dass die fachliche Kompetenz sehr schwach ausgeprägt war, der Habitus aber umso selbstbewusster war. Jedes Mal, wenn man tiefer nachgefragt hat, kamen nur Ausreden, Ausflüchte und schlechte Arbeitsergebnisse. Nach außen stellte er sich als den totalen Experten dar, innen war er ahnungs- und hilflos. Der Mitarbeiter wurde irgendwann zum Ziel von Mobbing, da die Kollegen ihm offenbar auf die Schliche gekommen waren. Da hätte ich als Geschäftsführer schneller und entschlossener reagieren müssen, wie ich jetzt weiß.«

Bisweilen drehen solche Blender-Typen den Spieß aber auch um und mobben, um sich zu schützen, die kompetenteren Kollegen. Dieser Effekt tritt besonders oft bei Führungskräften auf, die wegen fachlicher und sozialer Inkompetenz überfordert sind mit ihrer Position, dies aber hinter einem übersteigerten Selbstbewusstsein verstecken – wodurch sie zum schlechten Vorbild für Nachwuchskräfte werden. Wer lernt, dass Selbstreflexion und -kritik tabu sind, wird niemals eine gute Führungskraft werden.

Eine Eigenschaft vieler junger Menschen, die sowohl Dozenten als auch Vorgesetzten auffällt, ist eine übersteigerte Sensibilität und Empfindlichkeit. Auf Kritik reagieren diese Berufsanfänger oft wehleidig und weinerlich. Manche jungen Leute sind extrem verschreckt, wenn das wahre Leben in Form etwas derberer Sprache, eines Scherzes oder auch nur der Erwähnung eines unangenehmen Sachverhalts in ihr Stübchen tritt. Eine Autorin, die für einen Verlag Rätselbücher für Kinder verfasst, berichtet:

> Ich hatte ein Kreuzworträtsel entworfen, dessen Lösungswort VOGELKÄFIG lautete. Die Lektorin bat mich, das zu ändern – die Erwähnung der Tatsache, dass ein Tier eingesperrt werde, könne Kinder traumatisieren. Offensichtlich war es aber sie selbst, die die bloße Nennung des Begriffs nicht ertragen konnte.«

Ein Ausdruck ist die Political Correctness, die vor allem in zwei sozialen Biotopen eine inzwischen erhebliche Rolle spielt: in der öffentlichen Verwaltung und an Universitäten. Viele werden sich noch an die Energie erinnern, mit der Studentinnen der Alice-Salomon-Hochschule in Berlin dafür kämpften, dass ein Gedicht von der Fassade ihrer Uni entfernt wurde. Sie hatten in der Erwähnung eines »Bewunderers«, der Frauen auf einer Avenue betrachtet, einen sexuellen Übergriff entdeckt. Die ursprünglich positiven Anliegen der Political Correctness haben sich längst verselbstständigt und in ihr Gegenteil verkehrt. Das überscharfe Abklopfen jedes Worts und jeder Geste auf eine möglicherweise diskriminierende oder irgendwie diskutable Botschaft ist an vielen Universitäten mittlerweile Alltag. Viele Studenten und Studentinnen scheinen mit einer Art Kränkungsdetektor herumzulaufen, der die Umgebung permanent auf Anlässe zur Empörung absucht und jeden Verstoß gegen das sprachliche Korsett der Political Correctness umgehend in den sozialen Netzwerken anprangert. Das Ergebnis ist eine zunehmend formelhafte Sprache – und ein Umgang mit jungen Menschen, der sie wie rohe Eier behandelt. Leider wartet aber jenseits der Mauern des politisch korrekten Unibiotops die Realität namens Leben. Viele Studierende sind auf die Begegnung damit unzureichend vorbereitet, weil sie an den Unis in Watte gepackt werden und ihre teilweise neurotischen Ängste frei ausleben können. Es wäre Aufgabe der Unis, hier korrigierend einzugreifen.

Eine häufige Reaktion junger Menschen auf (subjektive oder objektive) Überforderung und Druck ist Lethargie. Viele Eltern stehen ratlos vor ihren heranwachsenden Kindern, die ganze Tage liegend auf dem Bett verbringen und sich mit ihrem Smartphone in die virtuelle Welt der sozialen Netzwerke zurückziehen. Ein solches Verhalten kann ein Ausdruck einer bereits bestehenden Depression sein – oder es kann eine solche seelische Erkrankung erzeugen beziehungsweise verstärken. Wer sich ins Hotel Mama zurückzieht und weder für seine Ausbildung noch für Hobbys wie zum Beispiel Sport Ehrgeiz entwickelt, wer nur im äußersten Notfall oder zum Feiern an die frische Luft geht, der entwickelt immer mehr Angst vor dem Leben und der Welt und versinkt immer tiefer in seine Passivität. Und das, obwohl Jugendliche doch von Natur aus große Neugier und Lust auf das Leben mitbringen. Eine Mutter erzählt:

>> Meine Söhne sind 15 und 17 Jahre alt. Am Anfang der Gymnasialzeit waren beide sehr lernmotiviert und ihre Leistungen waren gut. Doch je höher die beiden in den Klassen emporkletterten, desto schlechter wurden ihre Noten. Bei unserem Älteren beobachten wir momentan kurz vor seinem Abitur lethargisches Verhalten. Er bekommt einfach nicht den Hintern hoch, um sich

um die Zeit nach der Schule zu kümmern. Er weiß nicht, was er machen soll, und sagte letztens, dass er am liebsten für immer zu Hause wohnen bleiben würde. Mein Mann und ich schauten uns irritiert an.«

Die Lethargie verführt dazu, gegebene Verhältnisse fatalistisch hinzunehmen und sich anzupassen. Das kann in eine resignative Haltung münden oder in eine egoistische Ellbogenmentalität, die aus einem als ungerecht, aber unabänderlich wahrgenommenen System das Beste für sich selbst herausholen will.

Die Überforderung einer ganzen Generation durch die revolutionären Innovationen auf dem Medienmarkt haben wir bereits an verschiedenen Stellen erwähnt – etwa bei den Themen Zuverlässigkeit und Konzentrationsfähigkeit. Natürlich besteht die Überforderung nicht in der technischen Beherrschung der Geräte und im Zurechtfinden im Netz. Die Überforderung ist vielmehr seelischer Art – weil es diesbezüglich an Medienkompetenz fehlt. Was genau mit Medienkompetenz gemeint ist, hängt oft von dem ab, der diesen Begriff verwendet. Hier soll die Definition des Erziehungswissenschaftlers Bernd Schorb von 2005 gelten: die Fähigkeit, sich auf der Basis strukturierten Wissens und einer ethisch fundierten Bewertung medialer Erscheinungsformen und Inhalte den kritischen und reflexiven Umgang mit Medien anzueignen und sie in sozialer Verantwortung sowie in kreativem Handeln zu gestalten.[25]

Ein 23-jähriger Student erklärt mit entwaffnender Offenheit:

>> Wir würden uns schon kritisch mit Online-Inhalten und den Massenmedien auseinandersetzen, aber wir wissen gar nicht, wie man das macht.«

Dabei gibt es in den letzten Jahren unbestritten Bemühungen, etwa mit dem »Computerführerschein«, den Schulen vergeben. Aber es klafft eben ein riesiger Graben zwischen der privaten Nutzung der Medien und dem, was Schulen zu vermitteln versuchen. Die Bereitschaft von Jugendlichen, etwas in der Schule Gelerntes auf die Freizeitgestaltung anzuwenden (und dieser dadurch womöglich noch einen Teil des Spaßfaktors zu nehmen), ist verständlicherweise nicht sehr ausgeprägt.

Wie erwähnt, sind so gut wie alle Menschen überfordert von den neuen Medien – fast niemand bekommt einen kritischen und verantwortungsvollen Umgang damit hin. Allerdings kennen die älteren Jahrgänge noch ein Leben, das offline stattfindet, und können auf diese kostbare Ressource zurückgreifen, wenn das mediale Überangebot sie stresst. Aber Jüngere kommen gar nicht auf den Gedanken, das Smartphone einfach mal auszuschalten. Die Panik, etwas zu verpassen, ist zu groß – und der Suchtfaktor zu stark. Vielleicht sollte man deshalb auch eher von »Medientherapie« statt von »Medienkompetenz« sprechen.

Viele junge Leute büßen an Alltagstauglichkeit und Leistungsfähigkeit ein, weil sie ihr Smartphone nicht beherrschen, sondern von ihm beherrscht werden. Die begrenzten kognitiven Ressourcen, also die Verarbeitungskapazitäten des menschlichen Gehirns, machen es unausweichlich, die Mediennutzung auf ein vernünftiges Maß zu beschränken.

Ein Defizit, das junge Erwachsene selbst empfinden, klingt recht altmodisch: Es geht um traditionelle Tugenden und um die damit oft kontrastierende Spaßorientierung.

Aristoteles schrieb in seiner Nikomachischen Ethik, dass der Mensch, um gut und glücklich zu leben, Tugenden besitzen müsse. Und heute erleben traditionelle und konservative Werte bei vielen offenbar eine Renaissance – allerdings oft nur theoretisch. Laut Shell Jugendstudie von 2015[26] haben Familie, Gesetz und Ordnung sowie Fleiß und Ehrgeiz zwar eine hohe Bedeutung für die allermeisten Jugendlichen – aber sie leben sie nicht, weil sie in einer Gesellschaft groß geworden sind, die auf Konsum und Spaß statt auf tugendhaftes Leben ausgerichtet ist. Um ein konkretes Beispiel zu nehmen: Viele Jugendliche stimmen der Aussage zu, dass Pünktlichkeit wichtig ist. Oft aus der sehr simplen Haltung: »Ich will nicht, dass ich warten muss, wenn ich mit jemandem verabredet bin.« Aber sie selbst bekommen es in der Praxis trotzdem oft nicht hin, pünktlich zu sein.

Und sie sehen das Defizit durchaus selbst. Viele geben an, dass ihnen diese Tugenden nicht nahegebracht worden seien und dass sie das bedauerten.

Manchmal richtet sich die Besinnung auf Traditionelles sogar explizit gegen die Werte, die der vorangegangenen Generation, also den Lehrern und Eltern, besonders wichtig sind und die letztlich durch die 68er geprägt wurden. Eine 25-jährige Studentin im sechsten Semester mit vorangegangener Ausbildung schleuderte mir während einer Lehrveranstaltung einmal entgegen:

>> Wir haben die Nase voll von liberaler und freier Erziehung, von dieser ganzen weiblichen Emanzipation und dem aufgebauschten Gleichheitsgemache. Immer mehr von uns möchten zu Traditionen und konservativen Werten zurückkehren.«

Die allermeisten ihrer Kommilitonen mochten zu diesem Statement übrigens selbst auf Nachfrage gar nichts sagen – weder zustimmend noch ablehnend. Die Frage nach ihrem persönlichen Standpunkt überforderte sie.

Den meisten jungen Erwachsenen sind die erbitterten Kulturkämpfe zwischen der Adenauer-Gesellschaft und den 68ern mit ihrem Entweder-oder vollkommen fremd. Den »Markt der Möglichkeiten« und eine grenzenlose Freiheit erleben sie oft als bedrohlich und überfordernd. Viele sehnen sich nach der Sicherheit, die ihnen die Besinnung auf traditionelle Werte zu versprechen scheint. Zugleich versuchen sie moderne, postmaterielle Werte wie umwelt- und gesundheitsbewusstes Verhalten und den Respekt vor Vielfalt mit diesen traditionellen Tugenden zu verbinden, statt sie gegeneinander auszuspielen.

Aber wie gesagt: Wir sind hier auf der Ebene der *theoretischen* Haltung zu Tugenden. Die Praxis sieht oft anders aus. Viele junge Leute ahnen, dass sie für ihr Leben besserer Selbstfähigkeiten bedürften und dass ihnen die traditionellen Tugenden dabei helfen könnten. Und sie sind oft frustriert darüber, dass sie diese Tugenden nicht erwerben konnten, weil ihre Lehrer und Eltern sie pauschal ablehnten. Die hielten es statt mit Aristoteles oft eher mit Edith Piaf: »Tugend ist, wenn man so lebt, dass das Leben keinen Spaß mehr macht.«[27]

Tugenden sind sicherlich keine Spaßlieferanten, aber für die spätere Übernahme von Verantwortung spielen sie eine große Rolle. Und hier sieht es bei vielen eher schlecht aus, wie ein Mitglied der Geschäftsleitung eines IT-Unternehmens in der Südpfalz schildert:

» Den jungen Menschen fehlt es an grundlegenden Tugenden. Wir waren früher in dem Alter vielleicht auch nicht gerade die ethisch-tugendhaftesten Vorbilder für unsere Chefs, doch heute wird das Fehlen von Tugenden wie Selbstlosigkeit, Demut, Respekt, Anstand, Bescheidenheit, Loyalität, Integrität, Fleiß, Ausdauer, Selbstdisziplin, Sorgfalt und Verantwortungssinn von den um die Zwanzigjährigen mittlerweile selbst zugegeben. Das mag daran liegen, dass zu Hause und in den Schulen nicht mehr darauf geachtet wird und das Nichtvorhandensein einfach akzeptiert wird. Für die Arbeit in unserem Unternehmen ist die Existenz vieler dieser Tugenden Einstellungsvoraussetzung.«

Wenn beispielsweise in einer Abteilung wegen der anhaltenden Krankheit des Vorgesetzten die Verantwortung auf jüngere Mitarbeiter übertragen werden muss, erfordert dies die Aktivierung aller persönlichen Ressourcen, angefangen bei der Übernahme fachlicher Herausforderungen bis hin zur Selbstorganisation in neuen Arbeitsbereichen. Das umzusetzen, also die theoretisch begrüßten Tugenden tatsächlich zu praktizieren, fällt vielen wegen der damit verbundenen Anstrengung enorm schwer. Traditionelle Tugenden sind oft ein Gegenkonzept zur Spaßgesellschaft, die die jungen Leute geprägt hat.

Der Philosoph Thomas Hobbes beschrieb in seinem *Leviathan* die Spaßgesellschaft des 17. Jahrhunderts: Der Mensch strebe stets nach

Lust und vermeide alles, was Unlust bringe. Das Streben nach Lust ist auch heute das wichtigste Lebensprinzip des Menschen. Und wie schön wäre es für uns alle, wenn jeder täglich ein Leben führen könnte, das nur aus Vergnügen und Genuss besteht. Dann müssten wir nicht darüber nachdenken, dass lustvolle Erfahrungen meist einer vorherigen Anstrengung bedürfen. Bevor zum Beispiel ein Kinobesuch zum lustvollen Erlebnis wird, muss irgendwann das Geld dafür verdient worden sein. So verhält es sich in nahezu allen Lebensbereichen: Spaß, Freude und Erfolgsempfinden sind die Ergebnisse von Anstrengung.

Die heutigen jungen Erwachsenen sind in einer industriellen Spaßgesellschaft aufgewachsen, in der Anstrengung ein Schmähwort ist. Sie wurden pausenlos mit Medien- und Konsumangeboten überschwemmt und bekamen Konsumwünsche oft sofort erfüllt. Abenteuerliche Fernreisen und eine Wegwerfkultur im täglichen Konsumverhalten sind nur zwei Symbole dafür.

Aber hüten wir uns davor, alle über einen Kamm zu scheren: Bei vielen Angehörigen der jungen Generation findet man durchaus Tugenden, die das Gegenteil von Spaßfixierung sind. Wer sich bewusst ernährt und viel Sport treibt oder wer konsequent ökologisch lebt, der praktiziert beispielsweise Verzicht und Achtsamkeit. Allerdings beschränken sich diese Tugenden oft auf den Lifestyle und werden nicht auf den Studien- und Berufsalltag übertragen.

Der Erfolg im Studium, im Beruf und auch in privatem oder familiärem Engagement ist in der Regel jedoch die Folge einer Anstrengung, die nicht zwangsläufig Spaß macht und die Tugenden wie Disziplin und Durchhaltevermögen erfordert. (Natürlich haben manche Menschen das Glück, dass ihre Arbeit ihnen Vergnügen bereitet – aber wie oben gezeigt, ist das nur eine Minderheit.)

Allein finden Jugendliche oft keinen Weg aus der »Bequemlichkeitsverblödung« und der Spaßorientierung. Sie kapseln sich gegen die gemeinsame Werte- und Leistungsgemeinschaft unserer Gesellschaft ab und empfinden es als zu anstrengend, ihrem Leben einen aktiven, selbstbestimmten Sinn zu geben. Denn das erfordert Charakter und den Zugriff auf wirksame Tugenden. Und dieser Zugriff fehlt vielen Jugendlichen leider, weil sie zu wenig angeleitet worden sind.

Zum Ende dieses Kapitels mit seiner niederschmetternden Bestandsaufnahme zur Verfassung eines Teils (!) der jungen Generation sei noch einmal betont, dass die hier dargestellten Defizite keineswegs immer alle für die gesamte junge Generation gelten. Aber sie haben sich unter jenen, die künftig Verantwortung für unsere Gesellschaft und unseren Wohlstand tragen werden, in beunruhigender Weise ausgebreitet. Und das bereitet mir und vielen anderen Sorgen.

Aber wie sind die beschriebenen Veränderungen zu erklären? Beginnen wir mit einem Blick in die Familien. Ich will für die Überleitung noch einmal den Bashingmodus verwenden. Ein Dozentenkollege sagte neulich, als wir uns über Defizite der Studierenden und die Ursachen austauschten: »Das fängt ja schon zu Hause an!«

Gibt es also einen Zusammenhang zwischen dem Erziehungsstil und der Lage der Familien einerseits und den Defiziten, die wir an Schulen und Unis beobachten, andererseits?

3 Familien im Dauerstress

Ein Kindergeburtstag steht an. Früher war das einmal ein Grund zu unbefangener Freude. Aber das ist vorbei. Wer Kinder hat, weiß jetzt schon, wovon ich spreche. Aber auch die übrigen Leser werden vielleicht im Freundes- und Verwandtenkreis schon mitbekommen haben, wozu die unschuldige Veranstaltung »Kindergeburtstag« mittlerweile in manchen Kreisen ausgeartet ist: zu einer kostspieligen Materialschlacht. Nehmen wir ein beliebiges Beispiel: Für den Samstag der Feier wird ein komfortabler Reisebus gechartert, um 20 Achtjährige mit mindestens zehn erwachsenen Begleitern 120 Kilometer weit zu einer Exklusivführung durch ein Dinosauriermuseum zu kutschieren – natürlich verbunden mit einem vor Ort von Profis zubereiteten mehrgängigen Kindermenü. Das aber fast komplett in die Tonne wandert, weil die Kinder bereits im Bus bis zur Übelkeit mit erlesenen Süßigkeiten, veganen Chips und Bio-Softdrinks abgefüllt worden sind. Für Zerstreuung während der Fahrt sorgen zwei professionelle Animateurinnen und ein Clown. Außerdem läuft im Bordprogramm ein rasanter Film und parallel laute Musik. Und nach 14 Stunden werden die erschöpften Kinder bleich und mit Bauch- und Kopfweh wieder zu Hause abgeliefert – natürlich in einer Stretchlimo. Und ihre Eltern? Bringen das unleidliche, weil vollkommen überforderte und reizüberflutete Kind ins Bett und vereinbaren am nächsten Tag einen Termin bei ihrer Bank. Weil sie wissen: Auch sie werden in einigen Wochen ein Event auf die Beine stellen müssen, das sie mehrere Tausend Euro kosten wird. Sie müssen ja mithalten im Wettbewerb der Megaevents. Klar: Ein ganz normaler Kindergeburtstag von 15 bis 18 Uhr, mit Topfschlagen und freiem Herumtoben im Garten oder im Park, einem Kuchen und einigen kleinen Gewinnen, würde den Kindern vielleicht sogar besser gefallen und ihnen ganz sicher guttun. Aber für die Eltern käme er dem gesellschaftlichen Tod gleich. Und warum? Weil jemand auf die Idee kommen könnte, dass sie sich ein professionell durchgeplantes Event nicht leisten können. Die Angst vor einer Blamage, die zu Rückschlüssen auf ihre wirtschaftliche Situation führen könnte, ist so groß, dass sie jegliche Vernunft und alle pädagogischen Überlegungen vom Tisch wischt.

Ausgeschlossen von diesem Wettbewerb um Wohlstandsprestige sind natürlich jene Eltern, die sich die materielle Aufrüstung gar nicht leisten können: Alleinerziehende beispielsweise oder Hartz-IV-Empfänger oder Kleinverdiener. Ihre Kinder leiden darunter, ihren Freunden nichts Adäquates bieten zu können. Und sie werden – auch deshalb – schon bald nicht mehr eingeladen zu den teuren Monsterveranstaltungen. Die Spaltung der Gesellschaft in Arm und Reich beginnt schon in den Kinderzimmern, den Kitas und Grundschulen.

Aber was geschieht hier eigentlich? Beginnen wir mit den Eltern: Sie stehen unter enormem Stress. Der Leistungsdruck, der sie bedrängt, kommt von allen Seiten: Der Chef will mehr Ergebnisse in kürzerer Zeit mit weniger Ressourcen sehen. Die Lehrerin weist sie auf Defizite bei Verhalten und Leistungen ihres Kindes hin. Die Nachbarn haben vor drei Wochen stolz einen 70 000 Euro teuren Neuwagen vor der Tür geparkt. Und die Eltern der anderen Kinder erwarten jetzt eine Rendite für das teure Geburtstagsevent, das sie vor einigen Monaten veranstaltet haben. In dieser gestressten Grundstimmung planen die Eltern den Geburtstag ihres Kindes – der doch eigentlich ein ausgelassener, fröhlicher Tag sein sollte, nun aber zur Wohlstandsparade degeneriert.

Und was lernen die Kinder? Vor allem, dass nur das Geld zählt. Und dass ein geselliger Anlass nur der Vorwand ist für einen Wettbewerb: Wer bietet am meisten auf und übertrumpft die anderen?

Außerdem erfahren sie, dass sie kleine Götter sind, die höchste Ansprüche stellen können. Für sie ist offenbar nur das Teuerste und Beste gut genug. Und sie verinnerlichen: Wer dabei nicht mithalten kann, ist raus. Was sie eher spüren als verstehen: Um das Geburtstagskind und seine Freunde geht es nur am Rande. Es geht um eine Prestigeschlacht zwischen ihren Eltern. Und die Kinder sollen dabei vor allem funktionieren – weil auch sie Teil der Vorführung sind.

Der Kindergeburtstag steht hier symbolisch für den Dauerstress, unter dem Familien heute leiden. Dietmar Langer, der – von manchen kritisierte – Leiter der Abteilung pädiatrische Psychosomatik der Bergmannsheil-Klinik in Gelsenkirchen, erklärt die von ihm beobachtete Zunahme von Schlaf- und Regulationsstörungen bei Kindern sowie Bauch- und Kopfschmerzen bei Jugendlichen so:

> Es gibt mehr Stress in der Gesellschaft und damit in den Familien, mehr Druck, größere Existenznot. Und die Eltern ruhen noch weniger in sich als früher. Die Grundunsicherheit und damit auch das Stresslevel sind viel größer. Und zwar bei allen Schichten der Gesellschaft.«[1]

Tatsächlich spüren Eltern mehr Stress, der gesellschaftsfähig geworden ist. Die Erziehungshaltung wird nach dem Kinderarzt Herbert Renz-Polster geprägt »… von der generellen Persönlichkeitsstruktur bis zu den vielen alltäglichen Einflüssen wie Stress, Sorgen, mangelndem sozialem Rückhalt oder psychischer Erkrankung«[2]. Es ist schick, im Stress zu sein.

Doch warum geschieht das? Was läuft hier schief? In welcher gesellschaftlichen Situation bewegen Eltern sich heute? Erziehung findet ja nie im luftleeren Raum statt, sondern steht immer in einem gesellschaftlichen Kontext. Und in Deutschland wie in anderen westlichen Gesellschaften denken und handeln die Menschen seit 30 Jahren – in der Regel unbewusst – nach dem neoliberalen Paradigma, wonach die Ökonomie der wichtigste Bezugsrahmen für alle Lebensbereiche ist. Egal ob es um Produktion, um Bildung oder um

Liebe geht – für liberale Marktideologen ist ausschließlich die Frage interessant, ob im Ergebnis mehr herauskommt, als man investiert hat. Und zwar möglichst darstellbar in Euro und Cent.

Unsere Leistungsgesellschaften funktionieren viel ausschließlicher als noch vor einigen Jahrzehnten nach einer trivialen, armseligen Logik: 1. Wohlstand ist der Gradmesser gesellschaftlichen Erfolgs und Ansehens. 2. Wohlstand drückt sich in Konsum aus. 3. Ökonomisches Wachstum ist die alternativlose Voraussetzung für Wohlstand. Und dieser Logik können sich auch solche Menschen nur sehr schwer entziehen, die diese drei Sätze nicht unterschreiben würden, sondern eigentlich andere Werte bevorzugen. Denn konsequent anders zu leben als nach ökonomischer Logik und somit gegen den gesellschaftlichen Strom zu schwimmen, erfordert enorme Anstrengung und entfremdet einen von den meisten sozialen Kontakten wie Familie, Freunden und Nachbarn. Und so werden auch Kinder zu Objekten im wirtschaftlichen Wettbewerb: Man investiert in sie und will irgendwann Rendite sehen. In den extremen Ausprägungen erfolgt Kindererziehung nach geradezu betriebswirtschaftlichen Prinzipien: Aufwand und Nutzen werden gegenübergestellt. Wenn die erzieherische Kompetenz oder die zeitlichen Ressourcen der Eltern nicht ausreichen, ziehen sie Berater und Experten hinzu. Dafür wird auch gerne tief in die Tasche gegriffen – mit der Erwartung, dass sich die Investition irgendwann rechnet und das Kind einen akademischen Titel und ein Spitzengehalt mit nach Hause bringt. Eine Episode, die eine Bekannte auf dem Spielplatz aufschnappte, mag diese Mentalität illustrieren. Zwei Eltern unterhielten sich darüber, zu welcher Sportart sie ihr Kind anmelden wollten. Fazit: Am besten Tennis – da gebe es die höchsten Preisgelder, sodass sich das zeitliche und finanzielle Engagement rechne und sich eine lohnende Investition ergeben könne.

»~~Hurra~~ Hilfe, wir werden Eltern!«

Ein Baby kündigt sich an. In der Regel ist das ein Moment reinen Glücks und großer Freude. Die Eltern werden bei einem Glas Sekt feierlich informiert, dann der Rest der Familie. Die Freunde werden einbezogen: »Wir sind schwanger!« Der Wille junger Paare, sowohl das Familienglück gemeinsam zu genießen als auch die Herausforderungen solidarisch zu schultern, ist meistens echt und ehrlich. Aber nach der ersten Freude beginnen schon die Fragen: »Wie lange willst du zu Hause bleiben?« – »Wie macht ihr das mit der Betreuung? Habt ihr schon einen Kitaplatz?« – »Was hat dein Chef gesagt?« Wobei sich die erste und die letzte Frage in der Regel nur an die werdende Mutter richten. Denn der elementar wichtige Prozess der Gleichberechtigung von Frauen und Männern in wirklich allen Lebensbereichen bleibt eine unvollständige gesellschaftliche Reform, solange Männer nicht stärker in die Erziehung einbezogen werden und Arbeitszeiten nicht familienfreundlicher sind.

Eine Frage, die eher selten gestellt wird, lautet: »Was, denkt ihr, ist das Beste für euer Kind?« Dazu, warum sie in dieser Phase so schwer zu beantworten ist, unten mehr – aber eine Rolle sollte sie eigentlich schon spielen bei den Überlegungen des Paars. Stattdessen drängen sich bald sehr handfeste wirtschaftliche Abwägungen in den Vordergrund: »Auf wie viel Gehalt können wir verzichten? Können wir uns eine größere Wohnung oder ein Haus leisten, wenn wir nicht mehr beide arbeiten? Wie finanzieren wir das Familienauto, das wir jetzt brauchen? Und müssen wir nicht auch Geld zurücklegen für das Studium der Kinder? Und für unsere Altersvorsorge?«

Junge Paare, die eine Familie gründen wollen, müssen ihre Erwerbstätigkeit bewältigen und stehen dazu unter enormem ökonomischem Vergleichsstress. Sie müssen (und wollen meist auch) den Wohlstandsstandards genügen, die sie sich selbst und ihre Umgebung ihnen auferlegen. Und sie bekommen ihre Kinder heute in der Regel während der anstrengendsten und forderndsten Phase ihrer Karriere. Mit Anfang, Mitte 30 etabliert man sich in einem Unternehmen oder Beruf, was erhöhten Einsatz verlangt. Und man hat sich an einen gewissen Lebensstandard gewöhnt: teure Freizeitaktivitäten und ein angenehmes Konsumniveau sind bereits selbstverständlich. Viele Menschen verbringen einen erheblichen Teil ihres Alltags damit, Informationen über Konsumangebote für das beste Produkt, den besten Urlaub, das beste Auto zu sichten und zu bewerten. Dabei wollen sie möglichst keine Fehler machen – das perfekte Leben benötigt perfekt vorbereitete Entscheidungen und eine vollständige Informationslage. Nun kommt noch die Suche nach dem besten Kinderwagen, dem optimalen frühkindlichen Lernspielzeug und dem ergonomisch optimalen Kinderbett dazu. Aber für die Frage, was das kleine Menschlein tatsächlich braucht, das bald in die Familie einziehen wird, bleibt oft wenig Zeit. Und es gibt dafür auch keine zugeschnittenen Konsumangebote, mit denen sich Umsatz erzielen ließe.

In den Elternhäusern, aus denen meine Studierenden kommen, ist es die Regel, dass beide Eltern erwerbstätig sind. Oft geschieht dies schon aus schierer wirtschaftlicher Notwendigkeit – das Leben einer Familie in einer deutschen Großstadt kann ein normaler Alleinverdiener schon aufgrund der Mieten nicht finanzieren. Aber es geht selbstverständlich auch um Konsumwünsche und -wettbewerb. Ein Elternpaar beschreibt und erklärt sein Leben sehr drastisch:

 Wir sind beide voll berufstätig und wir fühlen uns dauergestresst. In der Woche arbeiten wir und organisieren nebenbei die Kinder. Am Wochenende haben wir dann auch keine Ruhe, wegen der Kinder. Zum Glück wohnen die Schwiegereltern gleich nebenan und wir können sie dort auslagern. Auf unsere Jobs wollen wir auf keinen Fall verzichten, mit einem Einzeleinkommen könnten wir uns unsere Urlaube nicht mehr erlauben, das Haus, die Autos, die Kinder kosten einen Haufen Geld. Und was sollten die Nachbarn denken, wenn wir unsere Autos verkaufen müssten?«

Der Konsum folgt oft nicht einmal dem Lustprinzip, sondern eher dem Optimierungswahn einer durch und durch auf wirtschaftliche Effizienz getrimmten Gesellschaft. Aber es geht nicht nur um Lebensunterhalt und Konsum, sondern auch um Selbstverwirklichung in einer Gesellschaft, die Anerkennung fast ausschließlich an Arbeitseinkommen und Konsum knüpft. Und diese Selbstverwirklichung ist zum Glück kein Privileg der Männer mehr. Die Zeiten, da die berufliche Laufbahn der Frau mit der ersten Schwangerschaft automatisch beendet (und ihr Studium für die Katz) war, sind Gott sei Dank vorbei. Eine Mutter sagte mir kürzlich sehr bestimmt:

 Ich möchte auf keinen Fall mehr auf meine Arbeit verzichten, die ist mir persönlich sehr wichtig. Wenn ich nur noch vier Tage die Woche arbeite, dann ist meine Karriere im Eimer.«

Da dasselbe bei den allermeisten Paaren auch für den Vater gilt, bleibt oft zu wenig Zeit für die Familie. Mir ist aber wichtig, zu betonen, dass sich meine Bemerkungen hierzu nicht gegen die Berufstätigkeit von Müttern richten. Deren Selbstverwirklichung ist wichtig – und Kinder frustrierter Mütter wachsen ganz sicher nicht glücklich auf. Aber eine geringe Präsenz der Eltern hat eben Folgen für die Kinder – auch wenn diese Tatsache sich unter den gegebenen Geschlechterverhältnissen beißt mit der richtigen Zielsetzung von mehr Frauen in Karrieren.

Erziehung und Haushaltsführung sind ein anspruchsvoller und qualifizierter Fulltimejob – ob für Väter oder für Mütter. Bekäme diese sozial höchst nützliche Tätigkeit endlich mehr gesellschaftliche und materielle Anerkennung, würde zumindest ein Motiv dafür entfallen, dass Männer sich zurückhalten und dass oft beide Eltern voll arbeiten, sodass die wahren, also die nicht materiellen Bedürfnisse der Kinder ins Hintertreffen geraten. Aber solange der gesellschaftliche Rang sich am Beitrag zum Bruttosozialprodukt und damit betriebswirtschaftlich, also am Beitrag zum Erfolg einer gewinnorientierten Firma bemisst, gilt Erziehungsarbeit stillschweigend als wertlos.

Ein weiterer wirtschaftlicher Aspekt, der das Leben vieler Eltern prägt, ist Existenzangst. Das mutet auf den ersten Blick paradox an –

zumindest bei Doppelverdienern, die in einem der reichsten Länder der Welt zum Mittelstand oder gar den Besserverdienern gehören. Aber zumindest die Akademiker unter den heutigen Eltern sind aufgewachsen mit großer Unsicherheit, was ihre künftigen Jobchancen anging. Und diese Unsicherheitserfahrung prägt sie bis heute. Oft geben sie diese unbewusst oder bewusst an ihre Kinder weiter – was gar nicht nötig wäre. Denn Akademiker haben heute ja wegen der veränderten Demografie selbst bei mittelmäßigen Leistungen gute Chancen auf eine lukrative Position. Die latenten Abstiegsängste der Eltern verstärken den Effizienz- und Optimierungswahn und den Anpassungsdruck, den sie auf ihre Kinder ausüben.

Außerdem kann man ja so viel falsch machen: Die Grundschule mit dem falschen Lernkonzept wählen, eine mittelmäßige weiterführende Schule oder eine Universität ohne Renommee aussuchen, die falsche Fachrichtung, die falschen Auslandsaufenthalte, die falschen Netzwerke, den falschen Partner, den falschen Ort.

Was braucht mein Kind?

Ein 36-jähriger Ingenieur bei einem großen Automobilzulieferer und werdender Vater bringt das Dilemma der Elterngeneration auf den Punkt:

>> Ich bin in einer Familie groß geworden, die immer von Arbeit bestimmt wurde. Jetzt erwarten meine Freundin und ich selber unser erstes Kind und wir fragen uns, ob das bei uns auch so sein soll, dass unser Kind vom ersten Tag in einem leistungsorientierten Familienhaushalt aufwächst. Wir sind uns einig, dass das nicht geschehen soll, doch auf der anderen Seite soll es mindestens studieren, damit es später einmal alle Möglichkeiten hat.«

Viele Eltern spüren, dass Leistungsdruck nicht die Atmosphäre schafft, in der Kinder sich gut und frei entwickeln können – aber sie fürchten zugleich um die Lebenschancen ihrer Kinder in einer Gesellschaft, die durch und durch leistungsorientiert ist. »Siegen oder verlieren« heißt das Prinzip, das die Eltern in ihren eigenen Jobs tagtäglich erleben. Das Ergebnis ist oft eine tief greifende Verunsicherung. Eine Elternvertreterin an einer südhessischen Grundschule hat die beiden gegenläufigen Reaktionen darauf beobachtet:

>> Es gibt zwei Extremgruppen von Eltern: die, die sich um gar nichts kümmern, und die, die sich um alles kümmern. Das gesunde Mittelmaß dazwischen trifft man in den letzten Jahren immer weniger. Es sind vor allem die solventen Akademiker-Elternhäuser, in denen das zu beobachten ist.«

Mehr über die »Laissez-faire-Eltern«, die jedes Grenzensetzen als Übergriff gegenüber ihrem Kind ablehnen, und über die stets antreibenden »Hochleistungseltern« sowie die überbesorgten »Helikoptereltern« im folgenden Abschnitt. Hier soll nur die ungeheure Weite der pädagogischen Möglichkeiten und Fehler angedeutet werden, in der viele Eltern sich heillos verirren.

Noch ein weiterer Aspekt wirft seinen Schatten auf das unbeschwerte Aufwachsen der Kinder: der Prestigekampf zwischen den Familien. Die materiellen Ausprägungen haben wir bereits am Beispiel Kindergeburtstag gezeigt. Aber die Konkurrenz geht über das rein Materielle hinaus.

Eine Grundschullehrerin berichtet:

>> In unserem Elternkreis existiert ein krasser Wettbewerb um das beste Kind. Das wird nie direkt ausgesprochen, doch das ›Höher, Schneller, Weiter‹ wird längst auf die Kinder projiziert. Ich weiß nicht genau, woher das kommt. Natürlich ist man als Elternteil stolz darauf, wenn die eigenen Kinder die besten Schulnoten haben, berufen werden für den nationalen Mathetest oder im Sportverein erfolgreich sind. Aber ich stelle mir vor, wie abends auf dem Sofa die Kinder aus der Klasse und der Nachbarschaft einem internen Leistungs- und Vergleichstest unterzogen

werden. Bei den Kindern, von denen ich weiß, dass sie sehr leistungsorientiert erzogen werden, beobachte ich auch, dass sie sich unsozial verhalten. Sie sind häufig Ausgangspunkt von Schülermobbing und ringen darüber hinaus nach der höchsten Aufmerksamkeit. Alles muss sich um sie drehen. Die anderen Kinder adaptieren dann dieses Verhalten und nehmen es mit nach Hause.«

Viele Eltern empfinden die Frage, ob sich das Kind möglichst frei entwickeln und möglichst lange Kind bleiben soll oder ob sie es schleunigst zum Baby-Englischkurs anmelden sollten, als echtes Dilemma. Und die Entscheidung wird nicht erleichtert, wenn der Englischkurs ein Statussymbol ist. Dann mischen sich sachfremde Aspekte in eine Überlegung ein, die eigentlich rein pädagogisch getroffen werden müsste – und die vor allem das Kind in den Mittelpunkt stellen sollte.

Auf den ersten Blick sind die allermeisten Eltern ungeheuer engagiert und es dreht sich fast alles um ihr Kind – auch wenn viele diese Fürsorge delegieren. In den Familien, aus denen die meisten meiner Studierenden kommen, gibt es kaum noch den Fall, dass ein Kind den Eltern tatsächlich egal ist, dass man es missachtet oder gar misshandelt. Aber die Frage »Was ist das Beste für mein Kind?« vermischt sich oft untrennbar mit Überlegungen, die eher mit dem Leben der Eltern zu tun haben – ohne dass diese Unklarheit den Eltern bewusst ist.

Eltern tun also vordergründig unentwegt alles für ihre Kinder – sind dabei aber angetrieben von ihren eigenen Bedürfnissen und Nöten: nichts falsch machen, Perfektionsanforderungen von innen und außen erfüllen, nicht als Rabenmutter/-vater, sondern lieber als »Supereltern« wahrgenommen werden. Das bringt gesellschaftliche Anerkennung. Die Leistungsgesellschaft ist in die Köpfe der Eltern eingedrungen und dominiert ihr Denken und Handeln. Dass Kinder heute oft so sehr im Mittelpunkt stehen, ist also auch Ausdruck des Leistungsverständnisses ihrer Eltern. Das spürt man zum Beispiel, wenn Eltern in langen Monologen über die Schul- oder Sportleistungen ihrer Kinder berichten – etwa beim nachbarschaftlichen Grillen. Der Erfolg des Kindes ist der Erfolg der Eltern. Der Stolz hebt das eigene Ich. Im Sinne der Leistungsgesellschaft hat man offenbar alles richtig gemacht – das befriedigt das menschliche Grundbedürfnis nach sozialem Prestige. (Wobei man in solchen Situationen meist eher unterdrückten Neid und Konkurrenzverhalten erntet als echte Anerkennung.)

Häufig wollen Eltern unbewusst, dass ihre Kinder die Träume realisieren, die sie selbst nie verwirklicht haben – oder dass sie das Leben der Eltern, das diese ja optimiert und perfektioniert haben, einfach fortführen. Das hat zur Folge, dass sie die manchmal ganz anders gelagerten Wünsche, Begabungen und Träume ihrer Kinder nicht sehen.

Die Tragik besteht darin, dass solche Eltern die eigentlichen seelischen Grundbedürfnisse des Kindes oder Jugendlichen nicht erkennen oder gar missverstehen. Zu diesen Grundbedürfnissen zählen unter anderem eine stabile Bindung und Beziehung zu den Eltern, Autonomie, eine gefestigte Identität und ein sinnerfülltes Leben – mit oder ohne Spiritualität. Für all das gibt es aber weder Zensuren noch direkte Anerkennung. Aus der Psychotherapie weiß man jedoch, dass ein Nichterfüllen dieser Grundbedürfnisse zu einem Ungleichgewicht und schließlich zu seelischen Störungen wie latenten oder wiederkehrenden Angstgefühlen führen kann.

Ein Kind mag temporär durchaus Freude empfinden, wenn es in Mathematik der oder die Klassenbeste ist. Es erfährt Anerkennung. Doch entspricht dies nicht zwingend seinen seelischen Grundbedürfnissen. Seine Persönlichkeit, seine Beziehungsfähigkeit und seine Lebenstüchtigkeit werden vor allem durch freies Spiel und durch gemeinsam verbrachte Zeit mit den Eltern gestärkt – und nicht durch Lob und Geldprämien für optimalen Lernoutput. Viele Eltern nutzen die gemeinsame Zeit mit Kindern falsch: shoppen gehen statt kuscheln, Mathe auf eine Eins hin pauken statt eine Waldwanderung mit Gesprächen, durchgeplante Megaevents statt spontaner Schnitzeljagd.

Für Eltern kommt es darauf an, sich den Konflikt zwischen ihren eigenen Bedürfnissen und denen ihrer Kinder bewusst zu machen, damit sie sie sauber trennen können. Eltern, die ihre eigenen Anliegen nicht von denen der Kinder unterscheiden können, unterliegen einem »Ambivalenzkonflikt«: Sie haben das Gefühl, alles für die Kinder zu tun, machen es aber auch oder vor allem für sich.

Ein Mensch, dessen Kindheit stets von Leistungserbringung im Sinne von Hausaufgaben, Prüfungen und Wettkampfsport geprägt wurde, während seine seelischen Grundbedürfnisse nach Wärme, Beziehung, Vertrauen, Spiel und Kreativität vernachlässigt wurden, kann die Sehnsucht nach alldem vielleicht irgendwann verdrängen – aber als Erwachsener wird er darunter leiden und sich auf Momente der Wärme und des Vertrauens nicht einlassen können. Ihm wird etwas fehlen zu seinem inneren Gleichgewicht.[3]

Das Ziel der eigenen Erfüllung und Selbstverwirklichung durch das Kind stellen viele Eltern gar nicht infrage. Das Kind ist über viele Jahre hinweg das wichtigste »Projekt« einer Partnerschaft. Man kann da durchaus von einer egoistischen Inanspruchnahme der Kinder sprechen. Gerade Einzelkinder stehen unter einer permanenten, fürsorglich gemeinten Vier-Augen-Kontrolle und werden zum Egoprojekt ihrer Erzieher. Wie sollen sie da eine eigene Lebensbiografie schreiben und sich frei entwickeln?

Die vielen Diskussionen über richtige und falsche Erziehung verunsichern verständlicherweise viele Eltern. Das Ende des autoritären Erziehungsstils ist ein Segen – aber es hat auch ein Suchen nach dem richtigen Weg zwischen den Polen »gewähren lassen« und »Grenzen setzen« erzeugt. Erziehungsexperten wie Jesper Juul und Gerald Hüther betonen zu Recht, dass ein Kind eine eigene Persönlichkeit mit eigener Autonomie und eigenen Rechten ist. Aber es ist eben zugleich ein Kind – und deshalb völlig überfordert, wenn seine Eltern mit ihm »auf Augenhöhe« reden und »verhandeln« wollen.

Ich sehe mich selbst als engagierten Vater, wozu gehört, dass ich mich viel mit anderen Eltern unterhalte. Mit den Vätern lande ich meist zu schnell bei den Themen Fußball oder Job – sie reden nicht oft über die Entwicklung ihrer Kinder. Die Mütter sind da anders. Und sie kritisieren sich selbst, weil sie die Kinder zu sehr verhätscheln und sich schwertun mit dem Neinsagen. Auch die Kinder aufzufordern, ihre Pflichten tatsächlich zu erfüllen, fällt vielen schwer. Und ich stelle auch in unserer eigenen Familie fest, wie anstrengend der richtige Mix aus Freiheit und Grenzen zu finden ist. Auch unsere Tochter tanzt uns manchmal auf der Nase herum und spielt uns Eltern gegeneinander aus.

Die Journalistin Meredith Haaf hat in der *Süddeutschen Zeitung* die Schwierigkeiten geschildert, die viele Eltern mit dem Spagat zwischen Konsequenz und Fürsorge haben:

 Dass eine sichere Bindung eben nichts ist, was selbstverständlich geformt wird, scheint manche Eltern zu verunsichern. Man muss ein paar Dinge tun, damit sich ein Kind wirklich wohlfühlt – etwa aufmerksam bleiben, Nähe zulassen. Manche Eltern empfinden diese ständige Verantwortung stärker als Belastung als andere.«[4]

Auf der einen Seite stehen die Anhänger des »Attachment Parenting«, der »bindungsorientierten Elternschaft«. Sie sehen das Kind als einen Menschen mit begrenzten Mitteln, der grundsätzlich kooperieren will und ein angenehmes Miteinander anstrebt, weil das auch für ihn das Beste ist. Als Aufgabe der Eltern betrachten sie es, feinfühlig auf Signale zu achten. In der Familie solle es kein Gegeneinander der Bedürfnisse geben, sondern ein Miteinander. Ein Kind, das klammere, tue das nicht, weil es nerven wolle, sondern weil es gerade etwas brauche.

Die andere Seite, die Vertreter einer »liebevoll-konsequenten« Erziehung, betont die Notwendigkeit, Grenzen zu setzen. Man müsse die Eltern vor ihrem eigenen Wunsch schützen, das Kind immer glücklich zu machen, weil sie es so zu einem permanent unzufriedenen Tyrannen erzögen. Von sich aus seien Kinder »kleine Egoisten, denen es scheißegal ist, wie es der Mama geht«, zitiert Haaf den bereits erwähnten, für seine unkonventionellen Therapiemethoden bekannten Psychologen Dietmar Langer.

Babys und Kleinkinder sind natürlich nicht aus Bösartigkeit egoistisch, sondern weil sie die notwendige Empathie und Einsicht und damit das Verständnis für die Bedürfnisse der Eltern noch gar nicht aufbringen können. Dafür, dass sie nicht zu kurz kommen, müssen die Eltern schon selbst sorgen – damit wären Kleinkinder hoffnungslos überfordert. Aber die dafür notwendige Abgrenzung – etwa indem man quengelige Kleinkinder auch einfach mal ignoriert – bringen viele nicht übers Herz.

»Und? Wie geht's den Kindern?«

Diese Frage stellte man früher ohne großes Interesse – die Antwort war stets ein beiläufiges »gut«, wenn sie nicht gerade mit einem gebrochenen Bein im Krankenhaus lagen. Psychische Probleme von Kindern waren noch viel weniger ein Thema als die von Erwachsenen. Und das hatte nicht mal etwas mit Tabuisierung und Verschweigen zu tun. Dass Kinder eine Psyche haben, die auch leiden konnte, war schlicht nicht im Bewusstsein. Dabei gab es selbstverständlich Kinder, die Seelenqualen litten. Erich Kästner (1899–1974) war einer der frühesten Jugendbuchautoren, die sich getraut haben, darüber zu schreiben – eine rühmliche Ausnahme. Eine seiner Geschichten heißt *Ein Kind hat Kummer*.

Um jeden Anflug von Nostalgie endgültig zu ersticken: Bis vor einigen Jahrzehnten nahm man außerhalb winziger reformpädagogischer Zirkel praktisch keine Rücksicht auf die individuellen Unterschiede zwischen Kindern – und damit auch nicht auf deren spezifische Bedürfnisse. »Erziehung« bedeutete, dass den Kindern – meist gewaltsam – das Prinzip von Befehl und Gehorsam eingebläut wurde. Eltern und Lehrer erzogen sie zu Untertanen, wie Heinrich Mann es in seinem gleichnamigen Roman über die wilhelminische Gesellschaft des späten 19. Jahrhunderts so meisterhaft gezeigt hat. Ob sie ein zartes oder ein robustes Gemüt hatten – das interessierte niemanden.

Zum Glück wird in der Gegenwart mehr Rücksicht genommen auf die Bedürfnisse von Kindern. Erziehung ist humaner geworden – und zugleich schwieriger. Denn jedes Kind ist anders. Kinder brauchen Zeit für ihre kognitive und seelische Entwicklung – das eine mehr, das andere weniger. Und da es bekanntlich nichts bringt, am Grashalm zu ziehen, damit er schneller wächst, lässt sich das Großziehen von Kindern nicht planen. Mit den Betreuungslösungen, die zum Beispiel ein Doppelverdienerpaar findet, fährt das eine Kind gut, während das andere davon gestresst ist, sich schon früh auf andere Kinder, den hektischen Kitabetrieb und andere Bezugspersonen einstellen zu müssen. Welches Wesen und Temperament ein Kind mitbringt – niemand weiß es. Aber man sollte es berücksichtigen. Manche Kinder brauchen ihre Eltern und das geschützte Zuhause länger, als die beantragte Elternzeit dauert.

Daraus kann sich durchaus auch ein Dilemma ergeben – etwa beim Thema frühkindliche Bildung. Diese gilt oft als Schlüssel zu einer verbesserten Bildungssituation. Länder wie Frankreich und Finnland holen die Kinder aus bildungsfernen Familien früh ins Bildungssystem hinein und verhindern damit den dauerhaften Ausschluss ganzer Bevölkerungsschichten von höheren Abschlüssen. Aber zugleich vermindern und verkürzen sie dadurch den wichtigen Kontakt der Kinder zu den Eltern. Und auch hier gilt: Für manche Kinder ist das insgesamt eher positiv, für andere eher negativ. Es gibt keine Patentlösung, die für alle Familien passt.

Dass trotzdem von allen Kindern erwartet wird, damit zurechtzukommen, dass sie früh und lange aus der Familie herausgenommen werden, hat mit den Anforderungen der Arbeitswelt zu tun – und damit, dass die Eltern diese Anforderungen verinnerlicht haben. Aber kann es richtig sein, dass sich schon die Kleinsten den Wünschen der Wirtschaft anpassen müssen, Schmerz hin oder her? Sollte das Kindeswohl uns nicht wichtiger sein als unsere materiellen Bedürfnisse und die des Arbeitsmarktes? Damit ist nicht gesagt, dass frühkindliche Betreuung zwingend das Kindeswohl gefährdet – aber für manche Kinder trifft das eben zu. Geben wir diesem Gedanken überhaupt noch Raum?

Wir haben es heute mehr und mehr mit einem Verlust der Kindheit zu tun. Die Kindheit als eigenständiger Lebensabschnitt ist ja eine recht späte Entwicklung in der Menschheitsgeschichte. Sind wir dabei, sie schon wieder aufzugeben? Kinder sind keine unfertigen Erwachsenen, sondern sie brauchen Freiräume, um sich zu entwickeln. Wo sie zum Objekt degradiert werden, das man wegorganisieren muss, da stimmt etwas nicht. Das Leben vieler Kinder ist völlig durchgeplant und -getaktet. Es gibt keine Zeit mehr für Entdeckungsreisen im Alltag, stattdessen werden Tagesabläufe durchgezogen wie im Sekretariat eines Topmanagers. Schwimmstunden, Gymnastik, Ballett oder gleich mehrere Sportarten und frühkindliche Musikerziehung stehen auf dem Programm. Die Angst, das Kind könnte zu wenig gefördert werden, treibt Eltern, Kinder und Pädagogen in die Leistungsspirale. Die Kindheit wird zu einer »Einübung des Lebenskampfes der Erwachsenen«, wie Kurt Singer schon 2009 feststellte.[5] Es zählt nicht mehr das Hier und Jetzt, sondern immer nur das Morgen. Dabei sind es gerade die Fähigkeiten, die sich im Hier und Jetzt entwickeln dürfen, die zum Lebensglück befähigen. Ein Kind, das Lust und Talent zum Basteln hat, sollte darin bestärkt werden – egal ob es mit dieser Fähigkeit später einmal das eigene Haus abbezahlen kann. Warum soll es jetzt Programmieren lernen, wenn es doch beim Basteln glücklich ist und zudem seine Koordination und seine Kreativität schult?

Wie also geht es den Kindern? Die »Stiftung für die psychische Gesundheit von Kindern« berichtete 2018, dass knapp 20 Prozent der unter 18-Jährigen, das heißt über eine Million Kinder und Jugendliche, psychische Auffälligkeiten aufweisen.[6] Als verhaltensauffällig wird ein Kind immer dann bezeichnet, wenn es sich oft erheblich anders verhält als die meisten Kinder seines Alters in gleichen oder ähnlichen Situationen.

Natürlich fallen psychische Störungen oder gar Erkrankungen heute auch schneller auf – zum Glück. Die fragwürdige Therapie des »Reiß dich zusammen« hat zumindest in bildungsnahen Familien ausgedient. (Man stellt sich allerdings schon manchmal die Frage, ob die große Aufmerksamkeit für psychische Belastungen die Sensibilität und die Selbstbeobachtung nicht auch ins Extreme steigern kann. Nicht jede Frust- oder Trauerepisode ist gleich eine Depression.)

Schwierige Lebensbedingungen, denen sie dauerhaft ausgesetzt sind, gefährden auch solche Kinder, die keine persönliche Disposition für pathologische Symptome mitbringen. Bei ihnen drückt sich die seelisch nicht mehr zu verkraftende Dauerspannung in Unruhe, Schlaflosigkeit, Bauchweh, Kopfschmerzen, Konzentrationsschwächen und Lernproblemen aus. Eine seelische Verspannung verwandelt sich in körperlichen Schmerz. In den schlimmsten Ausprägungen reagieren Kinder mit Depressionen, Angstzuständen, Beziehungs- und Suchtproblemen und einem gestörten Selbstwertgefühl.

Die Kinderpsychologin Marcia Sirota nennt einige der elementaren Bedürfnisse von Kindern: Wertschätzung, Liebe, Zuneigung, Führung, Schutz und Grenzen.[7] Sind diese gesichert, dann ist die Chance, dass Kinder zu lebenstüchtigen Erwachsenen mit einem gesunden Selbstbewusstsein heranwachsen, besonders hoch – und sie können dann auch mit schwierigen Situationen umgehen. Um diese Bedürfnisse zu erkennen und ausreichend zu befriedigen, bedarf es viel Lebenszeit, die sich viele Eltern nicht mehr für ihre Kinder nehmen.

Dagegen führen Ablehnung, mangelnde Aufmerksamkeit, fehlende Ermutigung zum Wagen neuer Dinge und natürlich schmerzliche Erfahrungen wie seelische und körperliche Misshandlung dazu, dass das Kind zu einer hilflosen, sich wertlos fühlenden Person heranwächst. Gleiches gilt, wenn zu viel Druck auf Kinder ausgeübt wird – etwa wenn sie in der Schule oder im Sportverein Höchstleistungen bringen sollen, obwohl das entsprechende kognitive oder physische Leistungsvermögen noch nicht erreicht ist.

In einer Studie wurden 1 100 Kinder und Jugendliche sowie 1 039 Eltern befragt. Demnach leidet jedes sechste Kind und jeder fünfte Jugendliche in Deutschland unter sichtbaren Stresssymptomen. Stress in der Schule, zu Hause und in der Peergroup wird durch zusätzlichen Stress durch permanentes mediales Mehrfachbombardement verstärkt. Die Folgen sind unter anderem Einschlafprobleme, Kopf- oder Bauchweh sowie Müdigkeit. Zwei Drittel der Kinder sind vergleichsweise oft wütend, aggressiv oder gelangweilt. Ihnen fehlt es oft an Selbstbewusstsein und sie können schlechter Probleme selbstständig lösen, so der Leiter der Studie und Sozialpädagoge Prof. Holger Ziegler von der Uni Bielefeld.[8] Und weiter: »Das sind klassische Burn-out-Symptome und für die Eltern wichtige Warnsignale«. Doch viele Eltern nehmen diese Signale kaum wahr – vor allem diejenigen, die wegen ihrer Zwölf-Stunden-Arbeits- und -Haushaltstage weder physisch noch geistig in der Lage sind, eine innige Beziehung zu ihrem Kind zu entwickeln. Zieglers Studie zufolge glauben tatsächlich neun von zehn dieser Eltern nicht, dass sie ihr Kind überfordern – und 40 Prozent glauben sogar, dass sie ihr Kind nicht genug fördern. Ein solcher Alltag aus Leistungserwartung und -erbringung kann aber nur funktionieren, wenn das Leben streng nach Effizienzprinzipien organisiert und durchgetaktet ist. Das Resultat: Kinder haben keine Zeit für oder keinen Zugang zu Dingen, die ihnen wirklich Spaß machen.

Diese Leistungsspirale anzuhalten ist sicher nicht leicht. Doch wenn das nicht gelingt, sind Angst vor Versagen und Misserfolg vorprogrammiert. Kinder *wollen* gerne etwas leisten – auf Gebieten, die ihnen Spaß machen. Wenn sie stattdessen leisten *müssen*, was ihnen von außen vorgegeben wird, sind sie frustriert. Sie handeln ausschließlich, um diese Erwartungen zu erfüllen, und lernen nicht, eigene Erwartungen zu äußern und ihre Interessen zu verfolgen. Stattdessen macht sich bei ihnen die Angst breit, den äußeren Erwartungen nicht entsprechen zu können. Die Überforderung blockiert dann die Lernmotivation, denn unter Stress und Angst leisten die dadurch überforderten Kinder oft nur halb so viel – was dann oft noch mehr Druck nach sich zieht. Wer kann sich aus seiner eigenen Schulbiografie nicht an den Satz erinnern: »Du könntest schon, wenn du nur wolltest.« Wer zum Wollen gezwungen wird, verzweifelt leicht an diesem Satz.

Eine 15-jährige G8-Gymnasiastin erzählt:

Die Anforderungen, die an mich gestellt werden, bereiten mir immer wieder schlaflose Nächte. Trotz einer klaren Empfehlung, das Gymnasium zu besuchen, frage ich mich, wofür ich so viel lernen soll. Selbst am Wochenende arbeite ich Aufgaben von der Woche auf und bereite mich schon wieder auf den Montag vor. Ich habe überhaupt keine Zeit mehr für mich und weiß gar nicht, wann ich mich einfach mal erholen kann.«

Eine zusätzliche Belastung für Kinder ist es, dass sie ihre Eltern nicht enttäuschen wollen. Die Angst davor hemmt sie zusätzlich – denn sie erleben, wie wichtig ihren Eltern ihr schulischer Erfolg ist. Und da die allermeisten Kinder ihre Eltern lieben, wollen sie deren Erwartungen gerne genügen. Für eigene Wünsche und Leidenschaften bleibt da oft kaum noch Raum.

Eine 27-jährige Masterabsolventin macht dieses Dilemma anschaulich:

 Natürlich will ich meine Eltern nicht enttäuschen. Sie haben keine Mühen und Gelder gescheut, damit ich mein Abi mache und dann zur Uni gehe. Ohne sie hätte ich vielleicht einen anderen Weg eingeschlagen. Ob das hier nun der beste Weg für mich ist, kann ich nicht sagen. Bisher habe ich jedenfalls meine Interessen weder an der Schule noch an der Uni entdeckt.«

Eltern registrieren seit Jahren, dass ihre Kinder selbst nach dem Schulabschluss keine Motivation haben, sich ernsthaft und konsequent mit der Berufswahl zu beschäftigen. Oft sind diese erschlagen von der Überfülle der Möglichkeiten, die ihnen aus dem Internet, bei der Berufsberatung und bei den zahllosen Tagen der offenen Tür entgegenschlägt – und ziehen sich zurück wie scheue Rehe. Klare Berufswünsche, Ideale, Vorbilder und Ziele werden immer seltener. Der Normalzustand ist ein eher ziel- und antriebsloses Suchen oder besser: Abwarten. Viele junge Menschen folgen schicksalsergeben den klar formulierten Erwartungen ihrer Eltern. Manche warten buchstäblich darauf, dass sie von Eltern, Lehrern oder Professoren abgeholt, an die Hand genommen und auf ihren (?) Lebensweg geführt werden – anstatt selbst die Ärmel hochzukrempeln und ihren eigenen Lebenstraum zu verwirklichen. Wenn es eine Motivation für die Aufnahme eines Studiums oder einer Berufstätigkeit gibt, dann besteht sie oft im Wunsch, die verunsichernde Phase der Orientierungslosigkeit möglichst schnell zu beenden. Nach dem Motto: Lieber einen ungeliebten Job als weiter auf der Suche sein. Die Vielfalt des Lebens wird oft nicht als Chance gesehen, sondern als Bedrohung.

Was die jungen Menschen damit verpassen (beziehungsweise was ihnen oft wohlmeinend vorenthalten wird), ist der persönliche Entwicklungsschub, den es bedeutet, wenn man für seinen Traum kämpft, wenn man äußere Widerstände, die Unsicherheit und den eigenen inneren Schweinehund überwindet. Es fehlt heute an Freiräumen zum Sich-Ausprobieren – und auch zum Scheitern. Hochleistungseltern mit ihrem leistungsorientierten Überforderungsstil drängen heute auch Kinder zum Abitur, die man früher einvernehmlich für die Realschule und eine Berufsausbildung vorgeschlagen hätte. Unter diesem verfehlten Ehrgeiz leiden alle: Schüler, Familien, Lehrer, Dozenten.

Werden die Leistungsanforderungen unerträglich, reagieren Kinder oft, indem sie entweder ausbrechen, also die Werte, Regeln und Wünsche der Eltern gezielt verletzen – oder indem sie sich in psychische Labilität oder Krankheit zurückziehen.

Lebende Rettungshubschrauber

Das bekannteste Beispiel dafür, dass Kindern kein ausreichender Raum für eine eigenständige Persönlichkeitsentwicklung bleibt, sind ohne Zweifel die »Helikoptereltern«. Das Phänomen der Überbehütung von Kindern (das es vorwiegend in den mittleren und oberen Einkommensschichten gibt) wurde erstmals 1965 von dem israelischen Psychologen Haim G. Ginott beschrieben.

Helikoptereltern leben in ständiger Angst um ihr Kind. Ihr Vertrauen in dessen Fähigkeiten, seine Selbstbehauptungskräfte und sein Entwicklungspotenzial ist gering. Eine dreifache Mutter bekennt:

 Ich dachte, ich würde sicher keine Über-Mutter, doch ich beobachte, wie die Grenze dazu täglich mehr verschwimmt. Ich habe oft das Gefühl, ich bin auch so eine Helikoptermutter, weil ich zu viel für meine Kinder tue, statt sie vertrauensvoll selbst machen zu lassen. Und so sind fast alle Mütter in meinem Freundeskreis.«

Solche Eltern haben einen starken Kontrolldrang, sind überengagiert, übervorsichtig und überbehütend. Die Steigerung sind die Kampfhubschrauber-Eltern. Sie sehen in jedem Menschen, der mit ihren Kind zu tun hat, einen potenziellen Feind und sind praktisch ständig im Angriffsmodus. Die Schulangelegenheiten ihrer Kinder beispielsweise klären sie nicht mehr mit dem Lehrer, sondern gleich mit dem Rektor. Oft rücken sie dabei mit einem Anwalt an (wenn sie diesen Beruf nicht selbst ausüben).

Die *Spiegel-Online*-Redakteurinnen Lena Greiner und Carola Padtberg haben bereits in zwei (sehr erfolgreichen) Büchern groteske Anekdoten darüber gesammelt, was Hebammen, Erzieher, Lehrer, Sporttrainer, Professoren, Anwälte, Ärzte, Studienberater und Kinder mit übermotivierten Eltern erlebt haben.[9] So zog zum Beispiel ein Vater vor das Verwaltungsgericht, weil er unbedingt beim Klassenausflug seines Sohnes dabei sein wollte. Eine Anwältin erzählt, dass immer häufiger Eltern zu ihr kommen, deren Kinder – meistens Jungs – als Strafmaßnahme vom Unterricht oder einer Klassenreise ausgeschlossen wurden. Die Eltern wollen, dass die Schule das zurücknimmt. »Und dann schaue ich in die Schulakte und sehe, dass der Junge ständig Mist baut. Das geht schon seit Jahren so. Die Maßnahme ist also begründet«, erzählt die Juristin.

Und auch die Mitschüler leiden unter dem Wahnsinn, den manche Eltern in den Schulen veranstalten. Kim von einem Wiesbadener Gymnasium beschreibt das so:

>> Es ist echt traurig. Man reißt sich selbst auf gut Deutsch den Arsch auf, während die hochnäsigen Mitschüler den Lehrern mit Anwaltsschreiben (natürlich von den Eltern) drohen. Ich bin jetzt in der 11. Klasse und es regt mich tierisch auf, wenn Schüler und Eltern nach wie vor nicht kapiert haben, dass man für seine Dinge selbst verantwortlich ist.«

Die aggressive Durchsetzungsmentalität von Elternteilen kommt in der Regel aus ihrer Arbeitswelt – und sie übertragen sie fatalerweise in den Privatbereich. Es gibt mittlerweile sogar spezielle Rechtsschutz-Policen mit dem Geschäftsmodell, Eltern bei Klagen gegen Schulen finanziell zu unterstützen.

Doch aus unselbstständigen Kindern werden später unselbstständige Erwachsene. Kinder von Helikoptereltern haben keine Chance, ihr eigenes Leben einzurichten. Zu einer gesunden Entwicklung gehört die Erfahrung der Selbstwirksamkeit: Ich handle aufgrund einer eigenen Entscheidung und bewirke damit etwas. Und anhand dieser Wirkung – egal ob positiv oder negativ – kann ich etwas lernen. Die Medizinerin Sabine Ruholl hat bereits 2007 gezeigt, wie gut der Zusammenhang zwischen fehlender Selbstwirksamkeit und der Entstehung von psychischen Störungen (vor allem Angst und Depressionen) belegt ist.[10] Selbstwirksamkeit trägt maßgeblich zu beruflicher wie privater Zufriedenheit bei. Sie ist die Voraussetzung für Selbstvertrauen, Ausstrahlung und Zufriedenheit. Wenn sie fehlt, sind Orientierungslosigkeit und mangelnde Handlungsfähigkeit das Ergebnis. Aber die Kinder von Helikoptereltern dürfen kaum Selbstwirksamkeitserfahrungen machen. Ihre Eltern versuchen, sie insbesondere vor schlechten Erfahrungen komplett zu schützen. Für existenzielle Bedrohungen ist das sicherlich richtig. Wenn sich diese Überbehütung aber selbst auf simple Erlebnisse wie einen Sturz von einem kniehohen Mäuerchen erstreckt, heißt das, dass Kinder überhaupt keine Erfahrungen mehr machen können.

Die Folge: Solche Kinder geben schnell auf, wenn nicht alles so läuft, wie sie sich das vorstellen. Aber nicht nur Energie und Durchhaltewillen, sondern auch Entscheidungsfreude und Neugier werden ihnen systematisch abtrainiert. Der schwedische Psychiater und sechsfache Vater David Eberhard nennt solche Kinder »kleine Königinnen und Könige, denen möglichst viele Steine aus dem Weg geräumt wurden und die in der Folge allen auf der Nase herumtanzen«. Sie seien »später vom Leben enttäuscht, weil man sie nicht auf die Anforderungen eines eigenständigen Lebens in der Gesellschaft vorbereitet hat. Viele spätere Probleme in Beruf, Partnerschaft und Familie haben dort ihren Ursprung.«[11]

Zumindest das Bundesministerium für Familie, Senioren, Frauen und Jugend hat den Wert der Selbstwirksamkeit erkannt. In seinem aktuellen Kinder- und Jugendbericht von 2017 heißt es, dass »soziale Handlungsfähigkeit von Jugendlichen und jungen Erwachsenen zuerst von den individuellen Wirksamkeitserfahrungen in der alltäglichen Lebensbewältigung abhängt, die in der Jugend den jungen Menschen in ihrem persönlichen Leben ermöglicht werden«.[12]

Grenzenlos erziehen

Familie Müller mit den zwei Kindern Leonie (sechs Jahre) und Paul (acht Jahre) plant ihren Urlaub. »Wollen wir nach Thailand oder nach Frankreich?« Jedes Elternteil favorisiert eines dieser Reiseziele – und die Entscheidung treffen am Ende, nach einer langen Diskussion, Leonie und Paul. Begründung: Das Wort Thailand klingt irgendwie schön und einen Strand gibt es dort auch.

Früher haben die Eltern beschlossen, wo es in den Ferien hingeht, heute wird darüber schon mit den Kleinsten debattiert und diskutiert. Sie werden in Entscheidungen einbezogen, die sie schlichtweg überfordern. Oder haben Sie schon einmal beobachtet, dass eine Entenfamilie von den Entenküken über den See geführt wird?

Heute dürfen Kinder nicht nur Urlaubsziele bestimmen (»Thailand klingt schön«), sondern auch, welches Familienauto gekauft wird (»Das Blaue, bitte«), was auf den Tisch kommt (»Pizza und

Pommes«) und so weiter – und werden so zu den »Tyrannen«, die der Kinder- und Jugendpsychiater Michael Winterhoff 2009 ausführlich und mit kontroversem Echo beschrieben hat.[13] Wichtig ist, zu betonen, dass das »Tyrannische« keineswegs ein Charakterzug dieser Kinder ist. Die meisten sind völlig überfordert von der Entscheidungsmacht, die ihnen auferlegt wird, und zutiefst unglücklich mit der ihnen aufgezwungenen Rolle des »Familienterroristen«.

Das für Kinder fatale Aufwachsen ohne Grenzen kann zwei Ursachen haben. Es kann sich um schlichte Vernachlässigung aus elterlicher Überforderung handeln – diese Variante tritt eher in bildungsfernen Familien auf. In der Mittel- und Oberschicht hingegen folgen die Eltern oft mehr oder weniger bewusst gewählten ultraliberalen Erziehungskonzepten, die ich bereits oben unter »Laissez-faire« zusammengefasst habe. Die Autonomie der kindlichen Persönlichkeit wird absolut gesetzt und jegliche Entscheidung der Eltern ohne das vorherige Einholen der Zustimmung des Kindes gilt als Bevormundung und Übergriff.

Der neueste Trend ist eine vor allem in sozialen Netzwerken sichtbare Elternbewegung, die sich »Unerzogen« nennt und sich bewusst von jeglichen Erziehungsratschlägen durch Pädagogen abgrenzt. »Unerzogen«-Eltern verzichten bewusst auf *Er*ziehung und stellen stattdessen die *Be*ziehung in den Fokus. Grenzen werden nicht mehr gezogen. Die Folge: Solche Kinder lernen elementare Tugenden und deren Wert nicht kennen. Und die Kinder werden zu früh der Welt in ihrer unüberschaubaren und bedrohlichen Weite ausgesetzt, was oft Gefühle der Verlassenheit und Einsamkeit erzeugt. Bis zu einem gewissen Alter brauchen Kinder die Schutzhülle der familiären Geborgenheit und kein »Everything goes«.[14]

Auch Eltern, die ihr Kind verziehen und verwöhnen und ihm in jeder Auseinandersetzung automatisch recht geben, tun ihren Sprösslingen keinen Gefallen. Verwöhnte und arrogante Muttersöhnchen und Zicken haben es ja nicht gerade leicht im späteren Leben – weder im Freundes- noch im Kollegenkreis. Solche Kinder überschätzen sich oft selbst – und haben eine entsprechend geringe Frustrationstoleranz. Zu diesem nachteiligen Charakterzug trägt auch bei, dass vielen Kindern ihre Konsumwünsche sofort erfüllt werden.[15]

Ich spreche hier wohlgemerkt nicht von den vielen Eltern, deren Kinder in gesicherten sozialen Eltern-Kind-Bindungen aufwachsen, die sich mit in der Familie eingeübten Werten wohlfühlen und Tugenden pflegen. Denn dieses Buch handelt ja von jenen jungen Erwachsenen, die Defizite an den Tag legen – etwa weil sie zu Hause eine Wettbewerbsgesellschaft erleben, in der allein die individuelle Leistung zählt – und die sich in einer Freizeitwelt bewegen, die durch Konsum und sozialen Wettbewerb gekennzeichnet ist. Oder weil ihre Eltern ihren Erziehungsauftrag, also die aktive Auseinandersetzung der Kinder mit der realen Welt, unterlassen haben.

Familienleben 2019

Eine banale Erkenntnis: Wie unser ganzes Leben hat sich auch der Familienalltag in den letzten Jahrzehnten massiv verändert. Die Gelegenheiten, sich als Familie zu erleben, also gemeinsam etwas zu tun und sich darüber auszutauschen, haben schon wegen der stärkeren beruflichen Einbindung beider Eltern und der längeren Betreuungszeiten der Kinder stark abgenommen. Gemeinsame Mahlzeiten mit einem Tischgespräch haben es immer schwerer gegen die Erwartung der ständigen Erreichbarkeit, die Chefs an die Eltern und Cliquen an die Kinder richten. Mittlerweile trauern manche bereits dem Fernseher nach, der vor 40 Jahren noch als der Totengräber des Familienlebens galt. Bundeskanzler Helmut Schmidt schlug 1978 vor, dass jede Familie einen fernsehfreien Tag pro Woche einlegen solle.[16] Heute denken viele eher wehmütig an die Zeit, als sich wenigstens noch die ganze Familie vor *einem* Medium versammelte. Denn heute beschäftigt sich oft jedes Familienmitglied mit seinem Smartphone, sodass es noch weniger Gemeinsamkeit gibt – selbst während der Mahlzeiten. So gibt es immer weniger Gelegenheiten, sich über Themen und Werte auszutauschen. Die Familie als seelischer und geistiger Halt verliert an Bedeutung. Jugendliche, denen hier etwas fehlt, weichen dann auf die reale und die virtuelle Peergroup aus.

Denn junge Menschen haben einen großen Bedarf an Orientierung, und es liegt nahe, dass sie diese zunächst bei Eltern und Geschwistern suchen – wenn auch oft in ambivalenter Mischung mit einem pubertären und oft provokativen Abgrenzungsbedürfnis. Wenn ich Studierende mit einer starken Persönlichkeit und ohne Orientierungsschwierigkeiten erlebe und mich nach ihrem Zuhause erkundige, stelle ich oft fest: Hier wurde ein junger Mensch aktiv geführt, er wurde aktiv mit der realen Welt konfrontiert und zu kritischem Denken eingeladen. Seine Eltern haben ihn nicht sich selbst und dem Internet überlassen; sie haben über die Erziehung Werte benannt und vermittelt und Tugenden vorgelebt.

Ein Faktor, der diese Auseinandersetzung mit der Welt erschwert, ist das Smartphone. Eine kritische Auseinandersetzung mit diesem Phänomen habe ich in meinem Buch *Im digitalen Hamsterrad*[17] bereits ausführlich vorgenommen. An den Unis landen jetzt die ersten Absolventen, in deren Leben das Handy und dann das Smartphone von Anfang an präsent war. Und sie organisieren ihr Leben ganz selbstverständlich unter ständiger Nutzung des Smartphones. Diese Entwicklung ist nicht mehr rückgängig zu machen und soll hier auch nicht beklagt werden. Aber ich will doch auf die Effekte hinweisen, die die Dominanz mobiler Datengeräte auf das Familienleben und die kindliche Entwicklung haben.

Kennen Sie das auch? Sie beobachten eine junge Mutter oder einen jungen Vater, die mit ihrem Baby oder Kleinkind im Straßencafé oder auf dem Spielplatz sitzen – und in ihr Smartphone vertieft. Das Kind bettelt geradezu um die Aufmerksamkeit der Eltern – leider meist vergeblich. Das Smartphone ist stärker. Aber Kinder können soziale Kompetenzen nur im Kontakt mit ihren Eltern erwerben. Kommunikation ist der Schlüssel zum Weltverständnis – und wer sie Kindern vorenthält, der schädigt ihre seelische Entwicklung. Kinder müssen die Welt im ständigen Kontakt mit ihren Eltern verstehen lernen. Um beispielsweise einzuschätzen, ob ein Mensch oder ein Geschehen bedrohlich ist oder nicht, brauchen sie den Augenkontakt. Und das Sprechen lernen sie nur, wenn sich ihnen ein Erwachsener häufig und mit möglichst ungeteilter Aufmerksamkeit zuwendet.

So sinnvoll und wichtig der Umgang mit digitalen Medien für die Zukunft ist – Kinder bis zu einem gewissen Alter werfen solche Medien eher zurück in ihrer Entwicklung. In meinem Buch *Die Lüge der digitalen Bildung* habe ich ausführlich dargestellt, warum dem Gehirn bis zum Alter von etwa zwölf Jahren schlicht die Reife, die Impulskontrolle und die Abstraktionsfähigkeit fehlen, um den digitalen Möglichkeiten gewachsen zu sein.[18] Kinder können virtuelle Abbilder der Realität nicht so nutzen, dass sie sich weiterentwickeln. So etwas wie »Medienkompetenz« zu vermitteln, hat bei Kindern unter zwölf keinerlei Sinn – ihr Gehirn ist einfach noch nicht so weit. Sie brauchen vielmehr möglichst viele Erfahrungen mit der tatsächlichen, der gegenständlichen, der nicht virtuellen Welt. Nur so können sich ihre kognitiven Fähigkeiten vollständig entwickeln und entfalten. Um die bereits zitierte These aus meinem Buch hier noch einmal zu zitieren: »Eine Kindheit ohne Computer (und Smartphone) ist der beste Start ins digitale Zeitalter.«

Auch auf andere Art mischt digitale Technik mit in unseren Familien. Vor allem ängstliche Eltern sehen im Smartphone eine Chance, eine Art fürsorglicher Rundum-Kontrolle über ihre Kinder auszuüben. Der Vater eines 16-Jährigen erzählt stolz:

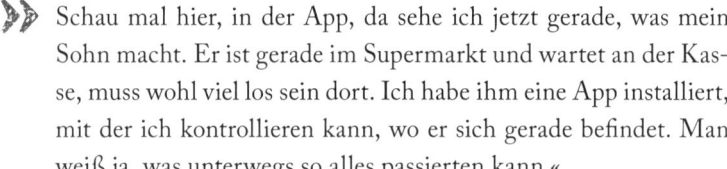

Schau mal hier, in der App, da sehe ich jetzt gerade, was mein Sohn macht. Er ist gerade im Supermarkt und wartet an der Kasse, muss wohl viel los sein dort. Ich habe ihm eine App installiert, mit der ich kontrollieren kann, wo er sich gerade befindet. Man weiß ja, was unterwegs so alles passierten kann.«

Technophile Helikoptereltern könnten sich Kevin Warwick als Helden und Vorbild erwählen. Mit seinem Selbstversuch, sich einen

Chip unter die Haut pflanzen zu lassen, will er seine Forderung bekräftigen, dass alle Eltern ihren Kindern einen solchen Chip implantieren lassen. Damit hätten sie die Vollkontrolle über deren Standort. Nebenbei lassen sich auf dem Smartphone die Bewegungsprofile des Kindes protokollieren und statistisch auswerten – inklusive der Durchschnitts- und Spitzengeschwindigkeiten auf dem Pausenhof, zur Leistungskontrolle für die Trainer.

Eine milliardenschwere Industrie entwickelt aus den Ängsten der Eltern Geschäftsmodelle. Die mediale Präsenz von Verbrechen gegen Kinder hat die Sorgen bis zur Hysterie gesteigert. Weil es inzwischen fast jedes verschwundene Kind in die Tagesschau schafft, entsteht ein Unsicherheitsgefühl, das mit den Tatsachen nichts zu tun hat. In Wirklichkeit war die Zahl der Morde in Deutschland 2015 weniger als halb so hoch wie 1995; einen ähnlichen Rückgang gibt es auch bei den schweren Verbrechen an Kindern. Zudem wird der größte Teil der minderjährigen Opfer von eigenen Familienangehörigen getötet. Die Vorstellung, draußen lauere das massenhafte Verbrechen, ist also schlicht falsch.

Aber die technischen Möglichkeiten erhöhen den Druck auf die Eltern massiv. Wer will sich im Falle eines Falles schon vorwerfen müssen, er hätte sein Kind durch lückenlose Überwachung vielleicht besser schützen können? Dann lieber niemals loslassen. Zum Beispiel mithilfe von GPS-Ortungsgeräten in der Kinderkleidung, der entsprechenden App und Datenspeicherung für 90 Tage in der Cloud. Das Smartphone wird zur elektronischen Fußfessel der Kinder. Auch an ältere Kinder und sogar an Volljährige werden im Stundentakt Nachrichten geschickt – und wenn sie nicht sofort antworten, kommt schnell Panik auf.

Wir haben vor drei Jahren WhatsApp ersatzlos aus unserem Familienleben verbannt. Bei vielen Eltern stößt das auf völliges Unverständnis. Manche Eltern empören sich regelrecht darüber, dass wir auf das kostenlose Kontrollinstrument der Neuzeit verzichten. Das kommt für sie einer emotionalen Trennung vom Kind gleich, die sie nicht ertragen. Das Smartphone vermittelt ihnen die Illusion, in direktem körperlichem Kontakt mit ihrem Kind zu stehen. Entsprechend schmerzhaft ist für sie die Vorstellung, diese Verbindung könnte getrennt werden.

Die wenigsten sind sich jedoch darüber bewusst, wie die Konsequenzen für Kinder und Jugendliche sind. Anstatt ihrem natürlichen Drang zur zunehmenden Selbstständigkeit zu folgen, hängen sie an der verlängerten virtuellen Nabelschnur ihrer Eltern. Statt Herausforderungen zu suchen, an denen sie wachsen könnten, werden sie über WhatsApp & Co. schwindlig gecoacht.

Eine der Folgen der »virtuellen Leine«, an der die Kinder ewig hängen, ist das »Nesthocker«-Phänomen. Gerade Kinder, die als »Projekt« betrachtet werden und das elterliche Bedürfnis nach einem glücklichen Leben befriedigen sollen, finden oft nicht den Absprung – weil die Eltern sie nicht loslassen. Die Kombination aus Geld und Dauerzuwendung bringt den Typus des ewigen Nesthockers hervor, mahnt etwa der Psychologe Michael Thiel.[19] Dieser Typus ist geprägt von Angst und von Planlosigkeit gegenüber »der Welt da draußen«. Immer mehr Eltern kommt es entgegen, ihre Kinder einfach weiter zu behüten, selbst wenn sie die 30 überschritten haben. Sie lieben es, wenn sie die Kinder um sich haben. Die beliebtesten Nesthocker-Elternhäuser liegen übrigens in Süddeutschland. Unter den 20- bis 24-Jährigen belegen bayerische Landkreise die Spitzenplatzierungen. Im Landkreis Straubing-Bogen etwa wohnen vier von fünf Männern im Alter zwischen 20 und 24 noch daheim. Im Bundesschnitt leben von den unter 24-Jährigen rund 70 Prozent noch zu Hause. Das hat sicherlich auch ökonomische Gründe: Die Eltern haben oft ein Eigenheim mit viel Platz – und eine eigene Studenten- oder Azubiwohnung oder auch nur ein WG-Zimmer ist in den Ballungsräumen zunehmend unbezahlbar, vor allem wenn mehrere Kinder gleichzeitig flügge werden.

Oft sind es aber auch die Kinder selbst, die gar nicht daran denken, den Absprung zu wagen. Das betrifft Söhne stärker als Töchter. Das Hotel Mama bietet oft einen Rundum-Sieben-Sterne-Superior-Komfort mit Full Service. Ausgaben für Waschmaschine und Essen entfallen und es bleibt genug übrig für schöne Urlaube und ein eigenes Auto. Aber warum eigentlich selbst fahren? Eine Mutter, deren Sohn noch zu Hause wohnt, erzählt: »Hätte ich ihn nicht eigenmächtig bei der Fahrschule angemeldet, hätte er bis heute keinen Führerschein.« Und Beate Strobel, die Autorin des Artikels, ergänzt: »Der Sohn hielt es durchaus für denkbar, dass die Mama ihn lebenslänglich zu seinen Terminen kutschiert.«[20]

In Japan ist der Trend, dass Kinder zu Hause wohnen bleiben, zu einem nationalen Problem geworden. Gesundheitswissenschaftler und Behörden warnen vor über einer Million junger Menschen, die sich daheim im stillen Kämmerlein verbarrikadieren. Sie werden von Ängsten und Depressionen geplagt und wagen sich nicht nach draußen. Die sogenannten Hikikomori verlassen das Haus nicht mehr, lassen sich das Essen von den Eltern vor die Tür stellen und verbringen ihre Lebens- und Entwicklungszeit im Internet.

In Zeiten des Neoliberalismus ist Familie kein geschützter Raum mehr. Die Institution Familie ist auf dem besten Wege, zu einer Hochleistungsbrutstätte für politische und ökonomische Ziele zu verkommen, anstatt Kinder und Jugendliche fit fürs Leben zu machen. Sowohl der immer stärker in die Familien hineinwirkende Schulstress (vgl. folgendes Kapitel) als auch die Anforderungen der Arbeitswelt an die Eltern nagen an der Grundlage eines entspannten Familienlebens.

Viele Eltern entscheiden sich für das »Outsourcing« der Erziehungsarbeit, weil ihnen die Zeit und die Kraft dafür fehlen – und manchmal auch das Interesse und die Bereitschaft. Das Au-pair-Mädchen personifiziert die »Alles-muss-outgesourct-werden«-Mentalität unserer Gesellschaft. Wer seine Kinder aber nur am Wochenende sieht, der hat erst recht keine Lust und keine Ressourcen, sie dann tatsächlich zu erziehen und Konsequenz an den Tag zu legen. Dazu sind die arbeitenden Eltern viel zu erschöpft. Deshalb stehen Kinder und Jugendliche mit ihren Bedürfnissen in den leistungs- und konsumorientierten »High-Performer-Familien« immer weniger im Mittelpunkt. Und das oft vage vorhandene Gefühl der Eltern, nicht genug für die Kinder da zu sein und zu wenig mit ihnen zu unternehmen, wird dann mit materiellen Geschenken oder kostspieligen Wochenendausflügen kompensiert.

Betriebswirtschaftliche Prinzipien haben stets Gewinnmaximierung oder Kostenminimierung im Blick. Es ist erschreckend, dass diese Prinzipien aus der Hochleistungswirtschaft mehr und mehr in die Familien eindringen, sodass schon die Kinder sie adaptieren. Sie stehen also oft schon unter Druck, bevor sie ihren ersten Schultag erleben. Und dann wird es nicht besser …

4 Vollgas im Leerlauf: die Schule

Über die Misere unserer Schulen ist bereits viel geschrieben worden – so auch vom Philosophen Richard David Precht, der für eine breite Masse 2013 die Degeneration des Humboldt'schen Bildungsideals kritisierte. Diese sei eine oft geistlose staatliche Drillanstalt, deren Lehrinhalte und Methoden veraltet sind, in der Anpassung mehr zählt als Neugier und Kreativität und in der Kinder aus bessergestellten Familien viel höhere Erfolgschancen haben als andere.[1] Doch der Begriff der »staatlichen Drillanstalt« ist eine wunderbare Einleitung für die Aspekte von Schule, auf die ich mich in diesem Kapitel konzentrieren möchte. Denn sie haben unmittelbare Auswirkungen auf die Zukunft, die wir momentan zu verzocken drohen.

Beginnen wir mit einer scheinbar einfachen Frage: Was sollten junge Menschen können und wissen, wenn sie die Schule verlassen? Was wünschen sich Unidozenten, Arbeitgeber und Gesellschaft von Abiturienten?

- Alle Schüler sollten die Grundfertigkeiten im Rechnen (inklusive Dreisatz und Prozentrechnung), in Deutsch (Orthografie, fehlerlose Grammatik, sprachlicher Ausdruck) und in Englisch (einfache Texte verstehen, ein einfaches Gespräch führen) sicher beherrschen.
- Sie sollten in der Lage sein, sich mindestens 90 Minuten am Stück auf ein schulisches bzw. fachliches Thema zu konzentrieren. (Computerspiele zählen nicht dazu.)

- Sie sollten gelernt haben, sich in angemessener Zeit einen Wissensstoff anzueignen.
- Sie sollten eine erlernte Methode auf ein anderes Thema anwenden und selbstständig Alternativen zu vorgegebenen Problemlösungen entwickeln und denken können.
- Sie sollten analytisches, interpretierendes, kritisches Denken gelernt haben, also nicht alles als gegeben und unveränderlich hinnehmen.
- Sie sollten die wichtigsten sozialen und emotionalen Fähigkeiten entwickelt haben, wie Empathie, Frustrationstoleranz, Kritik- und Konfliktfähigkeit sowie Selbstvertrauen.
- Sie sollten sich selbst regulieren und ihre Emotionen kontrollieren können, also etwa eine Entspannungstechnik bei akutem Stress kennen.
- Sie sollten eine grundsätzliche Neugier auf Neues und Lust auf die Erweiterung ihres Wissens und ihres Horizonts haben.
- Sie sollten etwas über das reale Leben wissen. Zum Beispiel wie unsere Demokratie und unser Sozialsystem funktionieren, wie man eine Steuererklärung macht, welches die wichtigsten Versicherungen sind, wie man einige einfache Gerichte kocht, sein Geld im Monatsrhythmus einteilt, einfache Reparaturen im Haushalt vornimmt, eine Exceltabelle erstellt, wie ein normaler Acht-Stunden-Tag in einem Betrieb abläuft und so weiter.
- Sie sollten unterscheiden können zwischen der realen und der virtuellen Welt, die Risiken der digitalen Medien kennen und kompetent damit umgehen können.

Diese Aufzählung dürfte so manchem Lehrer, Schulleiter und Bildungspolitiker den kalten Schweiß auf die Stirn treten lassen – weil die meisten Schulen diesen Ansprüchen leider nicht (oder nur teilweise) gerecht werden. Dabei beschreibt die oben stehende Liste doch nur einen kleinen Ausschnitt dessen, was man unter Bildung verstehen kann. Das Wort »Bildung« ist ja in aller Munde, und keine Sonntagsrede kommt ohne das Schlagwort von der »Bildungsrepublik« aus, in die Deutschland sich schleunigst (wieder) verwandeln müsse. Aber was genau »Bildung« bedeutet – diese Frage beantwortet jeder anders. Uns fehlt ein gesellschaftlich akzeptiertes Bildungsleitbild. Der österreichische Philosoph Konrad Paul Liessmann hat in seinem Nachwort zu diesem Buch dankenswerterweise Ordnung in das Begriffsdurcheinander gebracht. Er plädiert ebenso wie ich für einen Bildungsbegriff, der mehr meint als nur das Vermitteln von Wissen oder »Kompetenzen« und der die Persönlichkeitsentwicklung in den Mittelpunkt stellt. Bildung heißt mehr als Programmierkurse, in die man Grundschüler steckt, weil Deutschland künftig angeblich nur noch Roboter bauen wird. Denn eine Gesellschaft braucht nicht nur Techniker und Sachbearbeiter mit Tunnelblick. Sie braucht auch Menschen, die andere Sprachen sprechen; sie braucht Künstler; sie braucht Menschen mit sozialen Fähigkeiten (etwa in der Pflege und Lehre); sie braucht Menschen, die sich mit Moral und Werten beschäftigen, und vieles mehr. Damit solche Menschen sich entwickeln und ihre Anlagen entfalten können, sollte Bildung möglichst lange möglichst offen und breit angelegt sein, anstatt Kinder schon früh stromlinienförmig auf ein volks- oder betriebswirtschaftliches Ziel hin auszurichten und alle anderen Talente zu ignorieren. Und sie sollte möglichst lange allen offenstehen, statt nach der vierten Klasse zu sortieren, wem Karrierechancen eingeräumt werden (Abiturienten) und wem nicht (dem Rest).

Aber warum leisten unsere Schulen das nicht? Warum sind Lehrer oft so frustriert und fühlen sich machtlos? Warum kommen so viele Studierende zu mir an die Uni, die zwar mit dem Abitur formal einen hohen Bildungsabschluss haben, aber viel zu wenig über sich selbst und über das Leben jenseits des Schulkosmos wissen? Warum können so viele von ihnen selbst einfachste Fragen nicht beantworten, obwohl diese gerade besprochen wurden? In welcher Weise (ver-)formt unser Schulsystem die jungen Menschen, die doch morgen unsere Gesellschaft gestalten sollen? Und warum erzeugt der enorme Druck, den die Schule schon auf die Kleinsten ausübt, so wenig Ergebnisse wie ein Auto, dessen Fahrer im Leerlauf Vollgas gibt?

Bildungs-Luftschlösser

Beginnen wir mit dem System der Schule. Wie Richard David Precht und andere gezeigt haben, geriet das hehre Ziel Wilhelm von Humboldts, den ganzen Menschen zu bilden, bereits von Anfang an, also vor 200 Jahren, unter die Räder, weil es in einer staatlich-preußischen Anstalt umgesetzt werden sollte, die vor allem das Heranzüchten von Untertanen im Blick hatte. Zudem wurden die Lehrpläne überfrachtet, weil Humboldt die alten Sprachen massiv überbetonte und seine Nachfahren dieses Ungleichgewicht zugunsten des Bildungsbürgertums nicht korrigieren konnten oder wollten. Unter diesen Voraussetzungen war das System Schule von Anfang an unausgewogen. Seither wird regelmäßig daran herumgedoktert. Der Lehrplan wird ständig um neue Inhalte ergänzt, ohne dass Veraltetes entschlossen hinausgeworfen wird. Pädagogische Moden und Methoden beschäftigen die Lehrer ebenso wie neuartige Aufgaben – von elementarer Erziehungsarbeit über den Umgang mit Nichtmuttersprachlern und Inklusionskindern bis zur Abwehr unberechtigter Elternforderungen und -proteste. Politische Strukturen erschweren den Schulen zusätzlich das Leben – zum Beispiel die allgegenwärtige Bildungsbürokratie; der Flickenteppich der Bildungspolitik, die in Deutschland Sache der Länder ist; immer neue Sparmaßnahmen, die den Schulen die Ressourcen entziehen, die sie zur Erledigung der ihnen auferlegten Aufgaben benötigen; und die unsinnige (und inzwischen vielfach korrigierte) Verkürzung der Schulzeit unter der Überschrift »G8«.

Pädagogische Argumente für die Verkürzung der Schulzeit gibt es bis heute nicht – die Gründe waren und sind stets volkswirtschaftlicher Natur. Dabei hätte jedem Bildungspolitiker auffallen können, dass es mathematisch nicht klappen kann, den Lernstoff von neun Jahren plötzlich in acht Jahren zu vermitteln und zugleich weniger Lehrer einzustellen. Die oft desorientierten Opfer dieses Experiments bevölkern heute massenhaft die deutschen Hochschulen.

Schulen gehen heute oft regelrecht unter in ihrer Administration und in Lehrplanänderungen. Hinzu kommt ein massiver Lehrermangel mit entsprechendem Ausfall qualifizierten Unterrichts. All das führt dazu, dass für die Vermittlung des Lehrplanwissens viel zu wenig Zeit zur Verfügung steht, weshalb Schüler in vielen Schulen noch nicht einmal durchgehend das elementare Faktenwissen beherrschen – von der Persönlichkeitsbildung ganz zu schweigen. Zusätzlich schreiben die Lehrpläne der letzten Jahre immer stärker die Vermittlung von sozialen Fähigkeiten und Umsetzungsfähigkeiten (»Kompetenzen«) vor. Doch für die Umsetzung fehlen die Ressourcen. Dabei erfordert das Einüben solcher Kompetenzen sogar deutlich mehr Zeit als das Vermitteln fachlichen Wissens. Um eine soziale Kompetenz, also eine Fähigkeit wie etwa Rücksichtnahme, in ihrem Kontext zu erlernen, braucht man etwa fünfmal so viel Zeit wie für den Erwerb lexikalischen Wissens (»Wie funktioniert Photosynthese?«). Vor allem bei sozial und persönlich schwächeren Schülern sprengt dies oft die Möglichkeiten der Schulen und Lehrer.

An dem Ort, an dem Menschen zusammenkommen, um sich auf das reale Leben und das Lösen zukünftiger gesellschaftlicher, wirtschaftlicher und ökologischer Probleme vorzubereiten, werden in der schulischen Praxis (nicht in theoretischen Lehrplänen!) die Leistungsanreize noch immer viel zu stark auf das individuelle Pauken und das Präsentieren von Lernergebnissen gerichtet. Das Einprägen von Fakten und Lernerfolg werden oft noch immer gleichgesetzt. Auch wenn die Macher von Lehrplänen glauben, dass der Zukunft durch die Erwähnung aller nur denkbaren »Kompetenzen« in Lehrplänen (Fach-, Selbst-, Sozial-, Methodenkompetenz, Medien-, Handlungs-, interkulturelle Kompetenz, sozial-kommunikative Kompetenzen, Aktivitäts- und Umsetzungskompetenz und so weiter) Genüge getan wäre: Die Lehrer sind bereits mit der vertiefenden Vermittlung von Fachwissen überlastet. Und so folgt die Bewertung von Leistung in vielen staatlichen Schulen einem sehr einseitigen Verständnis von Bildung. Aber auch wer gut Inhalte rezipieren und wiedergeben kann, wird diese nicht automatisch auf praktische Probleme anwenden können. Die Fähigkeit zum Praxistransfer lebt in einem besonderen Maße von sozialen und persönlichen Fähigkeiten. Für deren Vermittlung fehlt den Lehrern, wie erwähnt, die Zeit.

Die individuellen Spielräume für Lehrer, eigene Prioritäten zu setzen und den Lernstoff mit den individuellen Bedürfnissen ihrer Schüler und den eigenen Kräften in Deckung zu bringen, werden ohnehin immer geringer. Das übergeordnete Korsett aus Checklisten für den durchformalisierten Unterricht heißt »Rahmenlehrplan«. Seine Erstellung durch Beamte der Bildungsbehörde und begutachtende Professoren erinnert an das Märchen »Des Kaisers neue Kleider« oder an die illusionsverliebte DDR-Planwirtschaft: Alle Beteiligten wissen, dass diese Pläne viel zu vollgestopft und nicht zu realisieren sind. Aber weil der politische Druck auf ehrgeizige Bildungsziele so groß ist, werden der Ministeriumsspitze überfrachtete Pläne vorgelegt, obwohl alle Beteiligten wissen, dass die Ressourcen nicht ausreichen. Ich kenne diesen Prozess zur Genüge aus meiner eigenen Gutachtertätigkeit.

Im Ergebnis kann die Schule nicht einmal die Wissensvermittlung zuverlässig garantieren. Schüler weisen heute massenhaft Defizite auf – sowohl bei Grundkenntnissen als auch in ihrer sozialen und inhaltlichen Entwicklung. Die Kernfähigkeit des Reflektierens, also sich vertiefend mit einer Sache auseinanderzusetzen, wird beim Abarbeiten der Tages- und Lehrpläne kaum noch vermittelt.

Dabei boomt die höhere Bildung in Deutschland formal gesehen: 2017 gab es nur noch 2 344 Hauptschulen in Deutschland; 2005 waren es noch doppelt so viele. Aber zugleich hat man den Eindruck, dass Deutschland verdummt. Eine Ländervergleichsstudie von 2016 ergab, dass 15 Prozent der Grundschüler am Ende der vierten Klasse kaum rechnen, also einfachste Aufgaben wie »40 mal 5« nicht lösen können. 22,1 Prozent der Viertklässler (in Bremen sogar über 40 Prozent) können nicht richtig schreiben und machen in jedem Satz mehrere Fehler. Jedes zehnte Kind verfehlt den Mindeststandard im »Kompetenzbereich Zuhören« im Fach Deutsch – und das trotz massiv ausgeweiteter frühkindlicher Bildung. Auf diesen erschütternden Befund reagiert das Schulsystem oft mit erschreckender Gleichgültigkeit: »Das ist dann halt so.«

Als Gründe für die schwierige Lage in den Schulen werden oft der wachsende Anteil an Migranten ohne ausreichende Deutschkenntnisse und die Inklusion genannt. Zum Problem werden diese Faktoren aber vor allem, weil viele ohnehin unterbesetzte Kollegien mit dem Management kultureller Vielfalt überfordert sind, zumal sie nicht ausreichend darauf vorbereitet wurden. Die Folge sind Personalverluste und steigende Krankenstände. Um den Mangel auszugleichen, werden oft Laienpädagogen losgelassen auf die Führungskräfte von morgen: Krankenschwestern, Köche und Freizeitpädagogen ohne Erfahrung und ohne pädagogisches Studium.

Falscher Leistungsbegriff

Endgültig ad absurdum geführt wird unser Schulsystem, wenn man sich den hohen Preis ansieht, der für die mageren Ergebnisse bezahlt wird: den immensen Druck auf die Kinder. Sie werden von klein auf stark gefordert – und das Ergebnis ist verheerend. Zynisch könnte man sagen: Länder wie Südkorea, China und Japan üben zwar noch viel massiveren Druck auf ihre Schüler aus und haben mit hohen Selbstmordraten unter Jugendlichen zu kämpfen – aber wer durchkommt, ist wenigstens fit für die Uni. In Deutschland hingegen erlangen trotz eines frühen und rigiden Selektionssystems viele Schüler das Abitur, die für ein Studium nicht geeignet sind. Denn wer in der vierten Klasse gelernt hat, sich gezielt auf die Abfrage des Gelernten vorzubereiten, wird deshalb nicht zwangsläufig ein guter Arzt, Wissenschaftler oder Entwickler.

Deutsche Schulrepräsentanten sprechen hinter vorgehaltener Hand zwar deutlich über das krasse Missverhältnis von Druck und Lernergebnissen bei uns, aber leider nicht in der Öffentlichkeit. Kein Schulleiter möchte so etwas in seiner Regionalzeitung oder im Internet lesen – zu groß ist die Angst vor dem Vorwurf, er habe seine Schule nicht im Griff. Dabei handelt es sich um ein systemisches Problem und nur selten um ein individuelles Versagen.

Die Fixierung auf prüfbares Wissen sorgt dafür, dass der Stoff in handliche, aber nutzlose Päckchen gepackt wird, die man in Tests abfragen und benoten kann. So dressiert man die willigen Schüler zwar mit viel Druck zu Fleiß und zum Funktionieren – aber ein Lernen im Sinne von echtem Verständnis erreicht man so nicht. Genau diesen Mangel erlebe ich als Hochschullehrer bei vielen meiner Studierenden. Natürlich kann ohne Fachwissen kein Gegenstand und kein Phänomen verstanden und erklärt werden – doch Fakten allein genügen eben nicht. Um das Gelernte anzuwenden, braucht es Problemverständnis, Lösungsorientierung, Empathie, Mut und oft auch Geduld, also Zeit. Ein Beispiel: Wenn eine Hotelfachfrau keine englischen Vokabeln beherrscht, wird sie ihren Job im Hotel nicht erfüllen können. Doch damit sie ihn richtig gut ausführt, bedarf es über die Zwei in Englisch hinaus auch Eigenschaften wie Empathie und Problemverständnis, um einen bestmöglichen Kundenservice bieten zu können.

Der völlig überholte Leistungsbegriff unserer Schulen erschwert jungen Menschen die Vorbereitung darauf, einmal Verantwortung zu übernehmen und Probleme mithilfe eigenen, kritischen Denkens anzugehen. »Junge Menschen sollen funktionieren« – so beschreibt die Entwicklungspsychologin Andrea Kleeberg-Niepage die Funktionsweise unseres Schulsystems.[2] Statt Mündigkeit und Selbstbewusstsein zu entwickeln, verharren viele Schüler in einem phlegmatischen Modus und versuchen, das Ganze mit möglichst wenig Aufwand zu überstehen. Neugier auf die Welt und Lust auf Lernen sehen anders aus. Denn das Lernen nur für Noten macht ebenso unzufrieden wie ein mangelnder Bezug der Schulbildung zur Lebenswelt der Kinder und wie fehlende emotionale und sinnliche Ansprache. Hören wir das traurige Fazit einer Elftklässlerin:

 Wir lernen in der Schule die Regeln für Leistung. Leistung ist, wenn man eine gute Note schreibt – und die bekommt man, wenn man brav gepaukt hat, was einem vorgesetzt wurde. Dabei fragen wir uns schon seit Jahren, warum wir das ganze theoretische Zeugs lernen müssen. Selbst die Lehrer sagen uns, dass wir das später nicht mehr brauchen werden, setzen uns aber mit dem nächsten Test wieder unter Druck. Darum pauken wir, was wir wiedergeben müssen, statt zu lernen, weil wir es wollen. Zu Hause sind meine Eltern dann zufrieden, wenn ich mit einer tollen Note komme. Sie haben das Gefühl, dass sie dann alles richtig gemacht haben. Wir machen alle zufrieden, nur uns selbst nicht. Niemand fragt mich, was meine Begabungen, was meine Interessen sind und was mich wirklich motiviert. Ich habe gelernt zu funktionieren, ohne Freude daran zu haben.«

In der Schule werden Belohnungen ausschließlich in Form von Noten gegeben. Schlechte Noten sind demzufolge Bestrafungen. Im Elternhaus werden Belohnungen durch materielle Güter oder durch andauernde Lobhudelei ausgeteilt. In beiden Kontexten nimmt die Wirkung jedoch mit der Zeit ab. Dabei sind junge Menschen in der Entwicklungsphase zwischen 15 und 25 Jahren besonders auf situatives Feedback auf zielgerichtete Handlungen von außen angewiesen! Pauschalisiertes Lob können sie nicht einordnen in ihren Lebenskontext. Die gute Absicht kehrt sich dann in eine falsche Selbsteinschätzung gegenteilig um.

Eine Rückmeldung auf ihr Tun bedeutet für sie Belohnung. Und die finden sie am schnellsten im Internet. In Computerspielen oder WhatsApp-Gruppen entstehen im Sekundentakt neue Reize. Auf Nachrichten, Fotos oder Videos wird immer und schnell reagiert. Das Setzen eines Reizes (Nachricht) führt zu immer schnelleren Reaktionen (Antwort, sprich: Belohnung). Hier erfahren sie ihre unmittelbare Selbstwirksamkeit: Handlungen führen unmittelbar zu Reaktionen, ob positiv oder negativ. Für die Zukunft ist es fatal, wenn viele junge Menschen kein Vertrauen darin haben, dass sie mit ihrem Handeln jenseits der virtuellen Welt etwas bewirken können.

Stress, Stress, Stress

Noch in den 1980er-Jahren war das Lerntempo bis zur 8. Klasse gemäßigt und kindgerecht. Ab der 9. Klasse stiegen die Lernanforderungen und erst in der 12. und 13. Klasse, also der Abiturvorbereitung, nahmen sie in den Leistungs- und Prüfungskursen richtig Fahrt auf. Heute hat sich der Druck bereits in den Grundschulen eingenistet. Unsere Schulanfänger sind dem Plan, den Wohlstand unseres Landes durch quantitativ maximierte und immer früher auf Leistung ausgerichtete Bildung zu sichern, schutzlos ausgesetzt, weil sie entwicklungspsychologisch noch nicht gewappnet und kognitiv völlig überfordert sind. Zu viele und zu theoretische Lerninhalte, vermittelt von gestressten und frustrierten Lehrern, führen zu immer heftigeren Stresssymptomen bei den Kindern. Abstrakten mathematischen Textaufgaben zum Beispiel ist das Gehirn eines normal entwickelten Zweitklässlers schlicht noch nicht gewachsen.

Dieser Stress, der ganze Familien krank machen kann, beginnt bereits in der zweiten Klasse. Denn dann taucht am Horizont bereits drohend das Gespenst der Gymnasialempfehlung auf. Viele Eltern sind aufgrund des medialen Trommelfeuers (Stichwort »PISA-Panik«) der letzten Jahre überzeugt, dass die Zukunft ihres Kinds für immer verspielt ist, wenn es nach der vierten Klasse nicht auf eine abiturvorbereitende Schule wechselt. Also muss gepaukt, gepaukt, gepaukt werden – auf Kopf- und Bauchschmerzen, auf Frust und Verzweiflung kann keine Rücksicht genommen werden. Für eine Persönlichkeitsentwicklung durch freies Spiel gibt es keine Zeit mehr. Auch normal begabte Kinder geraten schon in frühen Schuljahren in Schnappatmung. Die Uhr tickt gnadenlos. Und nach den Vorstellungen so mancher Bildungspolitiker und Wirtschaftsverbände zur frühkindlichen Bildung soll dieser Stress sich bald sogar in die Kindergärten verlagern. Die Kita als erste Vorbereitung auf die spätere wirtschaftliche Verwertung? Eine Horrorvorstellung für alle, die mehr im Blick haben als das künftige Bruttosozialprodukt! Der allgegenwärtige Druck ist für die allermeisten Kinder einfach nur schädlich und erzeugt keinerlei positive Resultate.

Der Leistungsdruck in der Grundschule stresst nicht nur die Kinder, sondern auch deren Eltern – jedenfalls die, die an der schulischen Entwicklung ihrer Kinder Anteil nehmen und sich zu Hause die Zeit freischaufeln, um die Hausaufgaben und das Lernen aktiv zu begleiten. Vor allem Eltern, die nicht selbst studiert haben, sind bereits in der Grundschule mit der Lernbegleitung überfordert, da ihnen die notwendigen Fachkenntnisse und die pädagogischen und didaktischen Mittel für den umfassenden Stoff fehlen. Zu oft geben sie – schon wegen allseitigen Zeitmangels – etwa in Mathe irgendwann einfach die Ergebnisse vor, statt das Kind geduldig bei seiner Suche nach dem richtigen Lösungsweg zu begleiten. Denn nur, wenn es den findet, hat es etwas gelernt und verstanden.

Nicht umsonst verzeichnen alternative Schulen wie etwa Montessori- und Waldorfschulen die größte Nachfrage nach Plätzen für Quereinsteiger in den Klassen 3 und 4. Wenn Kinder und Familien dem Druck der Gymnasialempfehlung, die unbedingt erreicht werden muss, nicht mehr gewachsen sind, halten sie Ausschau nach kindgemäßeren, humaneren Formen der Bildung. Und sie stellen fest: Das größte Geschenk, das man Kindern und Familien machen kann, ist Zeit. An Waldorfschulen etwa werden die Kinder nach der 4. Klasse nicht in Gymnasiasten und »Versager« getrennt. Die Kinder bekommen mehr Zeit, in der vertrauten Gemeinschaft weiterzulernen und sich ihrem individuellen Tempo entsprechend zu entwickeln. Und so manches Kind, das erst in der 5. oder 6. Klasse kognitiv »aufgewacht« ist, hat später problemlos das Abitur abgelegt – weil seine Schule ihm die Zeit für das Erwachen eingeräumt hat.

Viele Kinder reagieren auf den Schulstress mit Frust und Verweigerung und lehnen die Schule als Ganzes ab. Eine Folge sind erhöhte Fehlzeiten – und man muss fast dankbar sein, dass Ärzte und Eltern hier eine früher unbekannte Großzügigkeit an den Tag legen, sodass Schüler sich dem Druck mithilfe einer »Krankheit« zumindest tageweise entziehen können. Bekommen sie die Entschuldigung und das Attest nicht, dann schwänzen manche eben. In der Pädagogenwelt nennt man dieses Phänomen seit Kurzem »Bildungsabsentismus«.

Natürlich ist am Absentismus nicht nur die Schule schuld – sondern oft auch schiere Unlust der Schüler auf die Anstrengung des Lernens.

Eine junge Frau sitzt neben mir im Zug nach Frankfurt und hält sich ihr Smartphone ans rechte Ohr. Sie ruft ihre Lehrerin an, der sie überzeugend und in leidendem Ton mitteilt, dass sie heute nicht in die Schule kommen könne, weil sie sich gestern Abend den Fuß verstaucht habe und gerade auf dem Weg zum Arzt sei. In Frankfurt angekommen, springt sie dynamisch auf und läuft im Trab den Bahnsteig hinab. Dabei schaut sie laufend auf ihr Smartphone, und ich verstehe kurz darauf, warum: Ihre Peergroup wartet schon am Ende des Bahnsteigs, um sie zur Vormittagsparty in Empfang zu nehmen.

Nach dem Motto »Warum denken, wenn ich auch Spaß haben kann« sucht sich die junge Frau aus dem Zug ihren eigenen Weg für den Umgang mit Stress und Überforderung. Sie bleibt der Schule fern und verbringt ihre Zeit entweder zu Hause mit Computerspielen oder mit Chillen in Frankfurt. Dieser Absentismus zieht sich durch alle Schulformen und gesellschaftlichen Schichten, man findet ihn in Akademikerfamilien ebenso wie in bildungsfernen Familien.

Der Umgang der Schulen mit diesem Phänomen ist durch Rat- und Lustlosigkeit geprägt. »Noch ein Problem, mit dem wir uns beschäftigen müssen«, sagt der Rektor einer Gesamtschule. Er ist verpflichtet, den gesetzlichen Bildungsauftrag zu erfüllen und dafür zu sorgen, dass Schüler ihrer Schulpflicht nachkommen. Sonst drohen Ordnungsmaßnahmen des Schulamts – bis hin zum Hausbesuch durch Polizisten. Und dann werden für die mittlerweile abgehängten Schüler notfalls separate »Abstinent-Klassen« eingerichtet – weil sie laut Gesetz nun mal beschult werden müssen. Die Qualität dieser Nachbeschulung lässt allerdings zu wünschen übrig. Vom Schulamt werden keine zusätzlichen Ressourcen zur Verfügung gestellt. Und weder Schulleitung noch Lehrer erbringen die Leistung gern – sie müssen dafür schließlich Überstunden schieben. Auf diese Weise holt man frustrierte Schulverweigerer natürlich nicht zurück und gewinnt sie nicht für die Idee, dass Lernen Lebenschancen und Freiheit eröffnet. Dafür braucht man ausreichend gute, engagierte Lehrer, die

Zeit für ihre ursprüngliche Lernaufgabe haben: die Pädagogik. Aber genau daran fehlt es viel zu oft.

Empathie? Keine Zeit!

In den letzten Jahren ist – zu Recht – die Aufmerksamkeit dafür gewachsen, dass Krankenschwestern und -pfleger wegen Personalknappheit, Sparzwängen und Bürokratie keine Zeit mehr für Menschlichkeit haben. Dass es einer Schwester wegen Überlastung nicht einmal möglich ist, einem Sterbenden die Hand zu halten, sorgt für Empörung. Wann begreifen wir, dass menschliche Zuwendung auch am anderen Ende der Alterspyramide, in den Schulen, das Wichtigste überhaupt ist und dass diese Zuwendung zu den Kindern nicht weiter den Konstruktionsfehlern unseres Schulsystems zum Opfer fallen darf?

Die Situation der Lehrer ist heute oft verzweifelt. Das alte Klischee vom Beamten auf Lebenszeit, der ab 13 Uhr auf dem Tennisplatz steht und sich einen Lenz macht, hat nichts mehr mit der Realität zu tun. Heute heißen die Stichwörter eher Burn-out, Überforderung und Frust. Neben der bereits erwähnten Überfrachtung der Rahmenlehrpläne und dem Lehrermangel stressen vor allem Anforderungen, die man früher als berufsfremd charakterisiert hätte oder die es schlicht nicht gab. Die natürliche Autorität des Lehrers (nicht zu verwechseln mit autoritärem Verhalten und Züchtigung!) wird von immer weniger Schülern und Eltern respektiert. Zugleich haben die Lehrer es mit vielen Kindern zu tun, die zu Hause nur unzureichend erzogen worden sind. Viele Lehrer beklagen das blanke Chaos, das wegen fehlender Disziplin in den Klassenzimmern herrscht. Und bei der Aufgabe, Disziplin herzustellen, sind ihnen die Hände gebunden. Selbst das längere Vor-die-Tür-Setzen eines renitenten Schülers, der den Unterricht permanent stört und seine Klassenkameraden am Lernen hindert, gilt heute schon als Freiheitsberaubung. Von den Schulleitungen und -behörden fühlen die Lehrer sich meist alleingelassen. Zu groß ist die Angst vor aufgebauschten Skandalgeschichten über »Übergriffe« in den Medien.

Bei vielen Kindern stellen die Lehrer neben fehlender Erziehung auch die Folgen eines exzessiven Konsums elektronischer und digitaler Medien fest wie eine extrem kurze Aufmerksamkeitsspanne und erhöhte Aggressivität. Auch stoßen sie auf erschütternde Wissenslücken. Manche Erstklässler etwa kennen Wörter wie »Biene« oder »Teich« nicht, so eine Deutsch-Grundschullehrerin aus Bielefeld.

Viele Lehrer haben inzwischen schlicht kapituliert und machen »Dienst nach Vorschrift«. Jeder zweite Pädagoge an allgemeinbildenden Schulen gab in einer Umfrage der Vodafone Stiftung an, dass die beruflichen Belastungen für ihn unerträglich geworden seien.[3] Ein Lehrer beschreibt sich und seine Kollegen so: »Wir gehen da rein wie Maschinen und kloppen unser Zeug durch.« Sie werden weder mit den Kindern noch mit den immer neuen bürokratischen Vorgaben fertig, denen sie als Beamte getreulich nachkommen müssen. Denn die Tatsache, dass Schulen staatliche Anstalten sind, die im Konfliktfall nach dem hierarchischen Prinzip von Befehl und Gehorsam funktionieren, beißt sich mit dem geistigen Freiraum, den ein guter Pädagoge dringend braucht.

Dass den meisten Lehrern die Zeit fehlt für die Zuwendung zu den Kindern, für Pädagogik und Empathie, müsste unsere Gesellschaft längst alarmieren. Denn der Lernerfolg hängt extrem stark vom persönlichen Engagement des Lehrers ab, wie die »Hattie-Studie« eindrucksvoll belegt hat.[4] (Reformpädagogen wussten dies bereits 100 Jahre früher.) Dass also die Zeit fehlt, sich mit Schülern und deren praktischen Problemen beim Lernen und im Leben zu beschäftigen, beschädigt die Qualität von Schule fundamental. Denn die persönliche Zuwendung des Lehrers wirkt wie eine heilende emotionale Kraft. Schüler, die im Gespräch mit dem Lehrer oder der Lehrerin erleben, dass er /sie sich wirklich für ihre Probleme interessiert und sich kümmert, lernen besser. Der Erziehungswissenschaftler Hartmut von Hentig sagte einmal: »Schulprobleme von Kindern sind oft Lebensprobleme. Doch wenn keine Zeit mehr für die persönliche Zuwendung bleibt und die Tretmühle des Schulalltags alle Kräfte der

Lehrer bindet, geht ein wichtiges pädagogisches Instrument verloren: die vertrauensvolle Zuwendung zum Schüler.«[5]

Ein guter Unterricht bedarf einer sehr zeitaufwendigen Vorbereitung; die meisten Lehrer sind nicht bereit, diese Zeit zusätzlich zu den erwähnten fachfremden Anforderungen zu investieren. Und das ist auch verständlich. Wenn beispielsweise eine Grundschullehrerin 24 Stunden Unterricht in der Woche zu halten hat, klingt das erst einmal nach wenig. Nimmt man aber an, dass sie auch nur jede zweite Unterrichtsstunde korrekt und vollständig nach den Vorgaben der Rahmenlehrpläne vorbereiten wollte, würde das für jede dieser zwölf Unterrichtsstunden eine durchschnittliche Vorbereitungszeit von bis zu zwei Stunden bedeuten, also 24 Stunden Vorbereitung. Setzt man für die übrigen zwölf Stunden eine Vorbereitung von 30 Minuten an, kommen wir auf insgesamt 30 Stunden Vorbereitung. Das sind bereits 54 Stunden Wochenarbeitszeit – noch ohne Nachbereitung wie das Korrigieren von Arbeiten, Zeugnisse etc. Hinzu kommen Konferenzen und allgemeinverwaltende Aufgaben, wofür je nach Schule zwischen zwei und zwölf Stunden pro Woche anfallen. So kommt eine Grundschullehrerin heute auf bis zu 60 Stunden Arbeitszeit. Selbst mit einem sehr ausgeprägten Organisationstalent, schnellen und kreativen Ideen für den Unterricht und einer äußerst flinken didaktischen Umsetzung wird sie nicht auf die vom Landesgesetzgeber erwarteten 41 Arbeitswochenstunden (Beispiel Nordrhein-Westfalen)[6] kommen. Und dafür erhält sie auch noch eine schlechtere Bezahlung als Lehrerinnen und Lehrer an höheren Schulen[7]. Man kann nur sagen: So, wie die Gesellschaft die Tätigkeit der Lehrer wertschätzt, sind auch die Ergebnisse. Keine guten Aussichten für die Zukunft.

Schule macht krank

Wie wirkt sich der überzogene (und zugleich ineffiziente) Leistungsdruck auf die Schüler aus? Was beobachten Eltern, Lehrer, Ärzte und Schulpsychologen? Auf die immer häufigeren psychischen Gesundheitsprobleme von Kindern bin ich bereits im vorigen Kapitel über die Familien eingegangen, deshalb hier nur einige schulbezogene Bemerkungen.

Im Rahmen des DAK-Präventionsradars[8] wurden im Schuljahr 2016/2017 in sechs Bundesländern knapp 7000 Schüler zwischen zehn und 18 Jahren befragt. Das Ergebnis: 43 Prozent der Schüler erleben oft oder sehr oft Stress durch den Schulalltag und leiden infolgedessen unter gesundheitlichen Problemen.

> Nehmen wir den 17-jährigen Joschua als Beispiel, Sohn eines langjährigen Freundes. In den ersten Schuljahren war er ein guter, aufgeweckter Schüler, der sich immer gut selbst für die Schule motivieren konnte. Aber irgendwann ließ diese Motivation spürbar nach und zugleich wuchs die Unzufriedenheit mit seinem Leben. Er musste in jedem Schuljahr immer mehr Stoff lernen, konnte davon aber kaum etwas praktisch anwenden. Gleichzeitig zogen die Lehrer Halbjahr für Halbjahr das Tempo an. Und die Lehrer sagten: »Wenn ihr das nicht lernt, werdet ihr Straßenkehrer«, oder: »Wollt ihr auf der Verliererseite landen?« Der permanente Druck führte dazu, dass seine Noten im Abiturjahr, der 12. Klasse, dramatisch absanken, während sein Aggressionspotenzial wuchs. Er zettelte eine Schlägerei an, es folgten Strafanzeige und Gerichtsverfahren. Der Hausarzt und ein Lernpsychologe wurden herangezogen, um das erwartete Einser-Abitur zu retten und den Jungen auf den Pfad der Tugend zurückzuführen – vergebens. Das Abi machte er nur mit 2,7 und das aggressive Verhalten wandelte sich in Phlegma und Depression. Ablenkung suchte Joschua nur noch im Internet. Seine ratlosen Eltern erkannten ihren Jungen nicht wieder. Ihr einst so hoffnungsvoll in seine Schullaufbahn gestarteter Sohn hatte seinen Lebensmut verloren.

Eine solch traurige Entwicklung im Verlauf der Schulzeit ist keineswegs eine Ausnahme. Leistungsstress führt neben physiologischen Begleiterscheinungen wie erhöhtem Blutdruck und starker Gereiztheit längerfristig vor allem zur Erschöpfung und abnehmender Leistungsfähigkeit. Und mehr als 83 Prozent der Kinder mit hohem Stress haben nach eigenen Angaben keine Zeit für Dinge, die ihnen wirklich Spaß machen.

Aber den Stress macht natürlich nicht nur die Schule. Als sonstige Hauptstressfaktoren bei Grundschulkindern beobachten Lehrer die mediale Reizüberflutung und den Erwartungsdruck der Eltern. Und es verwundert nicht, dass Eltern sich vor solchen Erkenntnissen schützen, indem sie den Stress, unter dem ihre Kinder stehen, nicht wahrnehmen oder leugnen. Es stimmt, dass Kinder und Jugendliche fast unbegrenzte Energie haben, wenn sie einer als sinnvoll erlebten oder unterhaltsamen Aktivität nachgehen. Aber ganz offensichtlich schafft es die Schule bei den meisten nicht, solche positive Anspannung zu erzeugen. Der von ihr erzeugte Stress macht die Kinder eher krank und raubt ihnen Energie und Motivation. Und die genannten familiären Faktoren – Medienkonsum und Erwartungsdruck – verstärken diesen negativen Stress noch.

Aber davon wollen Eltern oft ebenso wenig etwas hören wie von einem Fehlverhalten ihrer Kinder in der Schule. Eine Berufsschullehrerin benennt diese Vogel-Strauß-Taktik:

»» Die Tendenz geht dahin, dass Eltern diese Geschichten vertuschen wollen und daher die Kommunikation zur Schule abbrechen und überhaupt nicht mehr zu den Elternbesprechungen erscheinen. Probleme mit dem eigenen Kind sind tabu. Ihre Kinder sollen geradeaus laufen. Sie wollen von defizitären Verhaltensweisen, Unwohlsein oder Depression nichts wissen. Das würde ihr Erziehungsbild erschüttern. Die Verantwortung schieben sie der Schule zu.«

War der Gang zum Psychologen noch vor zehn Jahren vor allem ausgebrannten Mittvierzigern vorbehalten, so wurden im Jahr 2016 bereits fast 100 000 Jugendliche im Alter von 15 bis 20 Jahren aufgrund psychischer Probleme und Verhaltensstörungen stationär behandelt.[9] Die Zahl der ambulanten Behandlungen liegt um ein Vielfaches höher. Vor allem Versagensängste sind bei Kindern und Jugendlichen an der Tagesordnung. Ein Gymnasiast erzählt:

》》 Die Angst ist wie ein Vakuum, das alles andere aufsaugt. Dieses Saugen kann man nicht abstellen. Man tut die Dinge aus einer Angst heraus und nicht, weil man Spaß oder eine tiefere Befriedigung erfährt.«

Freizeit im Sinne wirklich freier, unverplanter Zeit gibt es für Schüler außerhalb der Ferien kaum noch. Die Zwölftklässlerin Claudia fühlt sich wie ein Roboter:

》》 Mein Alltag ist dermaßen voll! Es ist derart viel zu lernen, dass der viele Stoff keine Zeit mehr hat, überhaupt in meinem Kopf anzukommen. Ich dachte, wer viel lernt, der weiß auch viel. Aber ich habe das Gefühl, dass ich seit den letzten drei Jahren immer weniger weiß. Dabei sitze ich beinahe täglich bis 19 oder 20 Uhr an den Schularbeiten. Für Freizeit bleibt keine Zeit, ohne dass ich die Schule vernachlässige. Treffen mit Freundinnen und Freund muss ich Wochen im Voraus planen, und selbst dann klappen sie oft nicht, weil von der Schule etwas dazwischenkommt. Ich fühle mich einerseits mehrmals in der Woche überfordert. Andererseits sind meine anderen Begabungen unterfordert. Sie zu beschreiben fällt mir nicht leicht, da ich keine Zeit habe, sie auszuprobieren und in Worte zu fassen.«

Das Lernen lehren? Verlernt!

Für mich als Hochschullehrer ist es besonders fatal, dass es der Schule bei so vielen Kindern nicht gelingt, die (eigentlich in ihnen angelegte) Fähigkeit zum Selbstlernen zur Entfaltung zu bringen. Damit Kinder das Lernen lernen, brauchen sie Führung und Anregung durch einen Menschen, der sie erzieht und sich für diese Aufgabe Zeit nimmt. Und hier liegt auch eine der Ursachen für die ungleichen Bildungschancen je nach Elternhaus. Gebildete (und damit oft auch besser verdienende) Eltern sind eher in der Lage, ihre Kinder in dieser Richtung zu unterstützen. Und so haben Kinder aus solchen Elternhäusern oft eine autodidaktische Selbstlernfähigkeit. Das bedeutet ganz konkret: Sie können gut lesen, können den Inhalt des Gelesenen strukturieren und wiedergeben und wissen auch am nächsten Tag noch mehr darüber als vor der Lektüre. Solche Kinder können übrigens auch digitale Selbstlern-Methoden gut nutzen, weil sie daran gewöhnt sind, Informationen zielorientiert auszuwerten, wenn sie im Modus »Lernen« sind.

Aber viele Kinder, die in ihrer schulischen Entwicklung sich selbst überlassen werden, sind mit dem Selbstlernen überfordert. Und ihnen hilft auch die Aufforderung nicht, sich die Informationen aus dem Netz zu besorgen. Ein wenig zugespitzt gesagt: Sie schauen dann fünf Stunden lang YouTube-Videos, von denen maximal fünf Prozent wenigstens entfernt mit dem Thema der Aufgabe zu tun haben. Dann reden sie sich und ihren Eltern ein, sie hätten die ganze Zeit etwas für die Schule gemacht, und zwar sogar am Computer – und die Eltern sind entsprechend begeistert und kaufen ihnen ein iPad. Aber gelernt und verstanden haben die Kinder leider nichts. Ihr Wissensstand zum Thema ist genauso hoch wie vorher, weil sie davorsitzen und nicht wissen, wie sie sich organisieren müssen, um strukturiert etwas daraus zu lernen.

Aus diesem Grund ist die allgemeine, undifferenzierte Forderung nach digitalem Lernen barer Unsinn. Lernschwache Kinder brauchen kein digitales Abstellgleis, auf dem sie ruhiggestellt werden, sondern, wie oben erwähnt, zugewandte Pädagogen. Wolfgang Schimpf, Leiter des Max-Planck-Gymnasiums in Göttingen und Vorsitzender der niedersächsischen Direktorenvereinigung, plädiert dafür, die eigentliche Rolle des Lehrers auch unter den Bedingungen der Digitalisierung nicht zu vergessen: »Lehrkräfte jedenfalls werden sich häufiger als bisher als Moderator, Anreger und Berater verstehen. Doch dürfen sie dabei nicht vergessen, dass wir sie vor allem als Helfer für die Persönlichkeitsentwicklung brauchen.«[10]

Ohne Regeln kein Lernen

Den allgegenwärtigen Stress spiegelt auch das Sozialverhalten an Schulen. Lehrer bestätigen Studien, wonach selbst einfachste Tugenden wie etwa Rücksicht und Höflichkeit nicht mehr für alle Kinder selbstverständlich sind. Josef Kraus, der ehemalige Präsident des Deutschen Lehrerverbandes, beklagt: »Der Umgang mit den Lehrern ist insgesamt respektloser und würdeloser geworden. Besonders in größeren Städten ist das rüpelhafte und respektlose Verhalten ausgeprägter. (…) Viele Lehrer haben schon resigniert.«[11] Eine Oberstudienrätin ergänzt: »Kultur und Benehmen müssen leider immer stärker eingeübt werden.« Sie berichtet von Abiturienten, die in Jogginghosen und barfuß zur mündlichen Prüfung erscheinen. Sie ärgert sich über die Unsitte, sich im Unterricht zu kämmen und die Frisur laufend mit dem Blick in die Handykamera zu kontrollieren. Sie beklagt ausgedehnte Picknicks im Unterricht, wo aus Angst vor stündlich drohender Unterzuckerung der eigene Tisch mit Zuckergetränken und Discounter-Fast-Food vollgestellt wird. »Fack ju Göhte« ist wohl auch deshalb einer der erfolgreichsten deutschen Filme, weil er so erschreckend real ist.

Nichts mehr mit einer Komödie zu tun hat die Entwicklung verbaler und physischer Gewalt. Was früher Einzelfälle waren, ist heute zum Massenphänomen an deutschen Schulen geworden: asoziales und aggressives Verhalten, fehlende Einsicht bei Schülern und Eltern und ein zahn- und hilfloser Umgang der Schulen mit dem Problem. Der Vorsitzende des Verbandes Bildung und Erziehung, Udo Beckmann, hat von einem Fall berichtet, in welchem eine Lehrerin im Unterricht der fünften Klasse einen Jungen zurechtwies, weil er unablässig störte. Nach der Stunde wartete der Junge vor dem Klassenzimmer, um ihr zuerst vors Schienbein zu treten und dann einen Schlag in die Magengrube zu versetzen. Die Kollegin meldete das der Schulleitung, die umgehend die Eltern des Jungen zum Gespräch einbestellte. Der Vater kam in die Schule und rechtfertigte das Verhalten seines Sohnes auf ganzer Linie. Weitere Maßnahmen seitens der Schule erfolgten nicht.[12]

Etwa an jeder dritten Grundschule in Deutschland sind Lehrkräfte in den vergangenen fünf Jahren körperlich angegriffen worden, ergab eine Befragung von Schulleitern durch den Verband Bildung und Erziehung.[13] Über alle Schulformen hinweg berichtet rund jede vierte Schulleitung von Fällen körperlicher Gewalt gegen Lehrer. Und fast die Hälfte (48 Prozent) gab an, dass es in den vergangenen fünf Jahren zunehmend Fälle von psychischer Gewalt gab: Schüler beschimpfen, bedrohen, beleidigen, bespucken, demütigen, mobben oder belästigen ihre Lehrer. Diffamierungen und Belästigungen über das Internet (Cybermobbing) gab es an jeder fünften Schule. Hochgerechnet sind damit 45 000 Lehrerinnen und Lehrer betroffen. Es geht also längst nicht mehr um Einzelfälle – sondern um ein Klima, in dem Schulen ihrer ursprünglichen Bildungsaufgabe immer schwerer nachkommen können. Wenn Schüler merken, dass sie tun und lassen können, was sie wollen, weil weder die Schule noch ihre Eltern echte Grenzen setzen, wird Empathie allmählich durch Aggression verdrängt.

Eine extreme Ausprägung der Verrohungstendenzen an Schulen ist das Mobbing. Das Phänomen des Hänselns, Drangsalierens und Ausgrenzens von als Opfer auserkorenen Kindern gab es schon immer – aber die digitalen Medien haben die Möglichkeiten und die Wirkungen massiv vergrößert. In Deutschland wird fast jeder sechste 15-Jährige regelmäßig Opfer von teils massivem Mobbing an seiner Schule. Dies geht aus dem OECD-Report zum Wohlbefinden von Jugendlichen aus aller Welt hervor.[14] Insgesamt sind Jungen im OECD-Schnitt häufiger Mobbingopfer in der Schule als Mädchen. Diese sind aber stärker von Ausgrenzung und bösen Gerüchten betroffen. Über 300 000 Schülerinnen und Schüler werden jährlich Opfer von Mobbingaktivitäten, vor allem im Internet. Weitere 30 Prozent der Betroffenen fühlen sich durch dauerhafte Belästigungen, Beleidigungen und ähnliches soziales Missverhalten belastet.[15] Eine Abiturientin spricht über das Sozialverhalten ihrer Mitschüler:

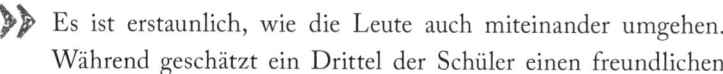 Es ist erstaunlich, wie die Leute auch miteinander umgehen. Während geschätzt ein Drittel der Schüler einen freundlichen

und humanen Umgang miteinander pflegen, sieht man bei der Mehrheit der Schüler ein erhöhtes Aggressionsverhalten. Ich bekomme mit, wie meine Mitschüler gemobbt werden, vor allem im Internet mit WhatsApp, weil sie sich nicht der Meinung der Gruppe angeschlossen haben oder teilweise gar nicht auf den Textmüll in den Gruppen reagiert haben.«

Vor allem Schüler, die eine leichte Angriffsfläche bieten und schutzlos wirken, werden von den kleinen Tätern attackiert und isoliert. Und aus Angst, selbst das nächste Opfer zu werden, schweigen viele Schüler oder stellen sich sogar auf die Seite der Täter. Die Entwicklungspsychologin Dr. Mechthild Schäfer, Leiterin einer Mobbingstudie an der LMU, warnt daher: »Die Schüler sollen sich nicht an ein Klima gewöhnen, in dem aggressives Verhalten gegen andere als akzeptable Form des Dominanzerwerbs im sozialen Miteinander toleriert wird.«[16] Dieser Appell zielt weit über den Kosmos Schule hinaus auf die Arbeitswelt und die Gesellschaft. Wenn sich erst einmal eine Dominanz der – unverblümt gesagt – gewaltbereiten Arschlöcher etabliert, hat ein zivilisiertes, soziales Gesellschaftsmodell verloren.

Eine Ursache für Mobbing ist das gestörte Selbstbild vieler Schüler. Wem daheim keine Grenzen gesetzt werden und wem dauernd signalisiert wird, er sei der Beste und sei niemals selbst verantwortlich für sein Fehlverhalten, der neigt irgendwann zur Selbstüberschätzung bis hin zum Narzissmus. »Du schaffst das schon!« ist zwar ein guter Satz, um jemandem aus einer Phase der Verzagtheit zu helfen – aber es ist kein guter Satz, wenn jemand ohnehin zur Selbstüberschätzung neigt. Zu Hause wird diese angefeuert von Eltern, die ihre Kinder vor allen Frusterlebnissen in Schutz nehmen. Gerade Helikoptereltern haben oft kein gutes Gefühl dafür, wie wichtig Selbstverantwortung für die Entwicklung ihrer Kinder ist.

Manche Kinder erleben in der Schule die erste echte Zurückweisung ihres Lebens (»Das ist falsch/unzureichend«) und verkraften das nicht. Wenn dann das elterliche Feedback völlig losgelöst vom

Leistungsprinzip erfolgt (»Deine Lehrerin ist wirklich voll unfair! Ich ruf sie gleich mal an«), wird die Fehlwahrnehmung des eigenen Könnens verstärkt. Und auch Eltern, die stets die tollsten Kindergeburtstage ausrichten, das teuerste Spielzeug kaufen und die neuesten Markenklamotten anschaffen, sorgen für ein ungesundes Selbstbild ihrer Kinder. Eine Drittklässlerin schildert, wie solche Kinder das Sozialleben der Schule prägen:

>> Ich fühle mich in der Klasse oft ausgegrenzt. Ein paar in unserer Klasse wollen immer alles bestimmen und wissen alles besser. Die reden schlecht über mich bei meinen Freundinnen und ich merke dann, wie meine Freundinnen zu ihnen gehen, ich stehe dann den ganzen Tag alleine da.«

In der Schule sorgen diese Investitionen der Eltern oft für Neid. Und wenn die damit verbundenen Erwartungen der Eltern enttäuscht werden, schiebt man die Schuld in der geschilderten Art auf Dritte – oder man schaltet plötzlich um auf maximalen Druck auf das bisher verhätschelte Kind. Das diesen dann in Form von Mobbing an anderen auslässt.

Gefördert wird die Selbstüberschätzung von der Filterblasenwelt des Internets. Auch Jugendliche bewegen sich dort überwiegend in Foren und Gruppen, in denen sich ausschließlich Gleichgesinnte befinden. Individuelles Denken wird durch eine oft einseitig ausgerichtete Schwarmintelligenz ersetzt. Das Ergebnis ist der in Kapitel 2 schon erwähnten Bestätigungsfehler – man nimmt nur noch wahr, was man erwartet und wünscht. So überlässt man das Denken den anderen und übernimmt deren Meinungen unreflektiert. Im Schwarm werden die Ansichten Einzelner zur kollektiven Meinung und damit zur Wahrheit für alle. »Wenn alle dasselbe sagen, kann das nicht falsch sein.« Dabei verlernt man den Blick über den Tellerrand, der andere Meinungen und Informationen liefert und die eigene Wahrnehmung bereichert, differenziert und schärft. Der Blick für das scheinbar Unbedeutende wird durch die Fixierung auf längst Bekanntes verdrängt. Es ist wie ein radikaler Feldzug gegen die Neugier und gegen den Willen zu Neuem. Und andere Gedanken und Überzeugungen werden bekämpft aus dem Gefühl heraus, im Besitz der Wahrheit zu sein. Aber, wie der Journalist Georg Mascolo schreibt: »Eine Welt, in der ›stimmt‹ oder ›stimmt nicht‹ durch ›gefällt mir‹ ersetzt wird, funktioniert nicht.«[17]

Weil der sinnlose und ineffektive Leistungs- und Notendruck alle Beteiligten stresst, krank macht und zudem für permanente Auseinandersetzungen sorgt, etabliert sich unter der Hand oft eine fatale Tendenz, diesem Druck durch eine konfliktvermeidende Gefälligkeitsstrategie auszuweichen. Aus Scheu vor Auseinandersetzungen arbeiten viele Lehrer an Gymnasien mit der Einstellung, sie müssten ihre Schüler an der Hand durchs Abitur führen wie ein dreijähriges Kind über die Straße. Sie kommen der fehlenden Selbstständigkeit ihrer Schüler also mit einfacheren Prüfungen und besseren Noten entgegen. Ein Lehrer bekennt:

 Damit ich an der Schule mal zur Ruhe komme, gehen die Notenvergaben ganz schnell. Bevor ich bis abends in der Klasse stehe und über Noten verhandle, ist bei mir die Grundnote eine Zwei. Wer besonders gut ist, bekommt eine Eins, wer grottenschlecht ist, eine Drei. Damit fahre ich seit Jahren gut, auch mit der Schulleitung.«

Wie der Lehrer sagt: Mit dieser Methode müssen Pädagogen sich auch nicht wegen schlechter Notendurchschnitte vor ihrer Schulleitung rechtfertigen, und die Schule muss nicht fürchten, wegen ihrer scheinbar schlechten Performance einen Imageschaden zu erleiden. Dass diese Art der Benotung den Unterschied zwischen faul und fleißig verwischt, ist schon ärgerlich genug. Vor allem aber lässt sie junge Menschen auf die Unis und die Arbeitswelt los, die bis zum Abitur nicht lernen konnten, was es bedeutet, wenn man eine Aufgabe falsch oder gar nicht löst. Sie lernen, dass man sich immer irgendwie durchlavieren kann, weil niemand sich traut, einen wegen fehlender Sorgfalt zur Rede zu stellen. Und wenn es dann später doch mal schiefgeht, wird das nicht der mangelnden Selbstverantwortung zugeschrieben, sondern die Schuld wird dem Professor oder der Chefin gegeben.

An den Unis haben wir es immer häufiger mit Studienanfängern zu tun, die nie gelernt haben, ihre Leistungsfähigkeit realistisch einzuschätzen. Das hat massive Auswirkungen auf den Unialltag und die Ansprüche von Eltern und Studierenden an unsere höchste Bildungsinstitution.

5 Der schöne Schein: Universitäten

Es gab einmal eine Zeit, in der das Studium den Aufbruch junger Menschen in die geistige Freiheit bedeutete. Anders als die Schule besuchte man die Universität freiwillig – und was man von dort mitnahm fürs Leben und die Karriere, hing vom Ausmaß der eigenen Begeisterung und Motivation ab, von der Leidenschaft für das Lernen, Erkennen und Verstehen. Sicherlich gilt dieser nostalgische Rückblick stärker für die Geisteswissenschaften als für die Naturwissenschafts- und Technikfächer, aber es bleibt bei der traurigen Feststellung, dass die Leidenschaft für das Studium die akademischen Hallen längst verlassen hat. Heute herrscht pragmatisches »Scheinemachen«. Überforderte Studierende leiden vielfach an psychischen Störungen und ihre Leistungen werden schwächer. Ihre Dozenten sind zunehmend frustriert. Die akademische Bildung verkommt, seit sie massiv vom neoliberalen Denken infiziert worden und zum Spielball ökonomischer und politischer Interessen geworden ist und seit die Unis unter betriebswirtschaftlichem Erfolgsdruck stehen.

Die Reform des Studiums – Stichwort »Bologna«, siehe weiter unten – hat unter anderem Messungen des »Lernoutputs« und eine Standardisierung der Abläufe mit sich gebracht. Und als guter Akademiker gilt heute, wer innerhalb dieses Systems glänzen kann. Aber der Standardisierungsdruck fordert seinen Tribut. Der Stress unter Studierenden nimmt trotz sinkender Leistung zu (auch hier also Vollgas im Leerlauf). Kreativität und freies, kritisches Denken bleiben ebenso auf der Strecke wie Begabungen und Interessen, die nicht ins Bolognaschema passen. Das Ergebnis ist eine zunehmend homogene, auf wenige Kriterien der Leistungsmessung fokussierte Führungsschicht, deren Mitglieder ihr wahres Potenzial nie entwickeln konnten und können. Das stört kurioserweise auch die Wirtschaft, die plötzlich nach kreativen, unangepassten Mitarbeitern ruft, sich aber vermehrt mit Absolventen konfrontiert sieht, die das erworbene akademische Wissen nicht praktisch anwenden können und denen soziale Fähigkeiten wie Anstand und respektvolle Kommunikation oft ebenso fehlen wie praktische Erfahrungen mit Arbeit und Arbeitstugenden wie zum Beispiel Durchhaltevermögen.

Die Hochschulen leiden unter der Flut von ca. 15 000 Studiengängen, die sie aus kommerziellen Gründen auflegen (müssen) und die teilweise im direkten Wettbewerb zueinander stehen. Sie spüren die fest in der (Konsum-)Gesellschaft verankerte Angst von Eltern und jungen Erwachsenen, ohne Hochschulstudium könne man kein materiell ausreichendes und damit glückliches Leben führen. Diese Angst treibt jährlich mehr junge Leute in die Unis, unter denen ein wachsender Anteil nicht studierfähig ist.

Die Veränderungen in der Hochschularbeit und -lehre irritieren nahezu alle Dozenten und Professoren, die aber nicht offen gegen die Hochschulpolitik und die auf Masse ausgerichteten Unileitungen aufbegehren – dazu geht es ihnen in diesem System materiell zu gut. Sie kritisieren eher die Studierenden und nehmen die Erfahrungen ihrer eigenen akademischen Ausbildungszeit als Maßstab, als man(n) für den beruflichen Erfolg noch 70-Stunden-Wochen investieren musste und den Beruf in den Mittelpunkt des Lebens stellte. Mit den Veränderungen bei den Studierenden kommen sie schwer klar – etwa sinkender Konzentrationsfähigkeit und Defiziten im assoziativen und kritischen Denken, fehlender intrinsischer Motivation für das studierte Fach, einer ausschließlich auf Noten fixierten Lerneffizienz und dem weitgehenden Ausblenden interdisziplinärer oder gar gesellschaftlicher Zusammenhänge. Vor diesem Hintergrund wird auch der Umgang der Hochschulakteure miteinander (Mitarbeiter, Professoren, Dozenten, Studierende) aggressiver und oberflächlicher.

Außenstehende erfahren von all dem wenig. Sie halten die Hochschulen noch immer für eine Welt der Eliten mit entsprechendem gesellschaftlichem Habitus und wissenschaftlichem Anspruch, und sie haben oft (zu) großen Respekt und (zu) hohe Erwartungen, wenn sie einem oder einer »Studierten« gegenüberstehen. Das ist aber nur noch bei den Absolventen weniger ausgewählter Hochschulen und »Forschungscluster« oder »Exzellenzzentren« berechtigt. Größtenteils ist die gute alte *Alma Mater* nur noch eine romantische Erinnerung an die Vergangenheit.

Eine 54-Jährige erinnert sich an ihre Studienzeit:

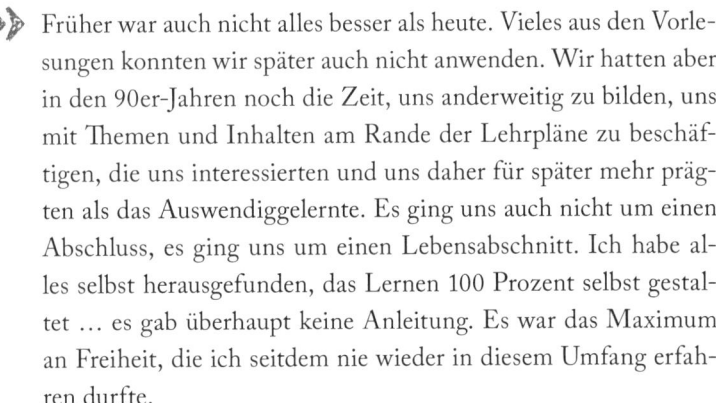 Früher war auch nicht alles besser als heute. Vieles aus den Vorlesungen konnten wir später auch nicht anwenden. Wir hatten aber in den 90er-Jahren noch die Zeit, uns anderweitig zu bilden, uns mit Themen und Inhalten am Rande der Lehrpläne zu beschäftigen, die uns interessierten und uns daher für später mehr prägten als das Auswendiggelernte. Es ging uns auch nicht um einen Abschluss, es ging uns um einen Lebensabschnitt. Ich habe alles selbst herausgefunden, das Lernen 100 Prozent selbst gestaltet … es gab überhaupt keine Anleitung. Es war das Maximum an Freiheit, die ich seitdem nie wieder in diesem Umfang erfahren durfte.

Was das lange Studium am Ende gebracht hat, werde ich nie genau wissen. Zwar sind nur wenige Inhalte hängen geblieben, aber jede Menge prägender Erfahrungen. Ich habe gelernt, dass ich niemanden brauche, der mir Ziele setzt, dass ich mich selbst organisieren kann, dass ich Probleme mit angemessener Gründlichkeit analysiere, mir einfach eine Meinung bilde und keine Entscheidungsprobleme kenne.«

Was also ist der Sinn von Hochschulbildung? Soll sie in erster Linie junge Menschen beschäftigungsfähig machen für Unternehmen? Oder soll sie ohne instrumentelles Ziel den geistigen Horizont erweitern? Damit sie nachhaltig wirksam ist, sollte sie meiner Meinung nach Freiräume für junge Menschen schaffen, in denen sie theoretisches Wissen erwerben und dieses regelmäßig mit der realen Welt konfrontieren und abgleichen können, um sich allmählich ein eigenes Bild dieser Welt zu machen. Die einseitige Vermittlung von theoretischem Wissen hat seit jeher nur jenen etwas gebracht, die eine wissenschaftliche Karriere anstrebten. Wenn Universitäten aber nur neue Universitätsdozenten ausbildeten, bewegte sich das System im luftleeren Raum.

Statt überholtes und oft beliebiges Wissen nach dem Gießkannenprinzip in die Hörsäle zu kippen, sollte die Universität neue Erfahrungen ermöglichen, die die Lernenden mit ihren eigenen Erfahrungen verknüpfen können. So entsteht echtes, praxisgeschultes Wissen. Was eine zunehmend anonyme Masse von Studierenden lernen soll, kann kein Rahmenstudienplan und keine Bildungspolitik vorschreiben – das belegt das zunehmende Versagen der Hochschulen. Studierende müssen selbstbestimmt lernen, also den Lernstoff selbst auswählen, etwas weglassen und anderes hinzufügen und auch Einfluss auf die Art und Weise der Vermittlung nehmen können – in einer guten kommunikativen Beziehung zu ihren Lehrerinnen und Lehrern.

Was sie am Ende des Studiums vor allem beherrschen sollten, sind Selbstorganisation und Disziplin, ferner die Fähigkeit, ein Wissensgebiet zu ordnen und in den Griff zu bekommen, und schließlich: kritisches Denken. Wenn Studierende die folgenden Grundregeln dieses kritischen Denkens verinnerlicht haben, war der Besuch der Universität nicht vergebens:

- Vermeide schnelle Urteile.
- Akzeptiere nicht vorschnell die erste Idee, die dir in den Kopf kommt – und auch nicht das, was in den Medien präsentiert wird.
- Frage nach: Woher weißt du das? Was ist der Grund dafür? Was ist deine Informationsquelle?
- Suche gezielt nach alternativen Hypothesen, Erklärungen und Ursachen, nach alternativen Plänen und Lösungen.

Leider sieht die Realität ganz anders aus. Ich bin selbst häufig Mitglied in Kommissionen, die die Studienpläne neuer Fächer schreiben oder begutachten. Diese vom Ministerium bestellten, privat-wirtschaftlich organisierten Kommissionen greifen für ihre lukrative Tätigkeit auf Professoren als externe Gutachter zurück. Und sie sind meist einseitig fixiert auf den späteren Verwendungszweck der Studierenden in der Wirtschaft, also auf *learning outcomes*. Man will möglichst detailliert und auf Kästchenpapier festgehalten wissen: »Was lernen die da?« Diese Reduktion des Studiums auf ökonomisch verwertbares Wissen ist das Ergebnis des Bolognaprozesses, dem wir uns nun zuwenden müssen.

Bologna

1998 vereinbarten 29 europäische Staaten die gemeinsame Umstellung ihrer Hochschulen auf das angelsächsische System mit dem Bachelor als einer Art Grundstudium und dem Master als Aufbaustudium sowie die Strukturierung der Studiengänge in Form von Modulen, also kleineren Lerneinheiten, die den Gesamtzusammenhang des Studiums fragmentieren. Sie schlossen damit einen Verhandlungsprozess ab, der 1988 im Rahmen des 900. Jubiläums der Universität Bologna begonnen hatte. Umgesetzt wurde die Reform in Deutschland in unterschiedlichen Geschwindigkeiten. Spätestens ab ca. 2009 war das neue System flächendeckend installiert und der erste Jahrgang hatte das Studium nach dem neuen System absolviert, sodass man seit da erstmals seriös die Folgen abschätzen kann.

In Deutschland beendete »Bologna« das System der Magister- bzw. Diplomstudiengänge. Die Reform hatte mehrere Ziele. Zum einen war sie die neoliberale Reaktion auf das Phänomen der Langzeitstudenten, also jener Zausel, die noch mit 50 immatrikuliert waren und im öffentlichen Nahverkehr von einem Studententicket profitierten. Die Fixierung auf Auswüchse und Missbräuche öffentlich finanzierter Leistungen und Strukturen entsprach damals bis weit in die linke Öffentlichkeit hinein dem Zeitgeist, weshalb die Bolognareform ebenso auf breite gesellschaftliche Akzeptanz stieß wie etwa die Hartz-IV-Reformen. Angestrebt wurde also eine Verkürzung der Studienzeiten – auch um der Rentenkasse neue Beitragszahler und der Wirtschaft jüngeren Nachwuchs zur Verfügung zu stellen, der möglichst keine gesellschaftsverändernden Flausen im Kopf hatte. Außerdem wollte man jenen Studierenden, die früher irgendwann im Laufe des Hauptstudiums aufgegeben hatten, die Möglichkeit geben, ein »Studium light« zu absolvieren und mit dem Bachelor dennoch einen akademischen Abschluss zu erhalten. Und schließlich sollten die Hürden für bisher studien- und bildungsferne Schichten abgebaut werden.

Ein weiteres Ziel der Reform war es, die Idee der europäischen Integration auch auf dem Hochschulsektor mit Leben zu füllen. Die Abschlüsse sollten besser als zuvor vergleichbar sein, was die Mobilität europäischer Arbeitnehmer vergrößern sollte. Und bereits die Studierenden sollten leichter als vorher innerhalb Europas die Universität wechseln können, weil sie dank der Modularisierung auch dort Scheine erwerben konnten.

Bologna war auch Ausdruck der Sorge, im Wettlauf der Wissensgesellschaften und damit im weltweiten Konkurrenzkampf der Volkswirtschaften ins Hintertreffen zu geraten. Deshalb wurden hektisch fragwürdige Kennziffern verglichen wie etwa der Akademikeranteil – und die Rezepte der entsprechenden Länder wie etwa Großbritannien abgekupfert. Dass die bloße Anzahl der Studierenden noch nicht zwingend etwas über die Qualität von deren Bildung aussagt, dämmerte vielen erst später. Ob der Glaube »je mehr Akademiker, desto schlauer das Land« tatsächlich stimmt, sei zumindest dahingestellt.

Und was hat Bologna bewirkt? Beginnen wir mit dem Positiven: Ein Verteidiger der Reform schrieb anlässlich des 20. Jahrestags, sie habe ein System »organisierter Verantwortungslosigkeit«[1] durch klare Vorgaben ersetzt. Wer also mit der Freiheit überfordert ist und ein schulähnliches Korsett braucht, fährt mit Bologna besser. Und für gut organisierte und/oder finanziell gut abgesicherte, nicht auf das BAföG angewiesene Studierende haben sich die Möglichkeiten, einen Teil ihres Studiums in einem anderen europäischen Land zu absolvieren, tatsächlich ein wenig verbessert. Auch die Vergleichbarkeit akademischer Abschlüsse ist gestiegen, sodass Bewerbungen auf Stellen in anderen Staaten mit weniger bürokratischem Aufwand der Zeugnisanerkennung verbunden sind.

Andere Ziele der Reform sind nicht erreicht worden. So ist die angestrebte Verkürzung der durchschnittlichen Studienzeit nicht eingetreten.[2] Dies gilt erst recht, wenn Studierende das Ziel, ein oder mehrere Auslandssemester zu absolvieren, tatsächlich ernst nehmen – in den meisten grundlegenden Bachelor-Studienplänen findet sich bis auf kurzzeitige Sprachreisen und Praktika dafür kein Raum. Für einen ganzsemestrigen Aufenthalt im Ausland bleibt keine Zeit.[3] (Auf diesen Widerspruch der Bolognaziele haben Kritiker übrigens schon damals hingewiesen.) Und auch der Anteil der Studienabbrecher ohne Abschluss ist nicht, wie damals versprochen, gesunken, sondern liegt mit über 30 Prozent weiterhin erschreckend hoch.[4] Laut Deutschem Zentrum für Hochschul- und Wissenschaftsforschung (DZHW) sind die Abbrecherzahlen in den vor 2005 überdurchschnittlich betroffenen Fächern auch weiterhin überdurchschnittlich.[5] Manche Erfolge, die Bologna zugerechnet werden, haben zudem ganz andere Gründe. So hat die Zunahme der Studierendenzahlen (wenn man sie denn als Erfolg betrachten will) weniger mit der Bolognareform zu tun als mit der bereits besprochenen allgemeinen »Bildungspanik«. Bei der faktischen Bevorzugung von Kindern aus bildungsnahen und besser verdienenden Familien ist es übrigens geblieben.

Der Preis der mageren Erfolge ist hoch. Das Studium entwickelt sich mehr und mehr zur Fortsetzung der Schule. Bologna ist zum Sinnbild für Standardisierung, Rationalisierung, Kontrolle, Effizienzsteigerung und an vielen Unis auch für ein operatives Chaos geworden. In hohem Tempo und ohne Risikobetrachtung wurden Bachelor- und Masterstudiengänge in die akademische Bildungslandschaft gehämmert. Mit der Verkürzung der Studienzeiten von vier- bis fünfjährigen Diplomstudiengängen in standardisierte dreijährige Bachelorstudiengänge wurden auch die Inhalte eines Diplomstudiums in dieses dreijährige Studium gepresst – G8 in akademisch sozusagen.

Die Regelstudienzeit von drei Jahren mit maximal einem Jahr Verlängerung war in der Bolognareform übrigens nur eine Leitlinie – aber die Politik hat umgehend den BAföG-Bezug auf diese maximal vier Jahre begrenzt und außerdem die Zuschüsse an die Unis stark an die Zahl der Studierenden gekoppelt, die sich in der Regelstudienzeit befinden.[6] So ist faktisch eine Höchststudienzeit entstanden.

Der Bachelorgrundausbildung soll für die Geeigneten und Interessierten eine Spezialisierung und Vertiefung in Form des Masterstudiums folgen. Doch die Voraussetzungen aus den Grundausbildungen passen häufig nicht zu den Anforderungen an die Spezialisierung. So kann jemand im Bachelor das Fach »Digitale Medien« studieren und im Master das Fach »Ökotrophologie«. Einer aufeinanderfolgenden Spezialisierung folgt allzu häufig eine willkürliche Generalisierung. Damit setzt sich eine unheilvolle Tendenz durch, bei der verschiedene Ausbildungsabschnitte nicht vernünftig aufeinander aufbauen: Auch wenn das Abitur weiterhin tapfer als »Allgemeine Hochschulreife« bezeichnet wird, sind Abiturienten oft nicht vorbereitet auf das, was im Bachelorstudium erwartet wird. Und an der Schwelle vom Bachelor- zum Masterstudium zeigt sich dieselbe Misere.

Kern der Bachelor- und Masterstudiengänge ist der sogenannte Studienplan. Er enthält detaillierte Vorgaben für die Dauer und die Inhalte der Vorlesungen, für Prüfungsformen und für organisatorische Rahmenbedingungen. Der Studienplan ist das zentrale Dokument für die Neuzulassung oder Re-Akkreditierung (Wiederzulassung) eines Studiengangs durch die erwähnten Akkreditierungsinstitute. Dozenten sind überwiegend genervt vom bürokratischen Aufwand und der Einschränkung der didaktischen Spielräume, die das Befolgen der Studienpläne bedeutet. Sie bezweifeln den tatsächlichen Nutzen für den Lehralltag. Wie in der Schule auch sollen heute permanent »Kompetenzen« vermittelt werden, worunter jeder etwas anderes versteht. Vor allem aber sind die Modulbeschreibungen, also die Vorgaben in den Studienplänen, so aufgebläht, dass die verlangten Inhalte in den Vorlesungsstunden nicht einmal zur Hälfte vermittelt werden können.

Tragende Begriffe der Reform verwirren seit ihrer Einführung alle Beteiligten: Abstrakte Wortmonster wie »Kompetenzen«, »Reflexionsberichte«, »Selbstkompetenz« und »Modulbeauftragte« werden selbst von Dozenten nicht verstanden. »Was sollen wir damit?«, fragen diese sich. »Mein Job ist es, Wissen weiterzugeben!« Und auch der Alltag der Studierenden ist geprägt von diesen Begriffen – und von weiteren Preziosen wie »Selbststudium«, »Workload« und »Credit Points«.

Für diejenigen, die nie eine Bologna-Uni von innen gesehen haben, hier eine kurze Darstellung des Systems: Alle Studieninhalte sind in Modulen organisiert, die wiederum aus mehreren Einzelveranstaltungen bestehen. ECTS-Punkte (European Credit Transfer System), im Alltag »Credits« oder »Credit Points« genannt, sind die »Währung«, in der der Studienerfolg abgerechnet wird. Ein ECTS-Punkt entspricht einem »Workload« von 25 bis 30 Arbeitsstunden (Präsenzunterricht mit Vor- und Nachbereitung, Selbststudium und Prüfungsvorbereitung). Für ein erfolgreich absolviertes Modul vergibt die Hochschule die in der Modulbeschreibung angegebene Punktzahl. Ein Bachelorstudium kann aus bis zu 36 Modulen à 5 Punkten bestehen. Für den Bachelor braucht man 180 Credit Points (max. 210), für den zweijährigen Master weitere 120 (oder 90 für den einjährigen Master). Geht man von einer 40-Stunden-Woche und einem Jahr mit 40 Arbeitswochen aus, kommt man auf ca. drei Jahre für den Bachelor – wenn nichts dazwischenkommt wie Krankheit, Job, Trödeln, ein etwaiger Zeitverlust durch ein Auslandssemester etc.

Bologna bedeutet eine Standardisierung des Studiums – von der früheren Vielfalt ist nichts mehr geblieben. Studierende können (oder müssen?) sich nicht mehr anhand des Vorlesungsverzeichnisses aussuchen, welche Vorlesungen und Seminare sie besuchen wollen, um die Testate und Scheine für ihren Abschluss zu bekommen. Zu Beginn ihres Studiums erhalten sie vielmehr einen detaillierten Stundenplan wie in der Schule. Alles ist vorgegeben, Wahlmöglichkeiten sind im Großen und Ganzen eingeschränkt.

Und hier kommt die erste Absurdität ins Spiel. Die Schematisierung hat nach Auffassung der Gerichte die Lehrfreiheit der Professoren beschnitten, die wegen der Einführung von Bologna nicht mehr anbieten konnten, was sie wollten. Die vermeintliche Lösung aus dem Dilemma: Man erlaubte den Professoren wieder, mehr Vorlesungen anzubieten, und stopfte diese kurzerhand als weitere Pflichtveranstaltungen in die Rahmenstudienpläne. Diese enthalten für einen sechssemestrigen Bachelorstudiengang inzwischen annähernd denselben Stoff wie früher ein neunsemestriger Diplomstudiengang.

Ein weiteres Charakteristikum von Bologna ist, dass das Studium immer generalistischer wird. Der künftige Personalmanager soll laut Rahmenstudienplan den gesamten Komplex des Personalwesens kennenlernen und beherrschen, während früher eher »Fachidioten« herangezogen wurden, die beispielsweise Spezialisten der Personalbeschaffung waren, weil sie dazu eine 30-teilige Vorlesungsreihe besucht hatten. Diese Zielsetzung eines allgemeineren Überblicks wäre eigentlich positiv zu bewerten – wenn nicht die ungeheure Stofffülle jeden Vorteil in sein Gegenteil verkehrte. Denn heute kommt dabei heraus, dass die Absolventen nichts mehr so richtig beherrschen. Das will aber niemand wahrhaben. Bei allen Beteiligten – der Verwaltung, der Unileitung, den Akkreditierungsgremien und den Professoren – herrscht ein geradezu erschütternder Positivismus, der ungefähr so lautet: »Im Studienplan steht doch, dass die das lernen, also können sie es auch.« Aber die Studienpläne sind komplett unrealistisch. Sie sind ungedeckte Schecks. Mit einem Rahmenstudienplan macht die Uni ein Versprechen, das sie niemals einlösen kann. Und die Professoren nutzen die Studienpläne gerne, um klarzumachen, wie viel man wissen muss, um so brillant zu werden, wie sie es sind. Dass das für 18-Jährige in sechs Semestern nicht zu schaffen ist, übersehen sie dabei gern.

Und auf Bewerber und Bewerberinnen wirkt es natürlich attraktiv, wenn sie im Studienplan lesen, dass sie bereits im zweiten Semester etwas über Künstliche Intelligenz lernen werden (wofür ihnen dann aber jegliche Voraussetzungen fehlen werden). Wenn Professoren oder Fakultäten ihre Rahmenstudienpläne auf ein realistisches und humanes Maß stutzen würden, kämen weniger Studienbewerber, wobei vor allem die leistungsfähigsten und ehrgeizigsten wegblieben. Die Folgen wären unter anderem eine erhöhte Durchfallquote und eine Kürzung der staatlichen Zuschüsse, was Ärger mit Unileitung, Ministerium und unternehmerischen Partnern zur Folge hätte. Also halten alle weiter an dem Wahnsinnssystem fest und nehmen in Kauf, dass die Studierenden an der Stofffülle kaputtgehen und am Ende ihres Studiums viel zu wenig verstanden haben. Denn wenn das abstrakte Wissen aus Vorlesungen und Büchern aus Zeitgründen nicht mit Praxisbezügen und -erfahrungen untermauert werden kann, verpufft es weitgehend spurlos.

Ein Ergebnis der Modularisierung ist eine wahre Prüfungsinflation und eine Fokussierung des Studiums auf Noten. Bologna hat wesentlich dazu beigetragen, dass der Lebensabschnitt »Studium« heute einem Durchlauferhitzer ähnelt. Statt Bildung vermittelt die Uni heute – bestenfalls! – eine Ausbildung mit stark schulischem Charakter. Eine 20-Jährige schildert, wie die Uni auf sie wirkt:

>> Nach anderthalb Jahren Studium fühle ich mich nicht besser als auf dem Gymnasium. Ich fühle mich eingezwängt in feste Studienabläufe, alles schnell, schnell und dann gleich wieder die nächste Prüfung, keine Zeit, meine Begabungen auszuprobieren, geschweige denn einzubringen. Geborgen fühle ich mich in keinster Weise. Für persönliche Feedbackgespräche haben die meisten Dozenten keine Zeit bei dieser Masse an Studierenden.«

Das, was die Uni früher an Bildung leistete, beginnt heute frühestens mit dem Masterstudium. Der Kampf um Masterstudienplätze ist deshalb in vollem Gange.[7] Nicht zufällig werden viele Masterstudiengänge mittlerweile immer mehr von staatlichen (!) Hochschulen gegen fünfstellige Studiengebühren angeboten, wie weiter unten erläutert wird.

Sehr wenig hingegen leisten die Unis heute, wie erwähnt, beim Thema Übertragung der Theorie in die Praxis. Das haben inzwischen auch die Unternehmen bemerkt. Nachdem die Wirtschaft damals besonders energisch darauf gedrungen hatte, junge Menschen schneller aus der Universität ins Arbeitsleben zu entlassen, kann sie heute mit den 20- bis 22-jährigen Bachelorabsolventen wegen deren fehlender Reife oft nichts anfangen und sucht eher nach Masterabsolventen – und zwar auch für eigentlich geringer qualifizierte Stellen.[8]

Der Präsident des Deutschen Industrie- und Handelskammertags (DIHK) Eric Schweitzer stellt fest: »Der Bachelor hat den Wert akademischer Abschlüsse verringert.« Faktisch bewerben Bachelorabsolventen sich heute auf solche Sachbearbeiterstellen, für die früher das Abitur oder auch nur ein Realschulabschluss genügten. Oder sie bekommen sogenannte »Bullshit Jobs«[9], also Stellen mit hochtrabenden, natürlich englischsprachigen Bezeichnungen wie »Vice Manager of Account Pad Purchasing«, auf denen man nichts Sinnvolles tut.

Viele Studierende – und auch so mancher Personalverantwortliche – kommen nicht damit zurecht, dass es seit der Bachelor- und Mastereinführung noch viel unklarer als vorher ist, für welchen Beruf und welche Tätigkeit die Absolventen eigentlich ausgebildet sind (wenn man von Juristen, Medizinern und Lehrern einmal absieht). Sie fragen sich oft: »Was bin ich denn jetzt außer dem Allerweltsgrad Bachelor of Arts/of Science?« Und wer genau stellt einen »Medienmanager« ein? Die meisten müssen extrem kleinteilig recherchieren, um einen ihrem Studium adäquaten Job zu finden. Sie finden einfach keine Orientierung in der Karrierewelt, wie sie noch vor 20 Jahren möglich war. Und auf der anderen Seite sieht es genauso aus: Unternehmen wissen oft nicht, wie der Studiengang heißt, der am besten zur offenen Stelle passt, die sie ausschreiben wollen – sie wissen also nicht, wen sie eigentlich suchen sollen.

Hier der Stoßseufzer eines Personalverantwortlichen:

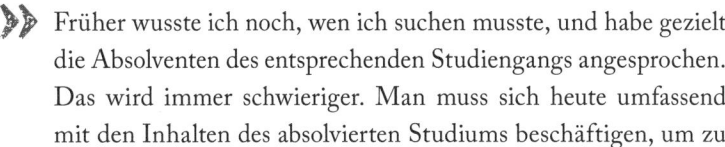 Früher wusste ich noch, wen ich suchen musste, und habe gezielt die Absolventen des entsprechenden Studiengangs angesprochen. Das wird immer schwieriger. Man muss sich heute umfassend mit den Inhalten des absolvierten Studiums beschäftigen, um zu

erahnen, mit welchen Themen und Inhalten sich der Bewerber überhaupt vertiefend beschäftigt hat. Und selbst das sagt heute immer weniger über seine Fähigkeiten für unseren Berufsalltag aus. In Bewerbungsgesprächen fällt auf, dass die Absolventen die Frage nach ihren Studienschwerpunkten, Interessen und Fähigkeiten selbst nicht mehr beantworten können. Das wird jedes Jahr schlimmer.«

Bologna hat das Studium zur bildungsfreien Massenveranstaltung umgekrempelt. Die effiziente Nutzung der Studienzeit steht an erster Stelle. Persönlichkeitsbildung spielt keine Rolle. Das führt dazu, dass die Absolventen zwar auf dem Zertifikatspapier schlau sind, aber nicht im Kopf und schon gar nicht in ihrer Persönlichkeit. Bologna ist das Gegenteil von »mehr Bildung«. Das geht in vielerlei Hinsicht nicht spurlos an den Studierenden vorbei.

Studierende in Not

Ich komme noch einmal zurück auf meine ursprüngliche Idee für dieses Buch. Ich gehörte lange zu den Dozenten, die kopfschüttelnd vor den Studierenden und ihren Defiziten standen, und ich wollte meine Verständnislosigkeit und meine Genervtheit eigentlich in eine Rundumkritik an der jungen Generation verwandeln. Ich habe mich dann aber – die bisherigen Kapitel belegen es – dafür entschieden, doch lieber nachzuforschen, was schiefläuft auf dem Weg der jungen Leute, bevor sie bei mir im Hörsaal ankommen. Und mittlerweile empfinde ich mit dem »problematischen« Teil der Studentinnen und Studenten eher Mitleid, als dass ich ihnen böse wäre.

Durch unsere Unis laufen heute zweierlei Studierende. Die einen – etwa 50 bis 60 Prozent – sind zwar oft gestresst, aber dem System im Prinzip gewachsen, die anderen sind grundsätzlich überfordert und gehen oft unter in unserem Bildungssystem. Ich weise also noch einmal darauf hin, dass die Bemerkungen über die Studierenden beziehungsweise die jungen Generationen nicht für alle Angehörigen dieser Jahrgänge gleichermaßen gelten. Auf manche trifft nur ein Teil der Beobachtungen zu, auf einige wenige sogar überhaupt nichts davon. Aber ein erschreckend großer Teil müsste sich in den folgenden Schilderungen wiederfinden.

Wenn junge Menschen an die Uni kommen, werden ihnen ihre Defizite (oft erstmals) brutal vor Augen geführt. Während man sich in vielen Bundesländern bis zum Abitur noch durchlavieren kann, trifft man spätestens an der Hochschule auf eine Welt, die geprägt ist durch empathiearme Dozenten, anonyme Riesenräume und Massen von unbekannten Kommilitonen. Der vergleichsweise geschützte Raum der Schule ist Vergangenheit. Um diesen Wechsel zu überstehen, bedarf es einer ausreichend reifen Persönlichkeit und sozialer Fähigkeiten. Und man muss stressresistent sein. Nathalie Schäfer vom Vorstand des fzs, des Studierenden-Dachverbands, beobachtet:

 Meine Kommilitonen hetzen durch ihr Studium. Sie haben Angst. Angst vor Gesprächen mit Dozenten, weil man nur ein einziges Gespräch im Semester hat. Angst davor, eine schlechte Note für eine Prüfung zu bekommen, auf die man sich das ganze Semester vorbereitet hat. Angst davor, nicht den Übergang in den Master zu schaffen.«[10]

Der Stress, der diese Ängste verursacht, wird noch verstärkt durch ökonomischen Druck: Das BAföG reicht häufig nicht zum Leben. Viele Studierende müssen nebenher Geld verdienen, was die knapp geplanten Regelstudienzeiten entweder illusorisch macht oder eine permanente Drucksituation erzeugt. Viele sehen sich auch (zu Unrecht) in einem harten Konkurrenzkampf um Karrierechancen – und fixieren sich dank des mangelhaften Schul- und Unisystems auf die falschen Dinge, nämlich das mechanische Auswendiglernen statt das Verstehen. Sie richten außerdem die falschen Erwartungen an die Uni, indem sie sich anwendbare Methoden und Checklisten wünschen, während eine gute Uni das tut, was schon die Schule hätte leisten müssen: eine Hinführung zum Selbstlernen.

Nicht alle Studierenden haben die Voraussetzungen, mit dem Druck umzugehen. Dann reagiert die Psyche schnell mit einem Schwächeanfall. Ein psychologischer Berater an einer norddeutschen Uni berichtete mir:

>> Seit drei bis fünf Jahren können wir uns vor Beratungsanfragen nicht mehr retten. Das hat deutlich zugenommen. Zum einen liegt es daran, dass die Hemmungen, zu einer psychologischen Beratung zu gehen, abgenommen haben, zum anderen am Leidensdruck, der sich oft seit Jahren angestaut hat. Wir haben den Eindruck, dass viele Studierende bereits früh in ihrer Sozialisation ›psychologisiert‹ wurden. Weil sie nicht sofort in der ersten Klasse schreiben gelernt haben, weil sie unklare Beschwerden wie Bauchschmerzen hatten oder wegen Aufmerksamkeitsdefiziten. Wir haben in der Regel weniger mit akuten Symptomen zu tun als mit den Konsequenzen frühkindlicher Überforderung, Internet-Sucht oder übermäßigem Druck des Elternhauses.«

Dramatisch ist die Entwicklung bei zunehmendem Alter der (angehenden) Akademiker. Dann steigen laut TK-CampusKompass die Verordnungsraten deutlich an: »Bis zum Alter von 26 Jahren liegt der Anteil der Studierenden mit einem Antidepressiva-Rezept gleichauf mit dem gleichaltriger Erwerbspersonen. Danach steigt die Quote bei den Hochschülern stärker und ab dem 32. Lebensjahr werden Studierende beider Geschlechter fast doppelt so häufig mit Medikamenten gegen Depressionen behandelt. Bei den über 31-Jährigen erhielt jede zehnte Studentin ein solches Präparat.«[11]

Die Ursache für psychische Erkrankungen während des Studiums ist – kombiniert mit den genannten Vorbelastungen – in der Regel großer Stress, der in vielen Fällen mit Schlafstörungen und im schlimmsten Fall mit Depressionen einhergeht. Aber auch soziale Faktoren wie zum Beispiel Einsamkeit spielen eine Rolle – und grundsätzliche Zweifel am eingeschlagenen Weg.

Eine Befragung des Personaldienstleisters univativ unter 1 000 deutschen Studierenden und Hochschulabsolventen zeigt, dass jeder Zweite das Studium schon mal abbrechen wollte.[12] Die wichtigsten Motive für den Abbruch sind Unzufriedenheit mit den Inhalten, fehlender Praxisbezug und hohe Leistungsanforderungen. Das ist ein alarmierendes Signal.

Leider schüren Eltern und Freunde oft eher die Angst vor einem Abbruch des Studiums, als bei der Suche nach einer Veränderungsmöglichkeit zu helfen. Abbruch heißt Versagen; die Fähigkeit, eine Fehlentscheidung zu korrigieren, ist hierzulande leider keine anerkannte Tugend. Doch Weitermachen heißt für viele: Ausbrennen mit dem Ergebnis des totalen Leistungsabfalls.

Neben den Versagensängsten sorgt auch ein Studium für Stress, das auf Effizienz getrimmt ist und auf das viele nicht vorbereitet sind. Die schiere Masse des Lernstoffs überfordert viele Studierende dauerhaft und führt zu starkem Stress, so eine gemeinsame Studie des Deutschen Zentrums für Hochschul- und Wissenschaftsforschung der Techniker Krankenkasse und der Freien Universität Berlin.[13] Ein ehemaliger Student erinnert sich:

 Wir hatten besonders Gestresste im Kurs; da wurde bis morgens um vier vor der Klausur gelernt, dann gerade mal eineinhalb Stunden geschlafen, dann weitergelernt und sich vor lauter Stress übergeben, und am Ende haben manche die Klausur ausfallen lassen, weil sie körperlich einfach nicht mehr konnten.«

Eine solche Überlastung entwickelt sich schnell zur psychischen Erkrankung. Neben meinen eigenen Erfahrungen und Beobachtungen aus der Hochschulwelt belegen dies die jährlichen Krankenkassenberichte, die einen regelmäßigen Anstieg stressbedingter Befunde bei jungen Menschen konstatieren. 26 Prozent der 18- bis 25-Jährigen leiden unter psychischen Erkrankungen.[14] Das »Bulimielernen« hat sich in den letzten Jahren zur zentralen Lernstrategie unter den Studierenden entwickelt und gilt als wichtiger Stressfaktor. Den Begriff hat der Bildungsforscher Rolf Schulmeister geprägt. Er bezeichnet eine kurzfristige und hohe Lernbelastung, bei der der Stoff nur im Kurzzeitgedächtnis abgespeichert wird, ohne wirklich verstanden worden zu sein. Am Prüfungstag wird das Erlernte aus dem Kurzzeitgedächtnis auf das Klausurpapier niedergeschrieben. Fragt man zwei Tage nach der Klausur, was eigentlich das Thema gewesen sei, müssen manche wirklich überlegen.

Die Rahmenlehrpläne sind einfach zu vollgestopft – Verstehen und Sinn spielen keine Rolle mehr. Die Journalistin Sabine Meuter schreibt in der *Welt*[15]:

>> Mit dem Druck und der Geschwindigkeit kommen die einen gut klar – immer mehr aber nicht. Sie bekommen quälende Selbstzweifel. Manche verfallen ohne erkennbaren Anlass in eine tiefe Traurigkeit. Solche Zustände können sich steigern bis zu einer völligen körperlichen und mentalen Erschöpfung.«

Zudem haben viele nie gelernt, abzuschalten. Vor allem nachts ist die Dauerbeschäftigung mit Lernstress und Smartphone ein Problem. Nicht abschalten zu können und entsprechend schlecht zu schlafen sorgt für dauerhafte Überforderung.

Ein 24-jähriger Student berichtet:

>> Vor fast drei Jahren hatte ich einen Burn-out. Mein scheinbar unerschöpflicher Tank voll Energie, Motivation und Interesse war plötzlich leer. Bis dahin war mein Leben eine dauerhafte und gezielte Selbstüberforderung, und ich fand das okay. Ich wollte Neues kennenlernen, und mich anzustrengen machte mir einfach Spaß. Im Rausch des Besserwerden-Wollens setzte ich mir immer öfter Ziele, die unrealistisch waren. Ich dachte, wenn ich mir unerreichbare Ziele setze, gelingt mir mehr als bei vorsichtigeren. Für mich war deshalb nie der Punkt erreicht, an dem ich genug getan hatte. Heute weiß ich, dass ich mich in einem Teufelskreis befand.«

Auch die robustesten jungen Leute streichen irgendwann die Segel. Einer meiner Studenten kam aus Bayern, hatte nach dem G8-Abitur eine (auf zwei Jahre verkürzte) Ausbildung absolviert und direkt danach binnen drei Jahren den Bachelor. Danach hätten diesem sehr fähigen Studenten viele Karrieretüren offengestanden. Stattdessen verabschiedete er sich für ein Jahr nach Goa. Er war ausgebrannt und konnte einfach nicht mehr.

Seit Jahren schon suchen mehr als 30 000 Studierende jährlich Hilfe bei den psychologischen Beratungsstellen der Studentenwerke, Tendenz steigend.[16] Deren Angebote lesen sich wie ein Rehabilitationsprogramm für ausgebrannte Manager. Sie reichen von Tipps zu »Lern- und Arbeitsstörungen« (FU Berlin) über »Tipps zu Stressbewältigung und Erschöpfung« (KIT Karlsruhe), »Online-Gesundheitstrainings zur Reduzierung psychischer Beschwerden« bis hin zu »Selbsttests zur Suchtgefährdung« (Uni Hamburg). Dass bereits junge, eigentlich gesunde Menschen wegen solcher Symptome behandelt werden müssen, verstärkt die Zweifel am heutigen Unisystem.

Erkrankungen sind meiner Meinung nach nicht auf Pech oder gar Fehlverhalten der Studierenden zurückzuführen, sondern Folge unseres Bildungssystems. Ist das der Preis der Leistungsgesellschaft? Schaut man nach China, Südkorea und Japan, wo die jungen Menschen bereits ab dem Kindergarten auf unmenschliche Leistungen getrimmt werden, weiß man, dass es noch schlimmer sein könnte. Aber in Deutschland wird weggeschaut statt Alarm geschlagen. Die psychischen Zusammenbrüche so vieler junger Menschen, die ihr Bestes geben wollen und fast zwangsläufig scheitern, werden als Kollateralschaden abgetan. In meinen Augen handelt es sich dabei um eine Katastrophe – und um grob fahrlässiges politisches und wirtschaftliches Handeln. Letztlich erleben wir an den Unis Anzeichen einer Dehumanisierung unserer Gesellschaft. Die stationären Psychiatrien beherbergen die Opfer eines verfehlten Systems.

Hochschulreif?

Einen Teil der Erklärung für diese alarmierenden Befunde bilden in der Tat dennoch die Defizite mancher Studierender. Wie bereits ausgeführt, tragen sie aufgrund ihrer persönlichen Disposition (Persönlichkeit, Stressresistenz, Konfliktfähigkeit, innere Ausgeglichenheit) und ihrer Sozialisation (Elternhaus, Freundeskreis, Schulerfahrungen) ein höheres Risiko, nicht mit den Anforderungen des Studiums zurechtzukommen und zu erkranken. Dabei übertreiben sie es gar nicht mal mit dem Einsatz und sind nicht unbedingt die fleißigsten und besten Studierenden.

Der bereits erwähnte Rolf Schulmeister gehört zu den scharfen Kritikern der Haltung heutiger Studierender:

 Der mittlere Aufwand fürs Studium liegt bei 26 Wochenstunden – und auch das nur, weil einzelne besonders arbeitsame Geister den Durchschnitt heben. (…) Ein sattes Viertel der Vielgeplagten mogelt sich mit 20 Stunden und weniger durch die Semester. Die Freizeit hat für diese Generation offenbar einen hohen Wert.«[17]

Nach Ansicht solcher Kritiker verbringen Studierende einen (zu) großen Teil des Tages für das Surfen, Serienschauen und Chatten mit Freunden und Familie, sodass weder für die Nachbereitung von Vorlesungen noch fürs Lernen ausreichend Zeit bleibe. Manfred Dworschak: »Viele glauben, nur weil sie 40 Stunden die Woche in Gedanken beim Studium sind, dass sie am Tagesende auch viel für ihr Studium getan hätten.«[18]

Und man könnte in der Tat geltend machen, dass doch die Anforderungen eines Studiums nicht größer seien als die eines normalen Jobs. Sollte das nicht für einen jungen Menschen mit Anfang, Mitte 20 leistbar sein? Nimmt man die reinen Zahlen, stimmt das sicherlich: Der Workload eines Bachelorstudiums beträgt bei etwa 26 Tagen Urlaub im Jahr 40 (Lern-)Stunden in der Woche (Lehrveranstaltungen und häusliche Lernzeit zusammengenommen), also etwa so viel wie in einem geregelten Angestelltenjob ohne übermäßigen Produktivitätsdruck. Aber bekanntlich steigt die Zahl der stressbedingten Erkrankungen ja auch bei ganz normalen Arbeitnehmern sprunghaft an, unter anderem wegen der permanenten Erreichbarkeit, also der fehlenden Gelegenheiten zum Abschalten. Und exakt dasselbe gilt, wie erwähnt, auch für Studierende – sie schalten schon deshalb niemals ab, weil sie permanent online sind.

Was sie zudem stresst, ist weniger die Arbeits- und Lernzeit an sich als vielmehr die fehlende Sinnhaftigkeit, die sich in mechanischem Pauken ohne Verstehen ausdrückt. Das ist es, was auf die Dauer krank macht. Auch Studierende mit guten Noten wissen und verstehen oft letztlich nicht, worum es in der Substanz geht.

Ein Beispiel aus meiner Praxis mag illustrieren, wie wenig es der Uni gelingt, wissenschaftliche Methoden zu vermitteln.

Ein 24-jähriger Student präsentiert in einer mündlichen Masterprüfung sein im Rahmen einer Projektarbeit erstelltes Konzept.

Prüfer: »Sie zeigen da ein Ergebnis, das tatsächlich spannend klingt. Auf welcher Denkgrundlage basiert dieses Ergebnis? Was sind die theoretischen Grundlagen?«

Prüfling: »Äh ... das habe ich gefunden.«

»Wo haben Sie was gefunden?«

»Ja, äh ... das weiß ich nicht mehr so genau.«

»Sie müssen für das Ergebnis, das Sie dort zeigen, doch eine Grundlage haben. Oder haben Sie sich das selber ausgedacht?«

»Nein, ähhh ... irgendwie schon.«

»Sagen Sie uns doch einfach, wo Sie das Ergebnis herhaben!«

»Ich glaube von Google!«

»Google? Nennen Sie uns doch einfach die konkrete Quelle.«

»Die weiß ich jetzt nicht mehr. Das ist schon zu lange her!«

»Das Ergebnis kommt also nicht von Ihnen, sondern Sie haben es irgendwo gefunden?«

Prüfling kratzt sich am Hinterkopf: »Hmm ... muss dann wohl so sein!«

Solche Prüfungsgespräche bringen mich ehrlich gesagt manchmal an den Rand meiner Kräfte. Was genau haben meine Studierenden eigentlich all die Jahre an der Uni getan, wenn die Grundlagen wissenschaftlichen Arbeitens so schlecht verankert sind?

In ihren Evaluationen der Lehrveranstaltungen (mehr dazu weiter unten) schätzen Studierende die Bedeutung wissenschaftlicher Denkmethoden oft erschreckend gering ein – und selbst an angewandter Forschung sind nur wenige interessiert. Stattdessen erwarten sie vor allem fertige Problemlösungen, Anwendungsschablonen, Checklisten, sprich: sofort einsetzbare Werkzeuge. Die andere Seite solcher schablonenhaften Lösungsanwendungen, das Denken und Entwickeln neuer und kreativer Lösungen für aktuelle Probleme, nehmen sie weniger wichtig. Dabei ist genau das eine der wichtigsten Anforderungen an zukünftige Führungskräfte und Verantwortliche! Aber viel zu wissen und einen weiten Horizont zu haben ist als Wert auch unter Studierenden nicht mehr selbstverständlich.

Als weiteres Beispiel aus der Praxis soll eine mündliche Prüfung im Fach »Angewandte Mathematik« dienen, die über die Fortführung des Studiums entscheiden sollte.

Die Einstiegsfrage lautete: »27 USB-Sticks kosten 216 Euro. Wie viel kosten 54 USB-Sticks?«

Die Antwort: »Ich glaube, die sind dann teurer?«

Nachfrage der Prüfungskommission: »Was ist teurer?«

»Der USB-Stick!«

»Jeder einzelne USB-Stick wird also teurer?«

Finale Antwort: »Auf jeden Fall.«

Die Kompetenzbeschreibung im betreffenden Studienplan lautet: »Der Absolvent soll komplexe Sachverhalte im Umgang mit kalkulatorischen Fragestellungen beschreiben, analysieren und Lösungsalternativen entwickeln können.« Das hat hier offenbar bereits im Ansatz nicht funktioniert, weil es mit den Grundrechenarten nicht so weit her ist. Natürlich: Solche Ausfälle gab es schon immer. Doch sind es heute leider keine Einzelfälle mehr. Bei geschätzt 30 bis

40 Prozent der Bachelorstudenten sind einfachste kognitive Fähigkeiten und Grundkenntnisse nicht vorhanden.

An nahezu allen Unis wird beobachtet, dass die Konzentration der Studierenden während der Vorlesungen und Gruppenarbeiten seit Jahren sinkt. Stattdessen prägt der Umgang mit ständigen Ablenkungen und einer Aufmerksamkeitsspanne von maximal zehn Minuten den Alltag der Lehre. Und mit dem Niveau der studentischen Fähigkeiten sinkt zwangsläufig auch die Qualität der Lehre und der Examina. Und so kommt es zu einem kuriosen Paradox: Trotz abnehmender Leistungsfähigkeit werden die Noten der Studierenden in Deutschland immer besser. Ein Dozent gesteht:

>> Ich habe einen Nichtangriffspakt mit meinen Studierenden geschlossen. Um unendliche Diskussionen nach der Notenvergabe, elterliche Klagen und Rechenschaftsberichte an die Hochschulleitung sowie aufwendige Zweitkorrekturen zu vermeiden, gibt es bei mir keine schlechten Noten. Dafür belästigen die Studierenden mich nicht in meiner Forschungstätigkeit und meinen Drittmittelprojekten.«

Kommt Ihnen das irgendwie bekannt vor? Ja, genau: Der Trend zur Konfliktvermeidung, der in den Gymnasien begonnen hat, ist jetzt auch in den Unis angekommen. Im Jahr 2000 bekamen 70 Prozent eines Abschlussjahrgangs gute oder sehr gute Noten. 2011 (dem letzten Jahr, für das statistische Daten vorliegen) waren es im Schnitt schon 80 Prozent. Vor allem natur- und wirtschaftswissenschaftliche Studiengänge fallen durch immer bessere Noten auf. Zu den Zwängen, aus denen heraus Dozenten und Universitäten schönfärberische Noten vergeben, weiter unten mehr. Logisch ist, dass tatsächlich sehr gute Leistungen entwertet werden, wenn alle gut bewertet werden. Der Vergleich von Studienabschlüssen und die Beurteilung von Fähigkeiten anhand des Zeugnisses wird immer schwerer oder ganz unmöglich.

Auch die Examensformen passen sich dem gesunkenen Niveau und den Zwängen der Massenuniversität mehr und mehr an. Ob ein

Student oder eine Studentin den Stoff aus 120 Vorlesungsstunden ausreichend verstanden hat, wird mancherorts nicht mehr mit einer Klausur überprüft, sondern mit einer »Flipchart-Prüfung«. Dabei soll der Prüfling vor einer Kommission von Professoren 15 Minuten lang am Flipchart visualisieren, was hängen geblieben ist. Das erspart ihm das Überstehen einer mehrstündigen Klausur – und den Dozenten deren Korrektur. Seriös ist es nicht.

Ein Zeichen fehlender (Hochschul-)Reife ist es übrigens auch, wenn Studierende selbst mit sachlich vorgetragener wissenschaftlicher Kritik nicht umgehen können und beim Nachweis eines inhaltlichen oder methodischen Fehlers sowie einer schlechteren Note als 1 zu weinen beginnen. Hier mischen sich psychische Labilität mit falscher Selbstwahrnehmung und dem Erwartungsdruck, das Studium erfolgreich zu absolvieren, was aus der perfektionistischen Sicht mancher junger Menschen offenbar bedeutet: makellos. Und es zeigt den Mangel an Kritik- und Reflexionsfähigkeit. Kritik von Dozenten wird oft als Ungerechtigkeit oder als Angriff auf die eigene Person interpretiert.

Dass Studierende mehr und mehr abgerichtet statt gebildet werden, weil die Hochschulen eher auf Quantität statt auf Qualität fixiert sind, bemerke ich auch an der fehlenden Motivation und Begeisterung für das Studium und das eigene Fach.

Wenn ich mit Bachelorabsolventen nach drei Jahren ein Bilanzgespräch führe, höre ich sehr selten eine positive Aussage über das Fach und den Studiengang und spüre so gut wie nie Leidenschaft fürs Thema. Das höchste der Gefühle ist eine Aussage wie: »Ich habe gelernt, mich zu organisieren und diszipliniert zu sein.« Besser als nichts, natürlich – aber investiert man dafür drei kostbare Jahre seines Lebens?

Amüsant fand ich es auch, als ein im AStA engagierter Student die an seiner Universität geltende Anwesenheitspflicht in bestimmten Lehrveranstaltungen als »Freiheitsberaubung« titulierte. Echte Begeisterung sieht anders aus. Ein ehemaliger Student äußert sich im Gespräch zum Studienverhalten seines Jahrgangs:

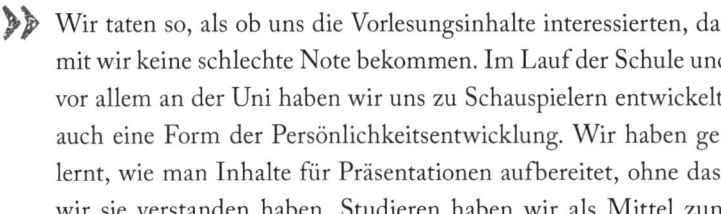 Wir taten so, als ob uns die Vorlesungsinhalte interessierten, damit wir keine schlechte Note bekommen. Im Lauf der Schule und vor allem an der Uni haben wir uns zu Schauspielern entwickelt, auch eine Form der Persönlichkeitsentwicklung. Wir haben gelernt, wie man Inhalte für Präsentationen aufbereitet, ohne dass wir sie verstanden haben. Studieren haben wir als Mittel zum Zweck wahrgenommen. Wir lernten die Skripte für die Klausur und ›kotzten‹ sie am Prüfungstag aus.«

Studierenden, die bei mir eine Abschlussarbeit schreiben wollen und auf der Suche nach einem Thema sind, stelle ich stets die Frage, was sie denn im Studium besonders interessiert hat. Bei jedem Zweiten ernte ich statt einer Antwort nur verwirrte Blicke. Und die Entscheidung funktioniert nach dem Motto: »Thema egal. Gib mir was, ich schreib dir das.«

Stress statt Vorfreude herrscht oft bereits bei der Studienwahl. Es gibt schon Dinge, die die jungen Leute interessieren – aber nach dem Abitur wissen sie wegen des Überangebots an Studiengängen (und der alternativlosen Vorstellung, studieren zu müssen) meist nicht, was tatsächlich das Richtige für sie ist. In Hamburg wird demnächst sogar ein Schulfach »Studien- und Berufsorientierung« eingeführt.[19] Die junge Generation wird regelrecht überrannt von Bildungsangeboten privater und staatlicher Unis. »Welche Uni? Welches Fach? Ich weiß gar nicht, was ich will.« Also wird irgendetwas studiert. Oft fällt die Entscheidung auch unter Druck (der in der Realität gar nicht existiert): »Wenn ich mich nicht früh genug entscheide, sind die besten Studien- und Ausbildungsplätze schon weg und damit auch eine günstige Ausgangsposition im Konkurrenzkampf.« Oder die funktionalistische Entscheidung lautet: »Ich mache jetzt einen guten Abschluss und studiere Informatik oder Jura. Dann habe ich einen guten Job und kann mir Haus, Auto, Familie und Reisen leisten.«[20]
Ein Dozent für Unternehmensführung im südlichen Bayern formuliert seine Wahrnehmung der Studienmotive so:

Die meisten wollen ihre Eltern nicht enttäuschen, die haben sich 18 Jahre lang ins Zeug gelegt und wollen jetzt den maximalen Output ihres Kinderprojektes, den Akademiker. Also sammeln Studis so schnell wie nur möglich Credit Points ein, um wieder von der Uni zu fliehen. Dann sind zu Hause alle zufrieden. Nur ungefähr ein Drittel studiert sehr bewusst und aus fachlichem Interesse.«

Dem Psychologen David McClelland zufolge entwickelt sich Motivation aus einer früh erlernten Bereitschaft heraus, sich anzustrengen. Wer früh gelernt hat, sich für ein Ziel ins Zeug zu legen, dem wird es später leichter fallen, sich für neue Anstrengungen zu motivieren. Doch die Umsetzung ist nicht einfach, wenn die persönlichen Ziele nebulös bleiben.

Als ein Student einmal mit der Frage zu mir kam: »Was soll ich nach dem dualen Studium eigentlich machen?«, fragte ich überrascht zurück: »Sie haben sich doch jetzt drei Jahre im Bachelorstudium und im Unternehmen mit digitalen Medien beschäftigt, dann sollten Sie doch einen Einblick gewonnen haben, was man mit digitalen Medien macht, oder?« Das Gespräch ergab, dass seine Motivation bei der Wahl des Studienfachs nicht das Fachliche gewesen war, sondern die Aussicht, mit dem Trendthema »Digital« später einmal schnelles Geld zu verdienen. Für innere Bedürfnisse oder Begabungen gab es keine Anzeichen.

Bei vielen Absolventen bemerke ich eine latente Unzufriedenheit mit ihrem Bildungsweg – und eine große Unlust, nach dem Abschluss akademisches Denken und akademische Lösungen auf praktische Probleme anzuwenden (»Das war alles nur Theorie!«). Offenbar haben viele die Vorstellung, sie müssten an der Uni etwas Theoretisches lernen (ohne zu verstehen, warum und wofür) und würden später im Beruf etwas total anderes, Praktisches machen. Zwischen den beiden Sphären sehen sie keine Verbindung – was ganz sicher auch ein Versagen der Uni und ihrer Didaktik ist.

Was mir auffällt: Am besten für ein Studium gerüstet sind die jungen Leute, die aus Ländern mit einem strengen Schulsystem kommen, also aus Bayern und Sachsen; allerdings wird dort auch am brutalsten ausgesiebt nach der 4. Klasse. Und am besten organisiert und am motiviertesten sind oft Studenten und Studentinnen, die nebenher arbeiten müssen oder dies vor ihrem Studium getan haben. Sie wissen die Freiheiten und das Privileg des Studiums mehr zu schätzen, weil sie den Berufsalltag kennen.

Das Gegenstück zu arbeitenden und selbstständigen Studierenden sind solche, deren Eltern große Teile des Studiums für sie managen. Schon bei der Studienentscheidung sind die Eltern die wichtigsten und einflussreichsten Berater – sie fühlen sich oft berufen, Einfluss auf die berufliche Ausrichtung ihrer Kinder zu nehmen. Die Qual der Wahl überträgt sich damit auf die Eltern. Die Reizüberflutung, verursacht durch postalische Werbeangebote, Tage der offenen Tür, Vorträge an Schulen und Unis, Publikationen, Internetseiten etc., erhöht die Komplexität und macht eine rationale oder gar perfekte Entscheidung nahezu unmöglich.

Der Drang, die perfekte Entscheidung zu treffen, lenkt von den Stärken und Schwächen des Kindes ab – und von der Frage, ob es überhaupt studieren will und sollte. Und zu häufig drängen Eltern ihre Kinder aus Nostalgie und der Erinnerung an die eigenen Studienjahre zu einer Fächerwahl, die deren Neigungen und Talenten nicht unbedingt entspricht.

Helikoptereltern übernehmen die Informationsgespräche gerne selbst – das Kind tritt überhaupt nicht mehr in Erscheinung, wenn es um das Was und Warum geht. Vor Kurzem rief mich ein Vater aus einem offensichtlich schnell fahrenden Auto an und fragte, wann seine Tochter in meinem Studiengang anfangen könnte. Dass es ein geordnetes Zulassungsverfahren gibt, schien ihn kaum zu interessieren. Den entsprechenden Hinweis quittierte er mit der Frage, was er für die Zusicherung eines Studienplatzes zahlen müsse. Geld spiele keine Rolle. Der Druck mancher Eltern ist derartig hoch, dass sie glauben, man könne den Zugang zu einer staatlichen Uni kaufen. Das Interesse des Kindes rückt dabei im Rasertempo in den Hintergrund.

Viele Unis reagieren bereits auf die neue Rolle der Eltern. Zentrale Studienberatungen wie die der RWTH in Aachen bieten mittlerweile Vorträge, Seminare und Workshops für Eltern an. Die Uni Oldenburg hat ein ganzes Online-Schulportal für Abiturienten und Eltern entwickelt, und die Technische Hochschule in Köln führt gar Elternabende und Gruppengespräche mit den Eltern durch, in denen sie darauf hingewiesen werden, dass es doch besser sei, wenn sie die Studienentscheidung ihren Kindern überlassen. Verrückte Welt!

Der Unibetrieb

Wer an der Uni lehrt und mit der Bolognareform umgehen muss, sitzt in der Regel zwischen allen Stühlen. Denn die Dozenten sind gleichzeitig Profiteure des Systems, Komplizen der Bolognaerfinder und überfordert von den Veränderungen bei den Studierenden und in der Studienorganisation. So versteht jeder etwas anderes unter dem unscharfen Begriff »Kompetenz« mit seinen über 125 Unterarten. Viele Dozenten ignorieren das komplett und machen einfach ihren alten Stiefel weiter.

Und manche haben auch noch eine eigene Meinung zum Thema Studienreform – die natürlich auch geprägt ist durch ihre eigenen biografischen Erfahrungen. Viele Professoren verweisen in Gesprächen darauf, sie selbst hätten doch für ihre Karriere viel härter arbeiten müssen als ihre Studenten, und verstehen deren Probleme nicht. Manche Dozenten sind in einer prekären Stellung und schlecht bezahlt, was manchmal auch die Qualität ihrer Lehrtätigkeit beeinflusst; oft haben sie dennoch hohe Anforderungen an die Studierenden. Den regulären Professoren hingegen geht es materiell sehr gut: hohes Gehalt, Pensionsansprüche, Unkündbarkeit, keine Versetzungsgefahr. Sie sind in einer extrem komfortablen Situation. Das erschwert es internen Kritikern des aktuellen Unisystems, Mitstreiter unter den Professoren zu finden; ihnen ist das Hemd oft näher als der Rock.

Eine der größten Herausforderungen ist der Umgang mit den Studierenden – vor allem mit jenen, die intellektuell und/oder psychisch überfordert sind vom Unibetrieb. Dozenten und Professoren besitzen in der Regel keine psychologische Ausbildung und können oder wollen mit den Spannungen und Paradoxien im Studienalltag nicht umgehen. Gerade das Thema »psychische Auffälligkeiten« wird gern totgeschwiegen oder die Zuständigkeit dafür wird abgelehnt. Und bisher schreiben die Wissenschaftsgesetze den Dozenten auch noch keinen Erziehungsauftrag oder erzieherische, psycho-soziale Aufgaben zu. Viele halten es mit Niklas Luhmann und Dieter Lenzen, die Erziehung von der Bildung abgrenzten wie folgt: »Erziehung ist eine Zumutung, Bildung ist ein Angebot.«[21] Typisch das Statement eines jüngeren Kollegen von einer niedersächsischen Uni:

>> Ich werde daran gemessen, dass ich Forschungsanträge und -berichte schreibe und Drittmittel reinhole. Für Therapiegespräche mit Studierenden habe ich keine Zeit, und ich bin dafür auch nicht ausgebildet. Das meiste sind doch einfach nur Befindlichkeiten. Damit müssen sie selbst zurechtkommen.«

Eine Befragung durch die Hochschulrektorenkonferenz ergab vor einigen Jahren, dass knapp zwei Drittel (64 Prozent) der Professorinnen und Professoren unzufrieden mit der Einführung der Bachelor-/Masterstruktur waren (bzw. sind); nur 15 Prozent waren zufrieden. Mehr als jeder zweite Hochschullehrer (56 Prozent) gab an, dass sich seine Arbeitsbedingungen verschlechtert hätten.[22]

Vor allem ältere Professoren leiden offen oder schweigend unter dem Autoritätsverlust ihrer Funktion und Person. Ein Student skizziert das veränderte Verhältnis zu seinen akademischen Lehrern:

>> Den Respekt, den unsere Eltern noch vor ihren Professoren hatten, den haben wir heute längst nicht mehr. Damals war der Professor eine Autorität aufgrund seines Amtes, er konnte autoritär schalten und walten. Das versuchen heute einige immer noch.

Doch wer heute bei uns reinkommt und meint, er wäre der große Zampano, ohne dass er uns den Stoff effizient und unterhaltsam vermitteln kann, den nehmen wir in der Evaluation sehr schnell auseinander. Wir benötigen Führung, und davon haben die meisten Dozenten keine Ahnung. Viele von uns sind in einer Welt ohne Führung groß geworden, und wir haben Respekt vor jemandem, der es versteht, uns an die Hand zu nehmen. Wir haben gelernt, dass zur Menschenführung auch Feedback gehört. Wir rödeln wie verrückt und benötigen dieses Feedback, um zu wissen, ob sich das Lernen gelohnt hat. Das liefern autoritäre Professoren einfach nicht.«

Die Studierenden können also fein unterscheiden zwischen echter Autorität und autoritärem Verhalten. Sie erwarten Führung, also natürliche Autorität, die einhergehen soll mit profundem Fachwissen, charakterlicher Integrität und zugleich mit Empathie und Humor. Letztlich wünschen sie sich die Dozenten als eine Art Ersatzgroßeltern mit hohem Bespaßungsfaktor. Der Matheprofessor Matthew Weathers von der Biola University in Kalifornien hat da seine ganz eigene Methode gefunden. Er setzt zu Beginn seiner Vorlesungen aufwendige und unterhaltsame Multimediaproduktionen ein und holt seine Schüler damit dort ab, wo sie sich auskennen. Die YouTube-Videos davon sind Hits unter Studierenden – weltweit. Ein Kollege nennt das abfällig den »Hollywood-Stil«:

 Dozenten müssen neben ihrer fachlichen Expertise und einer medizinisch-psychologischen Ausbildung am besten auch noch auf die Schauspielschule, um an der Vorlesungsfront nicht ausgebuht oder mit schlechten Evaluationen ungespitzt in die Erde gerammt zu werden, weil sie keine lustigen Videos zeigen.«

Infolge der Veränderungen bei den Studierenden – Stichworte fehlende Studienreife, sinkende Konzentrationsfähigkeit, psychische Labilität – und wegen des demokratisch anmutenden Instruments der Be- oder Verurteilung von Dozenten verändert sich deren Rolle. Sie werden nolens volens zu Steigbügelhaltern der Studierenden, müssen also das Niveau senken. Denn an einer hohen Durchfallquote haben weder die Uni noch die Politik ein Interesse. Immerhin werden an Universitäten öffentliche Gelder vergeben. Dafür erwarten die Bildungsministerien auch einen entsprechenden Output an Absolventen. Das Geld des Steuerzahlers soll schließlich nicht verschwendet werden.

Die logische Folge der Tatsache, dass immer mehr junge Menschen in die Unis kommen, die für eine akademische Ausbildung nicht ausreichend vorbereitet oder schlicht nicht geeignet sind, müsste aber eine höhere Durchfallquote sein. Wird das aus politischen Gründen verhindert, sind die Zeugnisse unwahrhaftig; das Studium wird auf die Dauer entwertet. Und dieser Prozess ist, wie erwähnt, längst im Gange.

Die Fähigkeiten zum Selbststudium, also der Wissensaneignung allein durch Bücher oder andere Lehrmaterialien, ohne Präsenz- oder Fernunterricht, sind bei vielen Studierenden nicht hinreichend ausgeprägt. Der Umfang von Informationen erschlägt sie, weil sie nicht gelernt haben, Prioritäten zu setzen und wichtige von unwichtigen Informationen zu unterscheiden; eine allgemeine Entscheidungsschwäche verschärft das Problem in deren Auswahl. Daher funktionieren viele Vorlesungen wie folgt: Der Dozent reduziert den komplexen Stoff auf das Wesentliche und kommuniziert ihn frontal. Unsere Rolle hat sich in etwa so verändert wie die eines Redakteurs, der von einer Qualitätszeitung zu einem Boulevardblatt wechselt. Gefragt sind jetzt die Reduktion komplexer Sachverhalte auf wenige Worte und knackige Überschriften. Hinterfragen? Verstehen? Reflektieren? Diskutieren? Für all diese grundlegenden Operationen zur Förderung wissenschaftlichen Arbeitens lässt der eng getaktete Rahmenstudienplan in der Regel keine Zeit. Und immer mehr Studierende sind mit solchen methodischen Übungen auch überfordert. Die Fähigkeit etwa, sich selbstständig unterschiedliche Datenquellen zu erschließen und diese kritisch zu würdigen, bringen Abiturienten kaum jemals mit; und die Unis versäumen, diese grundlegenden Fertigkeiten zu Beginn des Studiums zu lehren. Statt durch (Nach-)Denken zu einer eigenen Meinung zu kommen, bevorzugen es viele Studierende, fertig aufbereitetes Wissen zu konsumieren und sich im Idealfall durch Lernen zu eigen zu machen. Und es fehlt ihnen, wie bereits dargestellt, oft an Selbstkritik. Ein Kollege von einer pfälzischen Universität berichtet von einem entsprechenden Erlebnis:

 Ich musste sechs Projektgruppen für ihre Arbeiten benoten. Fünf erhielten Noten zwischen 1,0 und 1,7. Eine Gruppe erhielt eine – immer noch wohlwollende – 2,0. Sie beschwerte sich lauthals darüber, dass sie keine Eins bekommen habe, so wie die anderen. Sie waren richtiggehend eingeschnappt, sprachlos und wütend wie Schulkinder.«

Ein besonders heikles Thema sind Bewertungen, die Studierende über die Lehrveranstaltungen und die Dozenten abgeben können. Gemäß den »Richtlinien zur Qualitätssicherung und -entwicklung der Hochschulrektorenkonferenz (HRK)« sind die Studierenden jedes Semesters dazu angehalten, alle Vorlesungen und Dozenten sowie ihre Uni insgesamt mithilfe von Evaluations-Fragebögen (bis zu drei DIN-A4-Seiten) anonym zu beurteilen. Die Fragen reichen von subjektiven Bewertungen des Mensaessens über die Öffnungszeiten der Bibliothek bis hin zur Zufriedenheit mit den Prüfungsfragen. Solche Evaluationen können Dozenten durchaus helfen, ihre Vorlesungen zu reflektieren, Inhalte anzupassen und didaktisch zu verbessern. Allerdings sind die Fragen meist so allgemein formuliert, dass die Antworten und Interpretationen ebenso vage ausfallen. Hier einige Beispiele aus studentischen Evaluationen:

 Der Dozent ist total unfreundlich und ärgert mich andauernd.«
»Das Skript von 24 Seiten ist viel zu lang, da weiß doch niemand, was er zur Klausur lernen soll.«
»Ich sollte für den Dozenten kopieren gehen. Das lehne ich grundsätzlich ab.«

»Der Professor ist autoritär. Ich fühlte mich laufend beleidigt.«
»Gegen die Argumentation des Dozenten kommen wir nicht an.
Er hat immer recht.«
»In der Klausur mussten wir Fragen beantworten. Das war nicht
abgesprochen«.

Die Beispiele ließen sich unendlich fortführen. Das größte Problem
ist jedoch die Anonymität. Sie dient sicherlich dem Schutz der Studierenden vor Repressalien seitens der kritisierten Dozenten – aber
sie birgt auch die Versuchung, allgemeinen, unreflektierten Frust
loszuwerden oder sachfremde Kriterien anzuwenden. Da unterscheiden die Evaluationen sich nicht vom Internet insgesamt, das teilweise zu einer Kloake verkommen ist. Die Verrohung des öffentlichen
Diskurses macht natürlich auch vor den Unis nicht halt. Der Fall des
Berliner Politikwissenschaftlers Herfried Münkler, der von Studierenden vor Jahren wegen angeblicher Verstöße gegen die politische
Korrektheit an einen digitalen Pranger (»Münklerwatch«) gestellt
worden ist und seither während jeder Lehrveranstaltung auf »Verfeh-
lungen« überwacht wird, ging durch die Medien.

Dozenten fühlen sich teilweise wie Bewertungsfreiwild und können sich manchmal, wenn überhaupt, nur noch mit juristischen Mitteln gegen glatte Verleumdungen wehren. Das geht bis hin zu anonymen, ins Blaue zielenden Strafanzeigen, die helfen sollen, missliebige
Dozenten von der Uni zu entfernen. Und »missliebig« kann eben
auch heißen: anspruchsvoll und streng in der Benotung. Dass Studierende auch jenseits der offiziellen Evaluationen ihr Mütchen küh-
len können, etwa auf dem Professoren-Bewertungsportal oder auf
ihren eigenen Profilen, verändert das Klima an den Unis erheblich.

Eine ehemalige Studentin, die während ihrer Studienzeit an einer solchen Kampagne beteiligt war, erklärt:

 Manche Profs sind autoritär und überheblich, das passt gar nicht
zu uns, und da schießen sich einige dann auf sie ein. Wenn dann
noch die Noten nicht passen, werden andere Kaliber ausgepackt.
Und da jeder irgendwo einen Juristen in seiner Familie oder im

Freundeskreis hat, bekommen sie oft auch das relevante Handwerkszeug frei Haus geliefert. Dann werden Strategien erarbeitet, wie man den zu Fall bringt«.

Dem betreffenden Professor soll das Leben schwer gemacht werden – damit er entweder aufgibt und die Uni verlässt oder zumindest seine Lehre und seine Notengebung an die Erwartungen der Studierenden anpasst. Wenn Letzteres geschieht, hat der Dozent zwar seine Würde eingebüßt und die Idee objektiver Wissenschaftlichkeit verraten, aber er hat wieder seine Ruhe.

Dass die pöbelnden Studierenden sich selbst keinen Gefallen tun, wenn sie mit solchen Mafiamethoden Noten erzwingen, die ihren Leistungen und Fähigkeiten nicht entsprechen, merken sie erst später im Job, wo sie mit ihrer Selbstüberschätzung irgendwann Schiffbruch erleiden. Allerdings kann man ja auch Chefs anonym anschwärzen …

Überfordert sind viele akademische Lehrer übrigens auch mit der (berechtigten) Forderung, einen besseren Praxisbezug ihrer wissenschaftlichen Lehrinhalte herzustellen. Vor allem in den Geisteswissenschaften ist das aufwendig und erfordert ausgeprägte pädagogische Fähigkeiten und viel Engagement vom Dozenten. Ideal wären jahrelange praktische Erfahrungen, auch in der Personalführung. Aber eine solche mindestens fünfjährige Praxiserfahrung ist nur an Fachhochschulen Voraussetzung für die Berufung eines Dozenten – und leider nicht an Unis. Professoren sind also nicht immer die besten Vorbilder für die kritische Verknüpfung von Theorie und wirtschaftlicher Praxis.

Die Ökonomie der Hochschulen

Die deutschen Hochschulen sind in der Regel Massenbetriebe mit teilweise Zehntausenden Studierenden und Tausenden von Mitarbeitern. Entsprechend behördenhaft, schwerfällig und veränderungsresistent sind sie. Zugleich sehen sie sich aber politischem Druck ausgesetzt, sich wie profitorientierte Wirtschaftsbetriebe zu verhalten und nicht wie öffentlich-rechtliche Anbieter eines Service für die Bürger.

Die jährlichen Zuschüsse an die Universitäten orientieren sich an der Zahl der Studienanfänger. Deshalb setzen die Hochschulen möglichst viele Studiengänge auf, um viele Studierende anzulocken. Das Angebot an Studiengängen ist so umfangreich und breit gefächert wie noch nie. Insgesamt gibt es an den 240 staatlichen und knapp 100 privaten Hochschulen etwa 14 500 Studiengänge. Davon sind etwa 8 700 Studiengänge grundständig, führen also zum Bachelor. Daneben gibt es etwa 5 800 Studiengänge, mit denen man einen weiterführenden Hochschulabschluss (Master) erwerben kann.

Ob die vorhandene Infrastruktur (Lehrpersonal, Räume etc.) für die permanente Ausweitung des Angebots ausreicht, ist zweitrangig. Die Investitionen in die Grundausstattung halten bereits seit 20 Jahren nicht mit der gestiegenen Zahl an Studierenden Schritt.

Für die Professoren interessant sind die Zuschüsse, weil damit wissenschaftliche Stellen finanziert werden können, die für ihre Forschung und damit für die wissenschaftliche Reputation wichtig sind. Deshalb wehren sich Professorinnen und Professoren allenfalls halbherzig gegen die Aufblähung der Vorlesungsverzeichnisse und die Aufnahme von immer mehr Studierenden. An meiner Uni in Mannheim hat sich die Zahl der Studierenden im Zeitraum 2008 bis 2014 glatt verdoppelt.

Die vielen Studiengänge werden mithilfe der bereits erwähnten Akkreditierungskommissionen installiert – mit der entsprechenden Auswirkung auf die Inhalte: quantifizierbarer Lernstoff statt Bildung. Zu allem Überfluss muss man die Studierenden möglichst schnell durchs Studium peitschen, weil, siehe oben, staatliche Zuschüsse auch an die Zahl der Studierenden gekoppelt sind, die sich in der Regelstudienzeit befinden. Wer länger braucht, kostet die Bildungsfirma, Verzeihung: die Universität bares Geld.

Ein noch deutlicheres Zeichen der Kommerzialisierung öffentlicher Hochschulen ist das kostenpflichtige Anbieten von Modulen für Nicht-Studenten, also auch Menschen ohne Abitur. Dafür gründen die Unis privatwirtschaftliche Unternehmen, etwa eine »Business School« oder ein »Zentrum für wissenschaftliche Weiterbildung«, und machen so ihre aus öffentlichen Geldern finanzierte Infrastruktur zu Geld. Das Studium wird ganz nach den Bedürfnissen der »Lernkunden« fragmentiert. Denn die Module müssen ja nicht an einem Ort und in einem abgegrenzten Zeitraum absolviert werden – das geht auch an verschiedenen Hochschulen und mit teils langen Pausen dazwischen. Ein BWLer etwa bucht das Modul »Integriertes Management« an einer Hochschule in Berlin, weil es dort preislich am günstigsten ist. Das Modul »Personalmanagement« hingegen »studiert« er Jahre später an der Uni in München, weil dort die Stundenanzahl am geringsten ist und er das mit seiner Berufstätigkeit verbinden kann. Und wer auf diesem Weg über Jahre hinweg alle notwendigen Credit Points für einen Abschluss sammelt, hat dann irgendwann ein Bachelor- oder (häufiger) ein Masterzertifikat an der Bürowand hängen. Auf den ersten Blick ist dieses Modell begrüßenswert: Es fördert das lebenslange Lernen und öffnet akademisches Wissen auch für Nicht-Abiturienten. Das Problem ist, dass Geld fließt. Denn wer ein Modul bucht, bucht faktisch nicht nur den Besuch der darin enthaltenen Vorlesungen, sondern das Bestehen der Prüfung. Professoren, die wissen, dass ihre »Kunden« viel Geld bezahlt haben, überlegen es sich natürlich zweimal, eine Leistung als ungenügend zu bewerten. Das wäre schlecht für das Bildungsgeschäft, weil es künftige Interessenten abschrecken könnte.

Und auch das ganz reguläre Masterstudium kostet mittlerweile meistens Geld. Dieses kann an privaten Einrichtungen auch mal zwischen 15 000 und 25 000 Euro kosten. Die Hochschulen lassen sich also einen wesentlichen Teil der Stellen und Strukturen vom Steuerzahler finanzieren, die vom Staat bezahlten Dozenten entwickeln die Module und Inhalte und halten auch die Vorlesungen – aber manche Hochschule kassiert von den Studierenden immer noch Studiengebühren. Und wie in der Zwei-Klassen-Medizin ist die Versorgung der »Privatpatienten« deutlich lukrativer für die Professoren (die hier die Stelle der Ärzte einnehmen). Für seine Leistung – etwa eine Vorlesung – erhält ein externer Dozent heute in der Regel zwischen 35 bis 45 Euro pro Vorlesungsstunde, wenn er sie vor Bachelorstudenten hält, allerdings um die 125 Euro, wenn er exakt dieselbe Veranstaltung mit zahlenden Masterabsolventen abhält. Eine absurde Ungleichbehandlung, gegen die Professoren momentan eine Verfassungsklage betreiben. Das Ganze ist eine für den schrankenlosen Kapitalismus typische Privatisierung öffentlich finanzierter Leistungen. Gäbe es die staatliche Grundfinanzierung der Unis nicht, würde ein Masterstudium eher 50 000 oder 80 000 Euro kosten, weil die gesamte Infrastruktur aus den privaten Gebühren auf die Beine gestellt werden müsste.

Der eigentliche Skandal ist, dass das alles politisch gewollt und provoziert ist. Die Unis sollen und müssen diese Module kostenpflichtig anbieten, um mit diesem Geld die Grundausstattung zu finanzieren, die sie für die steigenden Studierendenzahlen brauchen. Denn dafür stellt der Staat keine ausreichenden Mittel bereit. In einem reichen Land wie Deutschland mit den höchsten Ansprüchen an Wettbewerb und Wissensgesellschaft wird dort gespart, wo eben dieses Wissen und die Wettbewerbsfähigkeit der Zukunft entstehen sollten: an den Unis. So verzocken wir die Zukunft der jungen Generation in der Tat.

So, wie Hochschulen heute funktionieren, stehen sie vor dem Problem, dass sie nicht mehr ausschließlich auf eine Elite ausgerichtet sind, die dank guter schulischer Leistungen und besonderer Motivation und Befähigung ein Studium absolviert. Heute ist die Studentenschaft vielfältiger. Das ist bildungspolitisch durchaus ein Erfolg, stellt die Unis aber auch vor Probleme. Viele Professoren haben noch immer Mühe, sich der neuen »Kundschaft« anzupassen. Die, die früher nach der Realschule abgingen (und für Dinge wie »Wissenschaftsethos« und »Gesellschaftsveränderung« in der Regel nicht ansprechbar waren), sitzen heute in den Hörsälen. Die Professoren erwarten aber noch immer von ihnen, dass sie so sind, wie sie selbst als Studierende waren – eben eine engagierte und interessierte Elite. Unis gelten auch in der Gesellschaft noch immer als die

Kaderschmiede der künftigen Führungselite. Aber Studierende sind nicht mehr per se nur die Leistungsfähigsten und Engagiertesten eines Jahrgangs, sondern ein bunter Querschnitt. Und viele sind, das muss man leider so sagen, faktisch nicht studientauglich und hätten eigentlich nichts an einer Uni zu suchen.

Aber ein höherer Bildungsweg für möglichst viele ist eben politisch und wirtschaftlich gewollt. Wenden wir uns also diesen Sphären zu, aus denen Druck auf unser Bildungssystem ausgeübt wird.

6 Höchste Ansprüche von Staat, Wirtschaft und Gesellschaft

Politik: im neoliberalen Taumel

Im Dezember 2018 entbrannte ein heftiger Streit zwischen dem Bund und den 16 Bundesländern. Es ging um den Digitalpakt. Der Bund wollte Schulen mit fünf Milliarden Euro bei der Anschaffung technischer Infrastruktur unterstützen. Auf den ersten Blick war der Widerstand der Länder dagegen schwer nachvollziehbar – schließlich sollten ihre Bildungshaushalte massiv entlastet werden. Aber der Bund wollte Einfluss nehmen auf die Verwendung der Milliarden. Und damit das möglich war, hätte das Grundgesetz geändert werden müssen, das unter dem Stichwort »Kulturhoheit« die Bildungspolitik zur alleinigen Angelegenheit der Länder erklärt und nach einer Verschärfung 2006 die Kooperation zwischen Bund und Ländern in Bildungsfragen weitgehend verbietet. (Allein über das Wort »Kooperationsverbot« schütteln andere Staaten wohl nur ratlos den Kopf.)

Der Chefkommentator der *Süddeutschen Zeitung*, Heribert Prantl, nahm diesen Streit zum Anlass für eine Generalabrechnung mit der deutschen Bildungspolitik:

>> Es ist bezeichnend, dass über den Föderalismus nur noch dann geredet wird, wenn es ums Geld geht. Dann wachen die Länder auf, dann fällt ihnen ein, dass die Schule und die Bildung ihre Sache ist, um die sie sich kümmern wollen und sollen. (…)

Die Länder pochen auf ihr Recht, aber aus dieser Pocherei besteht der Großteil ihrer Tätigkeit. Für große inhaltliche Debatten reicht die Kraft nicht mehr, für die Harmonisierung der 16 Bildungspolitiken der 16 Bundesländer auch nicht. Aus der ureigenen Sache ist so ein ureigenes Chaos geworden: Tausende Lehrpläne und Lernkonzepte unterschiedlichster Art, Tausende Fußangeln, Tausende Inkompatibilitäten.«

Der Föderalismus ist sicherlich nur ein Problemfeld deutscher Bildungspolitik – aber seine Praxis zeigt besonders deutlich, wie wenig sich die zuständigen Politiker um Familien und Kinder scheren. Prantl benennt das Fiasko, das Bürgern täglich das Leben schwer macht, in deutlichen Worten:

 Der real existierende Bildungsföderalismus in Deutschland ist ein fortgesetzter Missbrauch des Föderalismus. Er ist verkommen – er ist eine Qual für Lehrer, Eltern und Schüler. (…) Im Bereich von Schule und Bildung ist er praktizierter Sadismus. Es ist bitter, dass man das als ein Anhänger des Föderalismus konstatieren muss: An diesem real existierenden Bildungsföderalismus ist nicht mehr viel verteidigenswert. (…) In seiner jetzigen Form ist er antiquiert.«[1]

Auch jenseits des pervertierten Föderalismus spaltet eine katastrophale Bildungspolitik unsere Gesellschaft in Gewinner und Verlierer. Das Bildungssystem ist infiziert von neoliberaler Ideologie. Es geht vor allem darum, Steuergelder zu sparen und die Sozialkassen zu füllen. Bildung wird zunehmend zum privatisierten Gut für Wohlhabende. Lehrer, Dozenten und Professoren werden zu Handlangern wirtschaftlicher »Humanverwertung«.

Ein wesentlicher Grund für die Bolognareform um die Jahrtausendwende war die Demografie: Viel zu spät öffnete sich die Gesellschaft damals der Erkenntnis, dass die Babyboomer in absehbarer Zeit in den Ruhestand gehen würden und dass die geburtenschwachen Jahrgänge das Loch in der Renten- und Krankenkasse nicht

würden stopfen können, wenn man keine unzumutbaren Beitragser-
höhungen oder Leistungskürzungen wollte. Also befand man, dass
junge Erwachsene viel früher als bisher beginnen sollten, in die Sozialkassen einzuzahlen – und zwar vor allem die potenziell zahlungs-
kräftigeren Akademiker. Die Konsequenz: eine Verkürzung der
Schul- (G8) und der Studienzeit (Bologna). In der neoliberalen, stark
auf ökonomische Effizienz fixierten Stimmung dieser Jahre akzep-
tierte eine Mehrheit der Gesellschaft diesen Kurs – einschließlich
eines rot-grünen Bundeskabinetts. Und auch wenn G8 Jahre später
aufgrund der unübersehbaren Überlastung der Schüler in den meisten Bundesländern zurückgenommen wurde: Generell machten und
machen Bildungspolitiker, Schulen und Unis das Spiel munter und
unreflektiert mit. Um es zugespitzt zu sagen: Unsere Kinder werden verheizt. Und zwar nicht mal für ihren eigenen künftigen Wohlstand, sondern für den ihrer Eltern.

Und zeitgleich haben sich die Investitionen in die universitäre
Bildung nicht erhöht. Mit nahezu gleichem Input (Bildungsinvesti-
tionen) soll mit Bologna nun ein höherer Output (die besten Akademiker zu entwickeln) produziert werden. Weil niemand es wagt, so-
zialpolitische Reformen anzugehen, sollen die jungen Erwachsenen
das demografische Problem der Überalterung unserer Gesellschaft
lösen. Während die Bolognareformen in der Praxis also weder Abschlüsse aufgewertet noch die Qualität der Lehre verbessert haben,
hat der Staat sein wichtigstes Ziel erreicht: Kostenintensive Lang-
zeitstudierende sind aus den Unis verschwunden und junge Erwachsene, denen für die Berufslaufbahn oft noch die Reife fehlt, zahlen
bereits mit 20 jeden Monat in die Steuerkassen ein.

Aber kommen wir zurück zur Bildungspolitik im engeren Sinne. Die
Lehrerin einer Abiturklasse sieht sich regelmäßig mit Vorwürfen wegen des Versagens der Schulen konfrontiert und fühlt sich von der Politik im Stich gelassen, weil diese sich um ihre Verantwortung drückt:

>> Ich bin diese Schuldzuweisungen gewohnt. Das gehört zu mei-
nem Beruf wie das morgendliche Aufstehen. Gewöhnen werde

ich mich aber nicht daran, dass wir als Lehrer von unseren übergeordneten Behörden alleinegelassen werden. Sie wollen von unseren Problemen mit den Schülern nichts wissen, allein aus dem Grund, dass sie sich dafür vor der ihnen übergeordneten Behörde rechtfertigen müssten, die wiederum eine Ebene höher zugeben müsste, dass sie ihre Schulen nicht im Griff habe. Dass wir die Gören nicht in den Griff bekommen, liegt nicht an uns, sondern an einer immer weiter auseinanderdriftenden Gesellschaft.«

Das Problem beginnt aber schon bei der Praxistauglichkeit sowie der Anwendung und Auslegung der Schulgesetze. Nordrhein-Westfalen beispielsweise räumt Lehrern durchaus disziplinarische Möglichkeiten im Umgang mit renitenten Schülern ein, wofür sie in der schulischen Praxis aber immer weniger Unterstützung erhalten. Eine Lehrerin einer zehnten Klasse berichtet:

 Wenn ich jemanden aus der Klasse vor die Tür stellen möchte, weil er dauerhaft den Unterricht stört, darf ich das zwar, anschließend muss ich aber zum Rektor und mich rechtfertigen, warum ich die Klasse nicht im Griff habe.«

Eine Befragung von Lehrern durch die Vodafone Stiftung hat ergeben, dass Lehrer wenig Vertrauen in die unterstützende oder lenkende Funktion der Schulverwaltungen haben.[2] Die Mehrzahl der Lehrer hält die Vorgaben der Behörden für »nicht praxistauglich«. Der Druck auf dem Kessel wird nicht nur durch wild gewordene und streitsüchtige Eltern verursacht, sondern auch durch die Passivität und Blindheit der Verantwortlichen. In den Schulbehörden tummeln sich häufig ehemalige Lehrer, die sich zu »Höherem« berufen fühlen und eine pseudobedeutsame Metasprache pflegen[3], die von erfahrenen Lehrern nur belächelt wird. Da ist im Berliner Rahmenlehrplan für das Fach Deutsch zum Beispiel von »fachbezogener Grunddimension der Lernentwicklung« oder von »fachgebundenen Leistungsdispositionen« die Rede, womit weder die Lehrer noch die Schüler etwas anfangen können.

Und dass Schulen heute (ebenso wie Unis) mehr und mehr nach marktwirtschaftlichen Gesichtspunkten geführt werden, um mittels Schaffung einer »Marke« oder eines Alleinstellungsmerkmals (Digitale Schule, Reformschule, Innovationsschule o. Ä.) ihre Reputation zu erhöhen, lässt sie wegen des zu erwartenden öffentlichen Echos und des Negativimages oft auch zögern, wirklich wirksam gegen Probleme mit der Disziplin vorzugehen.

Ein grundsätzliches Dilemma liegt auch darin, dass die Politik stets schnelle Ergebnisse will und deshalb dazu neigt, hektisch herumzudoktern und eine Bildungsreform nach der anderen ins Werk zu setzen, während Bildungseinrichtungen doch vor allem Ruhe und langfristige Planbarkeit brauchen. Durchaus dauerhaft allerdings ist ein bildungspolitisches Mantra der letzten Jahre: das von der Bedeutung der Bildung, die sich im Wort von der »Bildungsrepublik« ausdrückt. Leider ist das Motiv hierfür meist kein humanistisches, sondern ein volkswirtschaftliches: Nur eine breite Bildung bringe Wachstum – und das ist die wichtigste Richtgröße einer durchökonomisierten Gesellschaft. Aber selbst wenn man die Prämisse akzeptiert, wonach Bildung vor allem aus ökonomischen Gründen wichtig sei: Stimmt es überhaupt, dass mehr Bildung gleichbedeutend ist mit mehr Wachstum und Wohlstand?

Die französische Bildungssoziologin Marie Duru-Bellat hat schon 2006 festgestellt, dass es keinen erkennbaren Zusammenhang gibt zwischen der Liberalisierung von Bildungszugängen und der Zunahme höherer Schulabschlüsse einerseits und wirtschaftlichem Wachstum oder der Senkung von Jugendarbeitslosigkeit andererseits.[4] Im historischen Rückblick zeigt sich jedenfalls, dass die Verkürzung der Schulzeit in Frankreich (Abitur nach zwölf Jahren) seit den 1970er-Jahren sogar mit steigender Jugendarbeitslosigkeit einherging: Seit Jahren liegt die Erwerbslosigkeit in der 15 bis 24 Jahre alten Bevölkerung zumeist über 20 Prozent und damit mehr als doppelt so hoch wie in Deutschland. Auch in den Vereinigten Staaten hat die Akademisierung längst einen kritischen Wert überschritten. Von den etwa 70 Prozent eines Jahrgangs, die ein Studium am

College beginnen, hat im Alter von 25 Jahren nur etwa die Hälfte tatsächlich einen Abschluss erreicht. Und von diesen Absolventen ist wiederum etwa die Hälfte arbeitslos, oder sie arbeiten in Jobs, die nicht ihrem formalen Ausbildungsstand entsprechen, so der Bildungsforscher Rainer Bölling.[5] Österreich und die Schweiz hingegen haben die niedrigsten Abiturientenquoten – und bei ihnen ist die Jugendarbeitslosigkeit schon seit Jahren so niedrig wie in Deutschland heute, ihr Pro-Kopf-Einkommen liegt sogar deutlich höher.

Für den volkswirtschaftlichen Ertrag der Akademisierung könnte man, wenn man überhaupt einen kausalen Zusammenhang herstellen will, mit Bezug auf die hier betrachteten europäischen Staaten also eher sagen: Je höher die Abiturientenquote, desto höher die Jugendarbeitslosigkeit und desto niedriger das Volkseinkommen. Das wäre das Gegenteil dessen, was die OECD und die Kultusministerkonferenz seit Jahren verkünden. Es war und ist auf jeden Fall ein Irrweg, die Abiturienten- und Akademikerzahlen ohne Rücksicht auf die Qualität der Ausbildung und der Abschlüsse zu steigern. Neoliberale Bildungspolitik genügt nicht einmal ihren eigenen Ansprüchen.

Auf einem anderen Blatt steht die Frage, ob möglichst hohe Bildung für möglichst viele aus Gründen des Menschenbilds angestrebt wird und nicht um höherer Wachstumsraten willen. Aber wenn das wirklich das handlungsleitende Motiv der Bildungspolitik wäre, dann wäre unser Bildungssystem deutlich humaner und würde mit einem Bruchteil des heutigen Drucks auskommen.

Ein Beispiel für das Versagen des Staates ist die Entwicklung der Bildungsausgaben. Wie erwähnt, sind sie in den letzten Jahren nur sehr gering gestiegen und bleiben im europäischen Vergleich stets unter dem OECD-Durchschnitt – trotz seit Jahren sprudelnder Steuereinnahmen. Die OECD hat in ihrem Bildungsbericht von 2015[6] darauf hingewiesen, dass die Bildungsausgaben in Deutschland mit 4,3 Prozent des Bruttoinlandsprodukts weiter deutlich unter dem OECD-Mittel von 5,2 Prozent liegen. Das bekommen nicht nur in einem besonderen Maße die deutschen Grundschulen zu spüren, deren Lehrermangel mit 35 000 freien Lehrerstellen bis 2025[7] als eklatant zu bezeichnen ist. Auch die Hochschulen sehen sich, wie in Kapitel 5 gezeigt, zu einer Kommerzialisierung akademischer Leistungen gezwungen, weil Steuergelder gespart werden sollen. Für eine Regierung, die die Bedeutung der Bildung gern betont, ist es ein Armutszeugnis, das wichtigste Zukunftsfeld in dieser Weise sich selbst beziehungsweise dem »freien Markt« zu überlassen. Die neoliberale Marktideologie hat uns vergessen lassen, dass Bildung ebenso wie Sicherheit, öffentlicher Verkehr und die Versorgung mit Wasser, Strom und Gas ein öffentliches Gut sein sollte, das in der Hand des Staates liegt und dort auch gut aufgehoben ist.

Bachelor für alle?

Der Anlass dafür, dass Bundeskanzlerin Merkel 2012 die »Bildungsrepublik Deutschland« ausrief, war ein Gutachten der sechs sogenannten »Bildungsweisen«, also der »Expertenkommission Forschung und Innovation«.[8] Sie schlugen damals Alarm: Deutschland würden, wenn nicht gegengesteuert werde, die Akademiker ausgehen, weil die Verrentung vieler Akademiker unmittelbar bevorstehe. Die Handlungsempfehlung lautete: Deutschland solle schnellstmöglich die Universitäten für anspruchsvolle Weiterbildungen von Auszubildenden und älteren Arbeitnehmern öffnen. Studieren auch ohne Abitur solle problemlos möglich werden, sonst drohe »der Innovationsstandort Deutschland Schaden zu nehmen (…)«, so der Bericht.

Eine von »Bildungsweisen«, OECD und Kultusministerkonferenz seit 20 Jahren gepflegte Untergangsrhetorik hat der Politik erfolgreich Angst um den Wirtschaftsstandort gemacht. Und die Regierungen handeln seitdem nach der Maxime, dass Deutschland zum führenden Akademikerland in Europa werden solle. In den Landesministerien wälzt man Ideen, wie man die Akademikerzahlen dauerhaft erhöhen könne. Die Instrumente sind einfach: Aufweichung und Abschaffung von Zugangsbarrieren (Abitur) und Absenken der Leistungsanforderungen und der Anzahl von Prüfungsleistungen an den Unis. Die Verkürzung von Abitur- und Studienzeiten (G8, Bachelor, Master), der Hochschulzugang für Nichtabiturienten und die Vereinfachung des Prüfungswesens (Modularisierung, softe Prüfungsformen) sind zum Alltag in der Bildungsrepublik Deutschland geworden. Ob der Output auch den Erwartungen an künftige Führungskräfte entspricht, ist offenbar von geringem Interesse. Die Qualität von Lehre und Forschung ist zum Stiefkind der Bildungspolitik geworden.

Weil aus der alten sozialdemokratischen Devise »Wohlstand für alle« in Zeiten der Wissensgesellschaft zuerst das Ziel »Abitur für alle« und schließlich die Parole »Studienabschluss für alle« geworden ist, haben die Unis heute ein Problem, das sich auf die Formel »Elite vs. Masse« bringen lässt: Viele Studierende bedeuten zwangsläufig eine Senkung des Niveaus, weil man sich an den Schwächeren ausrichtet. Die notwendigen und gewünschten Ergebnisse – ein fähiger und umfassend ausgebildeter Führungsnachwuchs für unser Land – lassen sich nur mit weniger Studierenden erreichen, also einer strengeren Auslese. Nicht umsonst haben die Unis, die streng aussieben, wie zum Beispiel die LMU in München, den besten Ruf.

Ich gebe zu, dass ich angesichts dieser Frage selbst in einem Dilemma stecke. Als Professor und Wissenschaftler bin ich an weniger und dafür besseren Studierenden interessiert. Aber politisch ist mir der für den Kapitalismus typische Auswahlmechanismus unsympathisch, und ich will, dass auch junge Leute aus weniger bevorzugten Elternhäusern bei entsprechender Begabung und Motivation eine Chance auf ein Studium haben. In der Realität jedoch kommt eine höhere Ausbildung überdurchschnittlich häufig für Kinder gut gebildeter Eltern in Betracht; und diese Eltern sind wegen ihrer Qualifikation in der Regel auch wohlhabender als andere.

Allerdings darf man die Bedeutung der Herkunft für den Bildungserfolg auch nicht überschätzen. Laut PISA-Studie von 2015 sind rund 16 Prozent der Leistungsunterschiede deutscher Schüler auf »sozioökonomische Faktoren wie Herkunft und Bildung der Eltern zurückzuführen«[9]. Das bedeutet aber auch: Zu fünf Sechsteln haben sie andere Gründe. Von daher kann man sich fragen, wie gerechtfertigt reflexhafte Vorschläge sind, in Reaktion auf die ungleichen Bildungschancen, die Ganztagsbetreuung und die digitale Bildung auszubauen, wie es zum Beispiel der bildungspolitische Sprecher der SPD-Bundestagsfraktion Oliver Kaczmarek im Oktober 2018 forderte – beides trage dazu bei, den Wohlstand zu sichern. Die Frage, was das für Familien und Kleinkinder bedeutet, fällt bei dieser ökonomistischen Betrachtungsweise allerdings leicht unter den Tisch.

Laptop und Smartboard als Allheilmittel?

Kommen wir noch einmal zum Beginn des Kapitels zurück, dem Streit um den Digitalpakt. In der Aufregung über das Beharren der Länder auf ihrer Bildungshoheit kam fast die Frage zu kurz, wie zielführend die Fixierung der Politik auf eine Digitalisierung des Schulunterrichts eigentlich ist. Müssen unsere Kinder wirklich vorratshalber schon mal Programmieren lernen, weil die »Industrie 4.0« vor der Tür steht? Und vor allem: Ist ein Unterricht mithilfe elektronischer Geräte wirklich besser als ein zugewandter Lehrer?

In meinem Buch *Die Lüge der digitalen Bildung*[10] habe ich diese Fragen ausführlich behandelt. Dass ich mit meiner Skepsis eine Minderheitsposition vertrete, durfte ich im Herbst 2018 bei einer Bundestagsanhörung zum Digitalpakt erleben – ich war der einzige Experte, der nicht pauschal »Halleluja« rief; und auch unter den Abgeordneten des Ausschusses für Digitale Bildung waren nur wenige, die grundsätzliche, pädagogisch begründete Zweifel am E-Learning erkennen ließen. Der Druck aus der Wirtschaft und seitens der OECD hat eine enorme Angst geschürt vor der globalen Konkurrenz. Fast alle Akteure sind davon überzeugt, dass Deutschland nur dann nicht abgehängt wird, wenn wir alles digitalisieren, was nicht bei drei auf dem Baum ist.

Natürlich können digitale Programme für bestimmte Lernsituationen nützlich sein. Im aktuellen Digitalisierungsrausch fehlt es aber an einer Differenzierung der Zielgruppen. Schüler, die das Selbstlernen bereits beherrschen, können davon profitieren – die anderen aber brauchen viel dringender persönliche Betreuung und Bindung statt Tablets.

Dasselbe gilt auch für die Unis. Für das autodidaktische Auswendiglernen benötige man, so der Glaube vieler Studierender, nicht zwingend einen Dozenten, das funktioniere auch mit YouTube-Videos und ähnlichen digitalen Medien. Das spielt den aggressiven politischen Bestrebungen in die Karten, eben dieses rein formale, nicht verständnisorientierte Lernen mithilfe digitaler Technologien in den nächsten Jahren massiv voranzutreiben. Denn dann kann man den teuren Ausbau der Lehrkräfte ad acta legen. Damit wird den Studierenden aber nach und nach die Chance genommen, in der Kommunikation mit realen Menschen soziale Fähigkeiten, Kommunikation, Empathie und kritisches Denken zu erproben.

Wirtschaft: Lesen Roboter Goethe?

Laut Weltwirtschaftsforum vom Oktober 2018 sind deutsche Unternehmen »risikofreudig und kreativ« und damit Weltspitze beim Thema Innovation.[11] Darauf beruht der wirtschaftliche Erfolg unseres Landes. Tugenden wie Eigeninitiative, Einsatzbereitschaft und Selbstständigkeit sind für die deutschen Unternehmen besonders wichtig. Aber bringt auch die Bolognageneration diese Eigenschaften mit in die Firmen? Oder ist der Erfolgsgarant der deutschen Wirtschaftskraft, nämlich die Qualität, ernsthaft bedroht? Spielen wir momentan mit unserer Zukunft als Exportweltmeister?

Tatsache ist, dass Unternehmen immer mehr Bewerber anschauen müssen, um gute Leute zu finden. Als Erstes fällt ihnen häufig die Unreife auf – vor allem bei den G8-Absolventen, denen eben ein Jahr der Persönlichkeitsentwicklung fehlt. Wenn dann die persönliche Unreife junger Menschen auf überzogene Erwartungen der Wirtschaft trifft, wird es schwierig. Wie bereits ausgeführt, kommt in den Köpfen der Personaler erst allmählich an, dass ein absolviertes Studium nicht mehr dasselbe bedeutet wie vor Bologna, sondern dass sie es mit sehr jungen Menschen zu tun haben, denen es an Lebenserfahrung fehlt und die dazu noch oft unzureichend ausgebildet sind.

Paradox dabei ist: Ausgerechnet die unfähigste Absolventengeneration aller Zeiten hat die besten Chancen auf eine Stelle und einen Karriereeinstieg. Ein böser Spruch, den eine Personalchefin mir dazu zitierte, lautet: »Gefaulenzt, nur eine Drei geschafft? Egal, wirst trotzdem Führungskraft.« Aus schierer Not stellen die Unternehmen auch Leute ein, die vor zehn oder 20 Jahren noch keine Chance auf eine Stelle gehabt hätten. Die Frage ist nur, was das für die Zukunft bedeutet. Sind die zwar gut bezahlten, aber überforderten jungen Mitarbeiter zufrieden? Und sind es die Unternehmen? Und sind es vor allem ihre Kunden? Die Bedrohung für den Wirtschaftsstandort Deutschland sinkt ja nicht dadurch, dass tendenziell unfähige Leute trotzdem eingestellt werden – eher im Gegenteil. Um es klar zu sagen: Von Luschen, die in Führungspositionen gelangen, ist in der Regel keine echte, produktive Innovation zu erwarten. Sie werden sich in ihrem unverhofft gewonnenen Status und damit im status quo einrichten. Risikofreude, Kreativität und Innovation als wichtigste Produktionsfaktoren der deutschen Wirtschaft? Bei ihnen sicher Fehlanzeige.

Das bestätigt ein Gespräch mit einer Geschäftsführerin einer Lebensmittelfabrik. Sie erzählte, dass die Mitglieder der Führungsebene alle so um die Mitte, Ende 50 seien – und ratlos beobachteten, dass niemand aus der nachfolgenden Generation interessiert sei, in diese Führungspositionen hineinzuwachsen. Auch die dafür geeigneten Leute wollten nicht, sondern verkürzten eher ihre Arbeitszeit oder nähmen Sabbaticals. Ihnen seien Familiengründung, mehr Achtsamkeit, eine bessere Work-Life-Balance wichtiger als Karriere. Und ganz offensichtlich schauten sie sich sowohl ihre ständig gestressten Eltern als auch ihre Vorgesetzten an und sagten sich: »So will ich nicht leben.«

Zugespitzt gesagt: Auch die für Führungspositionen begabten Jüngeren nehmen also in Kauf, dass die Spitzenpositionen in zehn bis 15 Jahren von 70-Jährigen und entsprechend rückständigen und unflexiblen Senioren ausgefüllt werden und dass die Strukturen, in denen sie gerne »nur mitschwimmen« wollen, allmählich vor die Hunde gehen. Gestaltungswille? Fehlanzeige!

In weiteren Gesprächen mit Personalentscheidern ist deren Verwunderung über die mangelhaften Fähigkeiten der Uniabsolventen ein permanentes Thema. Vor allem irritiert sie, dass der Notendurchschnitt von Jungakademikern in den letzten Jahren zwar gestiegen ist, die konkreten Umsetzungsfähigkeiten hingegen spürbar nachgelassen haben. Ein Personalberater (»Headhunter«), der spezialisiert ist auf die Vermittlung von Hochschulabsolventen in die Industrie, berichtet:

 Es wird immer schwieriger für uns, geeignetes Nachwuchspotenzial an Unternehmen zu vermitteln. Und wenn es doch mal klappt, rufen unsere Kunden oft nach ein paar Wochen an und fragen, was wir ihnen denn da geschickt hätten. Immer wieder kommt das Feedback, dass die Hochschulabsolventen die einfachsten Sachen nicht können: Guten Morgen sagen, Dreisatz ohne iPhoneApp anwenden, orthografisch und grammatikalisch fehlerfreie Präsentationen vorbereiten. Und ein Interesse an dem, was ihr Unternehmen eigentlich tut und wie es am Markt dasteht, existiert oft nicht. Wir machen daher seit Kurzem mit jedem Bewerber, der in unsere Vermittlung kommt, vorher einen Persönlichkeitscheck, um zu helfen, die Kündigungsquote kurz nach Einstellung zu verringern.«

Dass junge Akademiker offenbar tatsächlich nicht so richtig einsatzfähig sind, haben Forscher des Hochschul-Informations-Systems (HIS) ermittelt. Obwohl 83 Prozent der angehenden Akademiker während des Studiums ein Praktikum oder ein Praxissemester absolvieren, strauchelt jeder Zweite im ersten ernsthaften Job: »Knapp die Hälfte der Absolventen fühlt sich beim Berufseinstieg völlig überfor-

dert«, sagt HIS-Mitarbeiter Kolja Briedis im *Spiegel*-Interview.[12] Das
war vor zehn Jahren so und das ist heute noch so. Den Kulturschock
bei Berufseinstieg kennen wohl viele, die nach Schule und Uni direkt
in den Job gegangen sind. Die Erkenntnis, dass 90 Prozent des an
der Uni Gelernten im Job nicht eingesetzt werden können und nicht
gebraucht werden, hat noch jeden Hochschulabsolventen nach dem
Einstieg in die Berufswelt ereilt.

Aber etwas hat sich trotzdem verändert: Die früheren Generationen haben anerkannt, dass das Defizit bei ihnen lag, und sich durch-
gebissen. Sie haben alles in die eigene Entwicklung gesetzt, um den
Anforderungen zunächst gerecht zu werden und sie später möglichst
selbst mitgestalten zu können. Diese Bereitschaft, aus eigenem Antrieb an sich zu arbeiten und Rückschläge zu verdauen, ist heute
nicht mehr selbstverständlich. Junge Angestellte erwarten, dass das
Unternehmen sie an die Hand nimmt und durch die Anfangszeit
lotst. Große Unternehmen können sich darauf einstellen; sie haben
inzwischen Volontariate und »Training-on-the-Job«-Programme, die
den Schock ein wenig abfedern. Aber in mittelständischen Unternehmen gibt es solche Programme nicht. Ein Mittelstandsunterneh-
mer erklärt, warum: »Das ist vor allem eine Ressourcenfrage. Unsere
Personalabteilung ist ja keine Personalentwicklung, wie es sie in großen Unternehmen gibt, und so etwas zu installieren, wäre einfach zu
kostspielig.«

Nun ist aber gerade der Mittelstand mit seinen über 39 Millionen
Beschäftigten (Stand 2017)[13] der Jobmotor und Ausbilder der deutschen Wirtschaft. Und hier offenbaren sich die Defizite der Absolventen im praktischen Verständnis von Aufgaben und deren Verrich-
tung am stärksten, weil die Arbeitspraxis viel weniger akademisiert
ist als in Großunternehmen, die oft behördenhafte Strukturen aus-
bilden. Vor allem im Mittelstand rächt sich der fehlende Praxisbezug des Studiums. Bachelorabsolventen sind häufig überfordert davon, dass ihre Aufgaben in der Praxis wenig Ähnlichkeit haben mit
der akademisierten, abstrakten Version, die sie während des Bachelorstudiums pauken mussten. Sie kommen erschöpft vom Studium,
aber dennoch schlecht vorbereitet auf die Abläufe an einem echten

Arbeitsplatz in den Unternehmen an. Die erfahrene Personalchefin eines großen Mittelstandsunternehmens:

》》 Ein Absinken der tatsächlichen Leistungsbereitschaft ist eindeutig festzustellen. Schaue ich mir die Studenten und Absolventen der letzten Jahre und Jahrzehnte an, stelle ich fest, dass ich heute immer mehr gestressten Menschen gegenübersitze, die trotz nicht mal durchschnittlicher Leistung total geschafft sind.«

Die regelmäßigen Umfragen des Deutschen Industrie- und Handelskammertages bei seinen Mitgliedsunternehmen zeigen, wie die Zufriedenheit mit jungen Uniabsolventen sich entwickelt. Während 2007 noch 67 Prozent aller Firmen mit der Qualität der Absolventen zufrieden waren, betrug diese Zufriedenheit 2011 nur noch 63 Prozent. Und 2015 waren nicht einmal mehr die Hälfte der rund 2000 befragten Unternehmen zufrieden mit den Fähigkeiten der Bachelor-Berufseinsteiger.[14]

Manche Unternehmen und Wirtschaftsverbände ziehen daraus übrigens den Schluss, sie müssten direkteren Einfluss auf das Studium nehmen. Ein heikles Thema. Natürlich ist ein besserer Austausch zwischen Hochschulen und Wirtschaft nötig, damit Lernen praxisorientierter wird und Studierende nicht mehr das lernen müssen, was sie im Job niemals brauchen – während vieles Anwendbare nicht gelehrt wird, das sie bräuchten. Aber es sollte tabu sein, dass Unternehmen den Unis Lehrinhalte diktieren. Denn diese müssen weiter wissenschaftlichen Standards entsprechen statt unmittelbaren Verwertungsinteressen. Nehmen wir ein Beispiel:

Ein großes Unternehmen sucht mit einer eindrucksvollen Delegation den Rektor einer Universität auf und teilt ihm mit: »Wir brauchen Entwickler. Und zwar mehr, als ihr momentan ausbildet. Wenn ihr das ausweitet, schicken wir euch die Studierenden aus unserem Unternehmen zum Studieren. Dann habt ihr mehr Studierende, kriegt also mehr staatliche Zuschüsse.« Wenn der Rektor daraufhin spurt und – schon wegen der finanziellen Sach-

zwänge – alle Hebel in Bewegung setzt, ist eine Grenze überschritten. Denn erstens ist das direkte Industriepolitik mit öffentlichen Mitteln, und zweitens sorgt das Unternehmen dafür, dass
der Studiengang jetzt (auf Kosten des Steuerzahlers) besser finanziert ist, und erwartet dafür, nun auch Einfluss auf die Inhalte und Methoden zu nehmen. Die Uni gibt also ihre ureigene Ho-
heit darüber ab.

Die von der Wirtschaft beklagten Defizite betreffen aber nicht nur
die fachlichen Fähigkeiten, sondern auch die sogenannten »Soft
Skills«. Deren Bedeutung für den beruflichen Erfolg steigt ständig.
Die Umfrage eines renommierten Personalinstituts bei 297 Personalentscheidern ergab, dass Kommunikationsbereitschaft und Teamfä-
higkeit heute ebenso wichtig sind wie Leistungsbereitschaft.[15] Viele
Unternehmen schauen inzwischen sogar nur noch auf die Persönlichkeit, also auf Kritikfähigkeit, Kreativität etc. – mit dem Argument,
dass man fachliche Lücken durch Weiterbildung schließen, aber
charakterliche Schwächen nicht nachträglich beheben kann. Und
auch der Deutsche Industrie- und Handelskammertag hat in seiner bereits zitierten Studie festgestellt, dass persönliche Kompetenzen heute entscheidender sind denn je.[16] Damit sind neben den oben
genannten unter anderem Eigenschaften gemeint wie Leistungsbereitschaft, Belastbarkeit, Disziplin, Begeisterung und Leidenschaft,
aber auch Empathie und Umgangsformen. Solche »Selbstfähigkeiten« fehlen oft, weil junge Menschen die Erfahrung der Selbstwirksamkeit nicht ausreichend machen konnten – ich habe im Kapitel 3
darüber geschrieben.

Unternehmen beklagen oft die fehlende Eigenständigkeit und
Motivation bei jungen Absolventen und Bewerbern. Ihnen fehle die
Bereitschaft, ihre Wissenslücken eigenständig zu schließen – etwa
indem sie erfahrene Kollegen um Rat und Hilfe bitten. Dafür bedarf
es sozialer und kommunikativer Fähigkeiten. Unternehmen erwarten von ihren jungen Mitarbeitern aber auch, dass sie sich für neue
Aufgaben motivieren und sich diese selbstständig aneignen können,
um selbsttätig und möglichst ohne wiederholte Unterstützung eigen-

ständig handeln zu können. In der Unternehmenspraxis ist es wichtig, dass man sich nach überschaubarer Einarbeitungszeit darauf verlassen kann, dass ein Mitarbeiter seine Aufgabe allein und dennoch zuverlässig und in der erforderlichen Geschwindigkeit meistert. Der Geschäftsführer einer Werbeagentur in Frankfurt am Main erlebt aber regelmäßig das Gegenteil:

 Die Jungakademiker sitzen nach Wochen noch da und warten, dass man ihnen die einfachsten Aufgaben immer wieder erklärt. Sie wirken lustlos, wenn es mal schwierig wird, und sie haben vor allem Angst, Fehler zu machen. Sie trauen sich nichts zu. Aus meinem Studium Anfang der 90er-Jahre habe ich vor allem mitgenommen, mich in neue Themen schnell einzuarbeiten und theoretisches Wissen mit praktischen Anforderungen zu verknüpfen. Doch bevor ich heute erstmals Ergebnisse kommuniziert bekomme, habe ich in der ersten Woche der Probezeit den ersten Urlaubsantrag für den Besuch eines Konzertes auf dem Tisch. Das wäre in meinen ersten Jobs undenkbar gewesen.«

Ein häufiger Kritikpunkt ist auch, dass jungen Leuten die Motivation zur fortschreitenden Verbesserung sowie die Leidenschaft zur Perfektion fehlt – Eigenschaften, die für das »Made in Germany« von elementarer Bedeutung sind. Dass Engagement auch dann Pflicht ist, wenn die Arbeit mal keinen Spaß macht und eine Aufgabe nicht zu den eigenen Interessen passt, ist vielen fremd. Und erst recht fehlt vielen die Lust, Führungspositionen und Verantwortung zu übernehmen. Kein Wunder: Wessen Handeln vom Bestreben geprägt ist, Fehler zu vermeiden, der meidet größere Verantwortung wie der Teufel das Weihwasser. Weil »Verantwortung« reduziert wird auf »Wer ist schuld?«. Und bei vielen kommt die ganz pragmatische Einstellung dazu, dass eine Führungsposition Zeit und Nerven kostet, was sich negativ auf das Privatleben auswirkt. Viel zu anstrengend für die gestressten Generationen Y und Z.

Apropos Stress und Anstrengung: Dramatisch wird es aus Unternehmenssicht auch, wenn man sich die gesundheitliche Perspektive der jungen Menschen anschaut. Selbst wenn ein Mittelständler einen engagierten und fähigen, also den vermeintlich richtigen Mitarbeiter gefunden hat, besteht die Gefahr, dass dieser infolge seiner Überforderung bald die Segel streicht. Bei Nichtakademikern nimmt die Häufigkeit psychischer Erkrankungen mit dem Alter ab, bei Akademikern hingegen nimmt sie zu[17] – Stichwort »Burn-out«. Solche Statistiken alarmieren Unternehmen, denn jede Krankschreibung bedeutet für sie ganz nüchtern: Kosten.

Ein Charakteristikum heutiger Bewerber um ihre erste Stelle ist der hohe Stellenwert der Work-Life-Balance. Eine Personalverantwortliche erzählt verwundert von den typischen Gesprächen mit Bachelor- oder Masterabsolventen:

>> Die erste Frage gilt meist der Work-Life-Balance und der Anzahl von Urlaubstagen und Sonderfreizeiten. Wenn es anschließend um die Arbeitsinhalte geht, haben sich die meisten bereits innerlich verabschiedet. Ich habe den Eindruck, sie denken, wir seien ein karitativer Freizeitpark.«

Die Irritation über die Prioritäten der Bewerber zieht sich durch praktisch alle Unternehmen. Wer einen frischen Bachelorabsolventen einstellen möchte, muss damit klarkommen, dass sehr früh gefragt wird, wann er oder sie erstmals Urlaub nehmen kann, wie es mit flexibler Arbeitszeit und mit kostenlosen Weiterbildungsangeboten aussieht. Theoretisch bezeichnen sich viele als leistungsbereit und belastbar, aber wenn über konkrete Leistungsanforderungen und flexible Einsatzmöglichkeiten oder gar über temporäre Überstunden gesprochen wird, schalten sie schnell den Rückwärtsgang ein und machen deutlich, dass sie sich »Arbeit« so nicht vorgestellt haben. Diese Veränderung ist vor allem für den Mittelstand ein Problem, dessen Personaldecke oft auf Kante geschnitten ist und der Auftragsspitzen oft nicht ohne Überstunden bewältigen kann.

> Typisch für die veränderte Mentalität ist die Vertragskündigung eines jungen Bewerbers bei einer Agentur, die er noch vor seinem Dienstantritt schickte: »Einer der ausschlaggebenden Gründe war mein Eindruck der Work-Life-Balance, mit der ich mich nicht hundertprozentig in Ihrem Unternehmen identifizieren konnte.«

Abgesehen von der geschraubten Formulierung und der fehlerhaften Wortstellung: Ist das jetzt ein Zeichen für richtige Prioritäten oder dafür, dass da jemand den Schuss nicht gehört hat? Ist das jetzt cool oder skandalös? Klar ist, dass Unternehmen mit der Mentalität »Private Lebensqualität geht vor Arbeitsleistung«[18] immer noch ein Problem haben. Zum einen ist diese Prioritätensetzung vielen Älteren fremd. Sie sind mit der kapitalistisch-protestantischen Logik aufgewachsen, dass man erst etwas leisten muss, bevor man sich etwas leisten kann. Und diese Älteren haben es oft zu etwas gebracht, sitzen also in den Entscheiderpositionen. Zum anderen ist es gerade für kleinere Unternehmen ein ganz handfestes Problem, wenn Mitarbeiter sich nur mit angezogener Handbremse engagieren.

Zugleich ist eine Haltung, die zum Beispiel Familie und Beruf für beide Geschlechter besser vereinbaren will, gesellschaftspolitisch zu begrüßen. Möglicherweise muss man also die Frage »cool oder skandalös?« differenziert beantworten. Für Eltern ist eine verbesserte Work-Life-Balance absolut sinnvoll und nötig – für Singles hingegen ist der Begriff nach Ansicht der Autorin Evi Hartmann oft nur eine »Tarnung für Leistungsverweigerung«[19]. Wenn etwa ein junger, erst kürzlich eingestellter Mitarbeiter seinem Chef während einer für alle erkennbar höchst angespannten Auftragsspitze ungerührt mitteilt, er werde ab morgen früh für zwei Tage Überstundenausgleich nehmen, weil er ein Konzert besuchen werde und am folgenden Tag ausnüchtern müsse, dann zeugt das eher von fehlender Empathie und Motivation als von legitimem Widerstand gegen Ausbeutung.

Was man aber ganz sicher sagen kann: Momentan können Mitarbeiter sich die Stellen zwar aussuchen und entsprechende Ansprüche an Freizeit etc. stellen. Aber wenn sich die konjunkturelle und die demografische Situation einmal ändern und die Unternehmen wieder am längeren Hebel sitzen, könnte es ein »Rollback« geben. Und diese »Rache« der Unternehmen an der »Generation Freizeit« würde dann ungerechterweise die nächste Generation treffen.

Wie also muss die Personalführung der Zukunft aussehen? Geht man nach der momentanen Situation, kann sie nicht mehr autoritär-hierarchisch sein. Die Älteren müssen auf die Jüngeren zugehen – sonst sind die nach spätestens einem Jahr weg. Die polemische Bemerkung, Unternehmen seien doch keine Wärmestuben für eigentlich unfähige Uniabsolventen und hätten schließlich keine Erziehungsaufgabe, geht angesichts der Fakten ins Leere. Unternehmen werden künftig manchmal die ersten Orte sein, wo junge Menschen Halt finden. (Das kann positiv sein – aber zugleich unterwirft es den »Menschenbildungsprozess« auch einer unmittelbar unternehmerisch-ökonomischen Logik.) Der Erziehungswissenschaftler Klaus Hurrelmann hat die geänderten Anforderungen an Unternehmen auf den Punkt gebracht:

 Für Ausbildungsbetriebe, Hochschulen und Unternehmen ergeben sich erhebliche Herausforderungen. Sie sollten alles tun, um Partizipation und gute soziale Einbindung anzubieten, das Leben in Diversität als Gewinn erfahrbar zu machen und sensibel auf Konflikte und Spannungen zu reagieren. Sie sollten deutlich machen, dass jedes einzelne Mitglied der jungen Generation willkommen ist. Für Ausbilder und Vorgesetzte heißt das, sie müssen immer den Sinn, das Warum jedes wertorientierten Verhaltens vermitteln. Für die Hochschulen gilt das sinngemäß ebenso.«[20]

Also ja: Nachdem Eltern, Schulen und Universitäten den Erziehungsauftrag immer höher nach oben weitergereicht haben, liegt er künftig partiell bei den Unternehmen – ob sie das wollen oder nicht.

Auch das Führungsverständnis der Unternehmen, das sich in den vergangenen Jahren stark verändert hat, muss vermutlich erneut überdacht werden. Führungskräfte leiten Mitarbeiter heute nicht mehr in den fachlichen Dingen an, sondern erwarten von ihnen, dass sie sich autodidaktisch Informationen und Wissen aneignen, um die ihnen gestellten Aufgaben schnell zu erledigen. Und mehr als die Hälfte aller deutschen Unternehmen klagen infolgedessen über zu geringe Leistungsbereitschaft, Belastbarkeit und Disziplin ihrer jungen Mitarbeiter sowie über sozial-kommunikative und persönliche Defizite. Offensichtlich brauchen Absolventen diese Anleitung also künftig wieder, weil sie persönlich und fachlich zu schlecht vorbereitet sind auf die Arbeitswirklichkeit. Das ist hart für Unternehmen wie etwa Medienagenturen mit ihrem sehr volatilen Geschäft; die brauchen eigentlich Leute, die mitdenken und Belastungsspitzen aushalten, und keine, die sich zurücklehnen und sagen: »Mach mich mal schlau!« Aber sie – und auch Mittelständler – werden nolens volens zu einer direkteren Führung zurückkehren und in die Personalentwicklung investieren müssen.

Dass es in Sachen Unternehmenskultur durchaus Handlungsbedarf gibt, belegt übrigens der »Gallup Index 2016«: Demnach machen sagenhafte 71 Prozent der Deutschen »Dienst nach Vorschrift«. Gallup nennt sie »Mitarbeiter mit geringer emotionaler Bindung«. Und 14 Prozent der Angestellten sind sogar komplett demotiviert – jeder siebte! Allein diese »Mitarbeiter ohne jede emotionale Bindung zum Unternehmen« kosten die deutsche Volkswirtschaft laut Gallup jährlich zwischen 77 und 103 Milliarden Euro. Woher also sollten die *role models* für die jungen Leute kommen, die ihnen begeistertes, motiviertes Arbeiten vorleben?

Eigentor

Bisher hat die Wirtschaft uns in diesem Buch vor allem als Kronzeugin für die Defizite der jungen Leute gedient. Jetzt kommen wir aber zu einer paradoxen Volte: Es ist maßgeblich die Wirtschaft selbst, die diese Defizite erzeugt hat. Denn die Umgestaltung des europäischen Bildungssystems unter dem Stichwort »Bologna« geschah wesentlich auf Betreiben der »Organisation für wirtschaftliche Zusammenarbeit und Entwicklung« (OECD), die sich zwar aus

Steuermitteln ihrer 35 Mitgliedsländer finanziert, aber vor allem aus der Sicht der Wirtschaft argumentiert. Denn ihre Aufgabe ist es, das Wirtschaftswachstum in ihren Mitgliedstaaten zu fördern. Als dessen wichtigsten Treiber sieht sie die Bildung. Ihre Vergleichsstudien im Bildungsbereich folgen, wie erwähnt, stets einer durchaus fragwürdigen Annahme: Je mehr Abiturienten und Hochschulabsolventen ein Land produziert, desto erfolgreicher ist seine Volkswirtschaft.

Den Bildungserfolg eines Landes misst die OECD mithilfe von Skalen, Intervallen und Ranglisten. Lehren und Lernen werden quantifiziert, um sie vergleichbar zu machen. Doch die Zählbarkeit von Lernergebnissen ignoriert erstens den gesamten Komplex »Persönlichkeits- und Menschenbildung« (weil er nicht quantifizierbar und Excel-tauglich ist) und setzt zweitens Normen und Standards voraus. Und diese Normen kommen in der Regel aus der Wirtschaft, die akademisches Wissen unmittelbar verwerten möchte.

In den Bildungsvergleichsstudien der OECD wird zum Beispiel gemessen, wie schnell ein 15-Jähriger eine Aufgabe lösen kann oder wie viele Fehler beim Lesen eines Textes gemacht werden. Zeit und Fehler werden gezählt, Persönlichkeit und individuelle Einflussfaktoren wie Motivation, Begabung, Lernhemmnisse oder Interessen des Schülers bleiben unberücksichtigt.

Die Ergebnisberichte, die alle drei Jahre veröffentlicht werden, führten zu den bekannten »PISA-Schocks«. Daraus resultieren in der Regel kurzfristige und aktionistische bildungs- und schulpolitische Entscheidungen ohne pädagogischen Weitblick.

Das Paradigma der großen und der vielen kleinen experimentellen Bildungsreformen der letzten 20 Jahre lautet zugespitzt, dass Bildung betriebswirtschaftlich unbrauchbar ist. Für Tätigkeiten, die in wenigen Jahren von Robotern erledigt werden, braucht man keine Menschen, die Goethe gelesen haben. Es genügt, wenn sie funktionieren – weil ihnen »Kompetenzen« vermittelt wurden. Nicht die Persönlichkeit mit ihren Begabungen und Talenten steht im Mittelpunkt unseres Bildungssystems, sondern Wissen, das wirtschaftlich einsetzbar und verwertbar ist. Also werden junge Menschen an dieses System angepasst. Weil viele in der Wirtschaft glaubten (oder immer noch glauben), sie bräuchten konforme Menschen. Konformität ist in der Industrie schließlich ein bedeutender Produktivitätsfaktor: Wenn möglichst vieles standardisiert ist, spart man Kosten. Doch so langsam dämmert den ersten Unternehmen, dass diese Denkweise falsch war – weil sie in Zukunft vor allem kreative, sozial und emotional fähige Menschen brauchen werden, die in ständig wechselnden Teams Innovationen vorantreiben und das Sozialprodukt erwirtschaften, obwohl sich alte Strukturen und Gewissheiten auflösen. Die zitierten Klagen der Wirtschaft über die mangelhaften Fähigkeiten der jungen Generation sind also vor allem das Eingeständnis, die Bildungspolitik in den letzten 20 Jahren genau in die falsche Richtung beeinflusst und gedrängt zu haben.

Gesellschaft: Wie wollen wir leben?

Am Ende landen wir also bei den ganz großen Fragen. Wie etwa: Wollen wir wirklich in einer Gesellschaft leben, die nur nach den Kriterien der Wirtschaft funktioniert? Momentan ist unsere Gesellschaft geprägt vom Geist des Neoliberalismus und der Marktideologie. Wirtschaftliche Überlegungen diktieren direkt oder indirekt das Verhalten in praktisch allen Lebensbereichen. Und weil wirtschaftlicher Erfolg die akzeptierteste soziale Währung ist, vertieft sich die Spaltung zwischen Arm und Reich immer mehr. Neoliberales Denken geht darüber achselzuckend hinweg: Wir hätten nun mal ein System von Gewinnern und Verlierern. Wer in einer Leistungsgesellschaft Gewinner sei, habe es verdient – und wer zu den Verlierern zähle, sei selbst schuld. Oder er habe einfach Pech mit seinen Anlagen gehabt – ihm fehle es offenbar an »Resilienz«, sodass er nach Nackenschlägen einfach liegen bleibe, statt wieder und wieder aufzustehen und den Karren weiterzuziehen, dessen Ladung nur andere reich macht, aber nicht ihn selbst.

Das Drama unserer neoliberal deformierten Gesellschaft hat der bereits zitierte Erziehungswissenschaftler Klaus Hurrelmann eindringlich beschrieben:

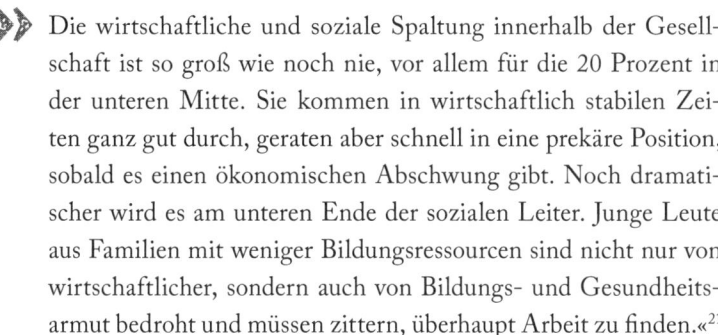 Die wirtschaftliche und soziale Spaltung innerhalb der Gesellschaft ist so groß wie noch nie, vor allem für die 20 Prozent in der unteren Mitte. Sie kommen in wirtschaftlich stabilen Zeiten ganz gut durch, geraten aber schnell in eine prekäre Position, sobald es einen ökonomischen Abschwung gibt. Noch dramatischer wird es am unteren Ende der sozialen Leiter. Junge Leute aus Familien mit weniger Bildungsressourcen sind nicht nur von wirtschaftlicher, sondern auch von Bildungs- und Gesundheitsarmut bedroht und müssen zittern, überhaupt Arbeit zu finden.«[21]

In einem bemerkenswerten Text hat Andreas Zielcke im Dezember 2018 darauf hingewiesen, was das »Selbst-schuld«-Paradigma mit Individuen und auch mit der Gesellschaft anrichtet.[22] Wer sich auf Dauer abgehängt und chancenlos fühlt, der zieht sich irgendwann eine gelbe Weste an und schlägt in blinder Wut alles kurz und klein. Wenn die Besitzenden und die Gebildeten zur Aristokratie werden, die allen Reichtum allein beanspruchen, dann reagiert der neue »Dritte Stand« der Ungebildeten irgendwann mit zielloser Gewalt.

Dass das ökonomistische Wachstums- und Wohlstandsdenken so ungebrochen stark ist, hat sicher auch mit der Erfahrung von 1930–1933 zu tun, die unseren Politikern bis heute zu Recht in den Knochen sitzt: Dass eine Wirtschaftskrise mit Massenarbeitslosigkeit durchaus die Demokratie zum Scheitern bringen kann, hat Deutschland bitter erfahren. Aber haben sie die richtigen Schlussfolgerungen daraus gezogen? Ist ein »Immer mehr«, das den Druck auf Natur und Menschen von Jahr zu Jahr erhöht, tatsächlich die Antwort? Die Tatsache, dass immer mehr Menschen hinten runterfallen, gibt bereits die Antwort.

Auf den vorangegangenen Seiten habe ich gezeigt, dass sich die Bildung in den letzten 30 Jahren mehr und mehr dem Primat der

wirtschaftlichen Verwertungsmöglichkeiten unterwirft. Den Lehrplänen fehlt seither ein ausgewogenes Verhältnis zwischen Fachwissen, Persönlichkeitsentwicklung und Tugenden. Die kapitalistische
Logik, dass es allein auf Konkurrenz, Nützlichkeit, Verwertbarkeit
und Effizienz ankommt, hat den Bildungssektor erreicht. Die Spuren sehen wir in unseren Schulen.

Der Soziologe Wilhelm Heitmeyer untersucht regelmäßig die
zunehmende Aggression in den Schulen.[23] Nach seiner Auffassung hat die Strukturkrise der letzten Jahre zu wachsenden Ängsten im Land geführt. Vor allem die Angst, eigenen und fremden Ansprüchen nicht gerecht werden zu können, hat sich ausgebreitet wie
ein Geschwür. In der Schule äußert sich das als Versagensangst der
Schüler – und ebenso als Angst der Lehrer, ihre Schüler nicht richtig auf das spätere Leben vorzubereiten. Die Folge sind Gefühle der
Ohnmacht und der Gleichgültigkeit – und bei unausgereiften Persönlichkeiten die Neigung zur Gewalt. Die Pluralisierung von Werten und Normen führt gleichzeitig zu Sinn- und Kommunikations-
problemen: Was gilt, was gilt nicht? In der Folge ignorieren Schüler
existierende Regeln – es zählt nur noch individuelles Durchsetzungsvermögen, also das Recht des Stärkeren. Wenn Schulen dies
zulassen, infiziert ein solches Verhalten den sozialen Organismus
Schule als Ganzes.

Der langjährige Vorsitzende des Lehrerverbands, Josef Kraus,
führt noch einen Aspekt an, der wie eine überzogene Korrektur der
kapitalistischen Spaltung der Gesellschaft in Gewinner und Verlierer anmutet: das Ausblenden individueller Unterschiede und das Ab-
solutsetzen des Gleichheitspostulats. Die ganze Welt solle Gleichheit, Gerechtigkeit und Kuscheligkeit erlangen.[24] Die Konsequenzen
dieses sozialistischen Denkens sind die Durch-Rationalisierung
von Bildung (weil nur so ein Massenbetrieb zu organisieren ist) und
schließlich die unsinnige Überakademisierung, die wir mittlerweile
erreicht haben. Und mehr Gleichheit ist damit keineswegs geschaffen worden: Wo massenhaft Leute studieren, bilden sich einfach nur
neue Mechanismen des *Survival of the fittest*. Denn wir leben ja weiter im Kapitalismus. Übrigens kann man natürlich historisch korrekt

darauf verweisen, dass früher sogar 90 bis 95 Prozent der Jugendlichen bereits mit 16 oder früher aufhören mussten zu lernen, um einen ungewollten Job anzunehmen, sich anzupassen und ihre Wünsche und Talente zu ignorieren. Aber kann das der Maßstab sein für ein so reiches Land wie Deutschland?

Einen verblüffenden Wechsel der Perspektive zeigte 2015 die damalige PISA-Studie der OECD. Danach hängt menschliche Leistung auf einmal nicht mehr nur von betriebswirtschaftlich messbaren Kennziffern ab, sondern wesentlich von Faktoren wie Zuwendung und Wohlbefinden. Diese Erkenntnis muss ein tiefer Schock gewesen sein für die OECD-Leute. »Das kann man doch gar nicht messen«, sagten sie vermutlich. Und dennoch können sie es nicht ignorieren, denn es geht ja um neu entdeckte Antriebsfaktoren des (weiterhin heiligen) Wirtschaftswachstums.

Auch die »Initiative Neue Marktwirtschaft«, lange Zeit berüchtigt für ihren marktideologischen Tunnelblick, gab 2009 plötzlich eine Studie[25] zum »Glücks-Brutto-Inlandsprodukt« in Auftrag, um nach »soften« Indikatoren zu suchen, die das Wirtschaftswachstum fördern könnten. Das vermeintlich verblüffende Ergebnis: »Geld allein macht die Menschen nicht glücklich.« Das hatte Richard Easterlin zwar bereits 1974 festgestellt[26], aber für Ökonomen, die mit dem neoliberalen Paradigma aufgewachsen sind, war das aufregendes Neuland. Allerdings übertrieb man es nicht mit dem Blick über den ökonomischen Tellerrand. Glück wird auch weiterhin sehr armselig und einseitig definiert: Ebenso wie Zufriedenheit entstehe es vor allem durch einen sicheren Arbeitsplatz, der auch finanzielle Sicherheit bringe.

Eine Langzeitstudie unter Mitwirkung des Deutschen Instituts für Wirtschaftsforschung (DIW) bestätigt die Bedeutung individuellen Wohlbefindens für das Wirtschaftswachstum.[27] Dazu gehörten eine gute Partnerschaft und Freundschaften. Liegt die heranwachsende Generation mit ihren Prioritäten also doch richtig? Die Studie betont auch noch etwas anderes: soziales Engagement. Uneigennützige Menschen, die sich sozial oder politisch engagieren, seien glücklicher als Personen, die ausschließlich die eigene Karriere verfolgen und nach materiellen Zielen streben.

Potzblitz! Was soll man dazu sagen? Ein wirtschaftsnahes Institut, das stets nur »Markt und Ellenbogen« gepredigt hat, formuliert plötzlich ein Plädoyer für individuelles Wohlbefinden durch weniger Eigennutz. Man beginnt direkt davon zu träumen, dass die Forscher auf ihrer Suche weitere Entdeckungen machen (auch wenn es sich weiterhin nur um die Suche nach Produktivitätsfaktoren handelt und nicht um humanistische Wissenschaft): Persönliche Zufriedenheit entsteht nicht durch grenzenloses Wachstum, steigenden Leistungsdruck, Angst vor Prüfungen, sinkende Wertschätzung, Verlust des Respekts und fehlende Zuwendung.

Wie lange noch wollen wir diese Erkenntnisse ignorieren und immer mehr junge Menschen durch Abitur und Studium treiben, obwohl dort viele eine eher unglückliche Zeit verbringen? Sind Leid und Frust tatsächlich alternativlos? Momentan scheint der Druck noch so massiv zu sein, dass sich das, was Gesellschaft und Wirtschaft eigentlich erwarten und brauchen, gar nicht entfalten kann. Was also müsste und ließe sich ändern?

7 Was tun?

Der Soziologe Heinz Bude beschrieb unsere Gesellschaft 2014 als eine, in der es viele nicht mehr ertragen könnten, *nicht* perfekt zu sein. Alles müsse einen Sinn haben und der Optimierung des Lebens dienen.[1] Auf diesem Weg kann man ja so viel falsch machen. Ist die Grundschule die richtige für meine Kinder? Was muss ich tun, damit sie den Sprung aufs Gymnasium und später auf die richtige Universität schaffen? Welches Studium bringt mir den besten Job? Passt mein Partner zu meinem Lebenskonzept? Habe ich meine Altersvorsorge optimiert?

Fragen über Fragen, mit denen sich die Menschen – wenn sie nicht echte, existenzielle Sorgen haben – den ganzen Tag beschäftigen und die vor allem dazu geeignet sind, permanenten Stress zu verursachen. Heinz Bude formulierte einen Appell zur Abkehr vom Perfektionismus. Aber viele Menschen jagen dem Ideal, alles richtig zu machen, weiterhin nach – weil die Alternativen ihnen so viel Angst machen. Und diese Angst färbt ab auf unsere Kinder und Jugendlichen. Nach meiner Beobachtung funktioniert die Sozialisation im heutigen System von Familie, Schule sowie Uni und Job nicht gut. Immer mehr Kinder und Jugendliche sind psychisch nicht stabil. Die Chancen, die sie objektiv haben – schließlich wachsen sie in einem der reichsten Länder der Welt auf, in dem Frieden und Freiheit herrschen –, nehmen sie nicht wahr. Und zwar buchstäblich: Sie sehen diese Chancen nicht – denn sie empfinden sie eher als Stress und Bedrohung denn als Versprechen. Deshalb steuern wir auf einen bedrohlichen Mangel an engagierten Führungskräften zu. Dabei brauchen wir doch so dringend Leute, die neue Ideen entwickeln – und sie auch durchsetzen können gegen alte Besitzstandswahrer.

Von meinen Studierenden erkennen vielleicht fünf bis zehn Prozent die Chancen, die sich ihnen bieten, und ergreifen sie freudig. Sie werden die künftigen Spitzenkräfte in allen gesellschaftlichen Bereichen stellen. (Es sind übrigens nicht zwingend die 1,0-Absolventen. Die bienenfleißigen Lernerinnen und Lerner mit den Bestnoten sind meist zu angepasst, um einmal Führungsverantwortung zu übernehmen.) Die späteren Führungskräfte kommen dank Begabung und guter familiärer Voraussetzungen gut im System klar und übernehmen gern und selbstbewusst Verantwortung.

Zehn bis 20 Prozent der Studierenden sind an der Uni völlig fehl am Platz und hoffnungslos überfordert. Der große Rest stellt sich mir am Anfang oft als »graue Masse« dar: Sie schwimmen irgendwie mit, verweigern sich aber allen Ambitionen. Sie wirken oft überfordert durch die Vielfalt der Welt und ihrer Chancen. Sie sind in erschreckendem Maße angstgesteuert und entscheidungsunfähig.

Natürlich hatten auch frühere Generationen Angst (auch wenn man das damals eher »Schüchternheit« nannte und noch nicht an Therapien dachte). Aber meiner Generation wurde noch das Vertrauen vermittelt, dass wir es – notfalls eben auf Umwegen – schon irgendwie hinbekommen würden. Wir hatten mehr Zeit, uns auszuprobieren und unseren eigenen Weg zu finden. Es gab mehr junge Leute, die wussten, dass sie nie ins Bodenlose fallen würden. Wer heute studiert, hat hingegen von seinen Eltern das Gefühl vermittelt bekommen, man könne jederzeit existenziell scheitern.

Zu meiner Studienzeit war der Satz »Jeder ist seines Glückes Schmied« noch keine neoliberale »Selbst-schuld«-Ideologie, sondern die Zukunft war tatsächlich offen und der Pfeil der Entwicklung wies nach oben.

Heute hingegen wachsen junge Menschen in einer Gesellschaft auf, die mehr Druck und Angst erzeugt als Zuversicht und Neugier. Die Folgen lassen sich, wie gezeigt, unter anderem an den Statistiken der Krankenkassen ablesen.

Wie sollen wir als Gesellschaft nun darauf reagieren? Die möglichen Antworten fallen unterschiedlich aus – je nach ideologischer Ausrichtung.

Radikalliberale Marktideologen werden die zynische Variante bevorzugen: Wir leben nun mal im Turbokapitalismus, und der sichere immer noch ausreichend vielen einen stetig wachsenden Wohlstand. Dass das System einen wachsenden Anteil der jungen Leute überfordert und nach und nach vom Karussell schleudert, sei eben der Preis dieses Wohlstands. Um die Probleme sollten sich – europäische Variante – der Sozialstaat und Psychotherapeuten kümmern oder – System USA – die Polizei und die Gefängnisse. Aber grundsätzlich etwas zu verändern wäre ein Verstoß gegen das erste Gebot der Wirtschaftsliberalen: Du sollst nicht eingreifen in den freien Markt.

Auf der anderen Seite hätten wir die fundamentalistisch-marxistische Lesart: Der Kapitalismus sei dem Untergang geweiht – und jede gut gemeinte Maßnahme zögere diesen Untergang nur hinaus. Ein Herumdoktern am System wie Sozialprogramme, mehr Therapieplätze etc. sei wie ein Pflaster auf eine klaffende Wunde. Es brauche aber keine Stabilisierung des Systems durch Humanisierung, sondern den Systembruch. Allerdings sind der Sozialismus und der »Dritte Weg« gescheitert – an sich selbst und an der Ablehnung durch die Bevölkerung. Die neoliberale Wende der 1990er- und Nuller-Jahre geschah mit Zustimmung der breiten Mehrheit und war auch die Antwort auf das Versagen des sozialistischen Experiments in seiner leninistisch-diktatorischen Variante.

Meine Antwort würde ich als »humanistisch-pragmatisch« bezeichnen. Ich will keine Revolution, aber mehr als Trostpflaster. Denn auch innerhalb eines Systems, das zu viele Opfer fordert, kann man etwas verändern – und zwar durch Haltung. Ich glaube nicht an eine Systemveränderung – aber an eine Haltungsänderung der Systemmitglieder. Wenn verantwortungsbewusste und engagierte Eltern, Lehrer, Dozenten, Führungskräfte und Politiker sich die Leitfrage stellen, wie sie in ihrem Zuständigkeitsbereich ganz konkret den übermäßigen Zeit- und Leistungsdruck verringern können, der zu viele Menschen krank macht, dann tun sie ganz unmittelbar etwas für ein besseres, humaneres Leben – und für unsere Zukunft.

Familie

Was also können Eltern tun? Das Wichtigste scheint mir, dass sie das Familienleben so gut wie möglich heraushalten aus dem Hamsterrad unserer wachstums- und wohlstandsorientierten Wirtschaftsweise. Natürlich nehmen auch die Eltern selbst an dieser Wirtschaftsweise teil – ob sie wollen oder nicht. Aber sie müssen dem Konsumdenken nicht alle Türen öffnen, und sie sollten andere Werte vermitteln als die der ökonomischen Optimierung. Die Frage »Was braucht mein Kind?« sollte sich nicht auf Dinge beschränken, die man kaufen kann. Oft sind immaterielle Dinge wie Zeit und Zuwendung viel wichtiger.

Es hilft sicherlich, sich bewusst zu machen, dass die Gründung einer Familie fast zwangsläufig Konsumverzicht bedeutet – jedenfalls wenn man dem Kind gerecht werden will. Wer sich vornimmt, sein Leben umzuorganisieren, *weil* ein Kind kommt, macht es besser als die, die ihr altes Leben unter organisatorischen Verrenkungen weiterführen wollen, *obwohl* ein Kind kommt. Weil das nämlich meist bedeutet, das Kind wegzuorganisieren. Man sollte sich also bewusst für Kinder entscheiden – oder eben dagegen, wenn man einen Lebensstil nicht aufgeben will, der nur funktioniert, wenn beide Eltern voll arbeiten.

Und der Giftstachel des ökonomischen Denkens ist natürlich erst recht unübersehbar, wenn Eltern ihr Kind als »Investment« betrachten, das sich irgendwann rechnen muss. (Es werden übrigens genau solche kalkulierenden Eltern sein, die sich im Alter, wenn sie pflegebedürftig sind, paradoxerweise erhoffen werden, dass ihre Kinder sich an Werten wie Hilfsbereitschaft und Selbstlosigkeit orientieren, die sie als Eltern ihnen gar nicht vermittelt haben.)

Natürlich können Gesellschaft und Staat die Eltern nicht alleinlassen mit den ökonomischen Folgen einer Familiengründung. Die sozialstaatliche Förderung und Subventionierung von Eltern, die auf zwei Einkommen angewiesen sind, muss ausgebaut werden: direkte Zuschüsse, bezahlbarer Wohnraum etc. Allerdings sollte die Familienförderung nicht mehr nach dem Gießkannenprinzip organisiert werden, sondern auf die tatsächlich Bedürftigen beschränkt werden. Gutverdienern ist der zeitweilige Konsumverzicht durch die Familiengründung durchaus zuzumuten. Es ist nicht Aufgabe der Solidargemeinschaft, einen Haushalt mit zwei Konzernführungskräften vor dem Umsteigen vom 7er- auf den 5er-BMW zu bewahren.

Der Staat muss auch für ausreichend Kitaplätze sorgen – und sie müssen für jene, bei denen das Geld knapp ist, kostenlos sein. Für Wohlhabende hingegen sollte die Kinderbetreuung etwas kosten.

Die Frage, ob Kinder frühestmöglich in die Kita kommen oder möglichst lange daheim bleiben sollen, hat sich leider zu einem politischen Minenfeld entwickelt. Hier mischen sich unterschiedlichste Kontroversen wie etwa die Geschlechterrollen, die Integrationsdebatte und der Bedarf an Arbeitskräften. Recht weit hinten auf der Themenliste steht oft das Kindeswohl. Allenfalls geht es um die – meist zwischen Frauen geführte – »Rabenmütter«-Diskussion, also eher um die Mütter als um die Kinder.

Um die Diskussion »Kita oder zu Hause?« zu entideologisieren, muss vor allem die traditionelle Rollenverteilung überwunden werden. Väter gehören im selben Maß in die Erziehung, zu ihren Kindern, in den Haushalt wie Frauen – was sowohl Männern als auch Frauen große Mentalitätsveränderungen abverlangt. Väter sollen erziehen und einen gerechten Anteil an der Hausarbeit übernehmen – aber sie sollen es so machen können, wie sie es für richtig halten, ohne dass Frauen »anders« automatisch mit »falsch« gleichsetzen.

Eltern müssen mehr Zeit bekommen für die Kinder – und sie sich dann aber auch nehmen. Familienzeit ist das Wichtigste für ein gesundes Aufwachsen von Kindern. Viele junge Väter wollen bereits gerne mehr Zeit mit ihren Kindern verbringen, scheitern aber an den Arbeitszeiten und den Karrieremustern in der Wirtschaft, die weiterhin nicht ausreichend auf Eltern ausgerichtet sind. Die eigentliche »Kampflinie« in Betrieben verläuft oft gar nicht mehr in erster Linie zwischen Männern und Frauen, sondern zwischen Eltern und Nichteltern. Der Gesetzgeber muss deshalb familienfreundliche Arbeitszeitmodelle erzwingen, wo die Wirtschaft sie nicht von sich aus anbietet. Der Wechsel zwischen Teilzeit und Vollzeit muss für beide Eltern unkompliziert, kurzfristig und ohne Karrierenachteile möglich sein. Wo dies Unternehmen überfordert, muss der Staat einspringen.

Es muss eine echte Wahl geben zwischen Kita und häuslicher Betreuung. Und das Kitasystem sollte so flexibel sein, dass man Kinder auch tageweise oder nur für einige Stunden bringen kann. Denn alle Akteure müssen sich darüber bewusst sein, dass Kinder nicht nach Schema F funktionieren und das Leben mit Kindern nicht planbar ist. Manche Kinder sind schon sehr früh gut in der Kita aufgehoben und wären zu Hause gelangweilt und unterfordert, andere brauchen das häusliche Nest mit Betreuung durch den Vater oder die Mutter drei oder vier Jahre lang. Und eine Krankheit, eine gravierende Lebensveränderung wie ein Umzug, eine Trennung der Eltern oder auch ein traumatisches Erlebnis in der Kita kann alles verändern. Eine Gesellschaft, die das Kindeswohl in den Mittelpunkt stellt, verschafft Eltern die Möglichkeit, auf veränderte Bedürfnisse ihrer Kinder flexibel zu reagieren. Die Lebensmodelle müssen also den individuellen (und wechselhaften) Bedürfnissen der Kinder angepasst werden – und nicht umgekehrt.

Neben handfesten materiellen und gesetzgeberischen Veränderungen spielt auch das Thema »Anerkennung« eine große Rolle. Staat und Gesellschaft müssen Elternschaft als vollwertige Arbeitsleistung anerkennen, die allen nützt. Und der zum Beispiel am älteren Auto ablesbare Konsumverzicht junger Eltern sollte Nachbarn kein Naserümpfen, sondern ein anerkennendes Hochziehen der Augenbrauen abnötigen.

Häufig wird ins Feld geführt, dass eine ideelle und materielle Anerkennung der Leistung, die Eltern erbringen, die Kinderlosen benachteilige, die doch das Bruttosozialprodukt erwirtschaften, aus dem Kindergeld, Kitas, Schulen etc. erst finanziert würden. Dieser Gedanke geht aber insofern fehl, als Kinderlose (sofern sie berufstätig sind) ihre Belohnung ja von ihrem Unternehmen erhalten – in Form von Geld und von sozialer Anerkennung und die Kinder der anderen später ihre Altersvorsorge gewährleisten. Für sie müssen sich Staat und Gesellschaft deshalb nicht im selben Maß verantwortlich fühlen wie für Eltern, in deren Rücken eben kein Unternehmen steht.

Wenn die gesellschaftlichen Rahmenbedingungen erst einmal stimmen, sind wir wieder bei den Eltern selbst und ihrer Haltung. Alle Eltern sollten wissen, wie wichtig der Aufbau einer guten und liebevollen Beziehung zu ihrem Kind ist. Sie ist die Grundlage des Urvertrauens, mit dem es durchs Leben gehen sollte. Und das Urvertrauen in sich selbst und in die Welt ist der beste Schutz dagegen, dass Angst die Herrschaft über das Denken übernimmt.

Kinder sollen innerlich stark werden. So wunderbar es ist, dass sie eine Familie haben, die sie im Notfall hält – dieser Kreis darf nicht zu einem Gefängnis werden, das die Gestaltung des eigenen Lebens behindert. Kinder müssen eigene Erfahrungen und auch Fehler machen können. Und vor allem sollen sie ihre Begabungen ausleben und entwickeln können, ohne in ein gesellschaftliches Korsett aus Leistungsdruck und Nützlichkeitserwägungen eingezwängt zu sein. Für Kinder im Grundschulalter gilt immer: Spielen ist wichtiger als Hausaufgaben. Dass ihre Eltern das auch gegenüber der Schule durchsetzen können, ist eine Frage der Haltung.

Und natürlich sollen Eltern ihren Kindern zeitgemäße Werte vorleben und vermitteln, wie etwa Aufmerksamkeit für andere, Rücksicht, Freundlichkeit, Hilfsbereitschaft – und auch Tugenden wie Pünktlichkeit und Disziplin. Wobei Disziplin heute nicht mehr »Befehl und Gehorsam« bedeutet, sondern zum Beispiel, dass man es schafft, in einer Stunde die Hausaufgaben zu erledigen und dabei nicht auf das Smartphone zu schauen.

Eltern sollten sich immer an ihr eigenes Aufwachsen erinnern – vor allem an die schönsten und aufregendsten Erlebnisse. Und sie sollten sich dafür verantwortlich fühlen, dass dasselbe Leuchten auch in den Augen ihrer Kinder aufscheint. Die müssen echte Abenteuer erleben und sollten nicht nur auf ein Display schauen. Oder auf einen Erwachsenen, der auf ein Display schaut.

Ein vernünftiger Umgang mit Medien ist eine kostbare Fähigkeit, die Eltern vermitteln können. Allerdings gelingt das nur durch Vorbildwirkung. Und da Kinder bis zwölf Jahren um ihrer Hirnentwicklung willen das Smartphone möglichst wenig nutzen sollten, müssen auch Eltern sich in Gegenwart der Kinder zusammenreißen. Vor allem wenn es um gemeinsame Erlebnisse und Unternehmungen geht. Es kann durchaus ein guter und befreiender Schritt sein, die ganze Familie von sozialen Netzwerken abzumelden, um die ständige Ablenkung und Vergleicherei zu minimieren.

Schule

Eine Frage, die in diesem Buch immer wieder auftauchte, lautet: Wer ist eigentlich zuständig für die Erziehung der Kinder? Die Schulen stellen bei vielen Kindern massive Erziehungsdefizite fest – aber viele Eltern sind nicht sehr aufnahmebereit für entsprechende Hinweise, auch wenn sie konstruktiv gemeint sind, sondern empfinden sie als übergriffig. Die einst selbstverständliche (und oft viel zu kritiklos hingenommene) Autorität von Direktoren, Lehrern, Pfarrern, Ärzten, Politikern etc. ist aus guten Gründen dahin. Aber ein Konsens darüber, was eine gute Erziehung ist, wäre dennoch wünschenswert.

Die Gesellschaft sollte sich vor allem darüber verständigen, wie entwickelt und erzogen ein Kind sein muss, um schulreif zu sein. Und Eltern und Schulen müssen in Fragen der Erziehung besser und vertrauensvoller kooperieren. Es ist eine Chance für Eltern, dass die Lehrerinnen und Lehrer ihre Kinder gut kennen und beobachten und etwa auf die fehlende Vertrautheit mit dem Einhalten von Regeln hinweisen können. Schulen sollten die ihnen zugefallene Erziehungsrolle konsequent annehmen, und Eltern müssen das akzeptieren. Das bedeutet weniger Empfindlichkeit gegen angebliche »Übergriffigkeit« und eine Stärkung der Lehrer durch den Staat, auch in disziplinarischen Angelegenheiten. Schulen brauchen eine Renaissance der Regeln. Ansagen von Lehrerinnen und Lehrern müssen gelten. Und statt Dienstaufsichtsbeschwerden, Anwälten und Polizeieinsätzen sollte der Dialog zwischen Eltern, Schülern und Lehrern die Regel sein.

Wenn die Gesellschaft sich auf Standards der Schulreife geeinigt hat, stellt sich die Frage, was mit jenen Kindern geschieht, die sich nicht in eine Klassengemeinschaft einfügen können. Vor allem, wenn ihre Eltern erkennbar überfordert sind mit der Erziehungsaufgabe, nützt es nichts, sie einfach nur ein Jahr zurückzustellen. Eine Lösung könnte eine staatlich gesicherte »Pufferphase« zwischen Kindergarten und Schule sein. Die Kinder, die noch Zeit und Anleitung brauchen, bevor sie sich in schulische Abläufe einfügen können, werden in der Vorschule vorbereitet. Denn Zeit ist der wichtigste Faktor kindlicher Entwicklung – und wie lange ein Kind für einen Entwicklungs- und Reifeschritt braucht, ist höchst individuell. Darauf müssen Eltern, Schule und Gesellschaft sich einstellen.

Die Lehrerausbildung muss der veränderten Situation Rechnung tragen. Es genügt nicht, dass Lehrer im Studium Theorien über Pädagogik, kindliche Entwicklungsphasen und Erziehungswissenschaft lernen, wenn sie nicht auf das ganz praktische Erziehen von Kindern vorbereitet sind, die es nicht gewohnt sind, Regeln einfach so zu befolgen. Praktika in Kitas sollten ein verpflichtender Teil der Lehrerausbildung sein. Und die Beschäftigung mit Tugenden und humanistischen Werten sollte im Studium deutlich mehr Raum einnehmen als bisher. (Und wo wir gerade dabei sind: Für die Lehrer der höheren Klassen sollten regelmäßige Wirtschaftspraktika verpflichtend sein. Sie müssen die Wirklichkeit kennen, auf die sie die Schüler vorbereiten und in die sie sie irgendwann entlassen.)

Gründlich überlegen sollten alle Beteiligten, welches Ausmaß an Digitalisierung sinnvoll ist für unsere Schulen. Kinder brauchen in erster Linie gute, fähige Lehrer, also zugewandte Pädagogen. Whiteboards und Laptops hingegen sind absolut sekundär. Statt sich auf die Digitalisierung zu fixieren, sollte die staatliche Bildungspolitik sich lieber anregen lassen von erfolgreichen pädagogischen Konzepten, wie sie etwa die Waldorf- und die Montessorischulen seit vielen Jahrzehnten praktizieren. Dafür müsste man weltanschauliche Scheuklappen abnehmen und ganz pragmatisch schauen, welche Methoden dort warum erfolgreich sind. Das verpflichtet niemanden, anthroposophische Inhalte in den Lehrplan aufzunehmen. Und auch das »Eliteargument«, wonach nur unproblematische Kinder aus reichen und gebildeten Familien auf diese Privatschulen gingen, genügt nicht, um deren pädagogischen Erfolg zu erklären. Der hat ganz offensichtlich auch mit dem Menschenbild und der Haltung der Lehrer zu tun.

Im Hamburger Stadtteil Wilhelmsburg wurde von 2014 bis 2016 an einer staatlichen Grundschule versucht, waldorfpädagogische Elemente zu integrieren. Der Versuch scheiterte an der Verschiedenartigkeit der Kulturen – die behördenhafte Struktur der Regelschule und die an große pädagogische Spielräume gewöhnten Waldorfpädagoginnen und -pädagogen kamen nicht miteinander zurecht.[2] Aber der Grundgedanke war dennoch richtig und sollte nicht aufgegeben werden. Denn Lehrer brauchen geistige Freiräume und zeitliche Ressourcen, um als liebevolle Leitfiguren für die Kinder da zu sein und auf deren individuelle Bedürfnisse einzugehen.

Der Bildungsredakteur Thomas Kerstan hat ein schönes Bild geprägt: »Schulen und Hochschule sind lebendige Organismen. Wer sie verbessern will, der braucht keine Bildungsmechaniker, sondern Bildungsgärtner.«[3] An Schulen sollte eine Atmosphäre herrschen, in der sich Kinder und Jugendliche ohne übermäßigen Druck und vor allem ohne Angst entwickeln können. Nur dann werden sie mit Selbstvertrauen und sozialer Kompetenz auf das Leben zugehen. Die fachlichen Kenntnisse erwerben sie dann fast von selbst – die Begabten mehr und die weniger Begabten eben ihren Möglichkeiten entsprechend. Denn eines ist mit Händen zu greifen, wenn man sich die jungen Leute anschaut: Druck erzeugt keine guten Ergebnisse – außer vielleicht bei jenen, die ganz an die Spitze streben. Das gilt im

Sport ebenso wie bei der Arbeit und in der Bildung. Einen Oliver Kahn kann man mit maximalem Druck motivieren – aber die allermeisten Sportler macht man damit klein. Die angeberischen Topmanager-Sprüche (»Geht nicht, gibt's nicht«) sind für die meisten Arbeitnehmer ungeeignet als Motivation. Und auch als Bildungsmotor hat das Prinzip »Druck« erkennbar versagt.

Richard David Precht hat unseren Schulen ein vernichtendes Zeugnis ausgestellt: »Statt (den Kindern) dabei zu helfen, Neugier, Kreativität, Originalität, Orientierung und Teamgeist für eine immer komplexere Welt zu erwerben, dressieren wir sie zu langweiligen Anpassern.«[4] Dagegen hilft nur ein Paradigmenwechsel in den Schulen: Die Persönlichkeitsbildung muss mindestens so viel Raum einnehmen wie Stoffvermittlung – obwohl Erstere nicht mess- und quantifizierbar ist.

Muss es ein Studium sein?

Die Frage, was im Anschluss an die Schule geschieht, empfinden immer mehr Eltern als existenziell. Und sie kennen auch nur eine befriedigende Antwort: Abitur und Studium. Dabei produziert die Bildungsrepublik längst mehr Akademiker, als jemals gebraucht werden. Und die niedrigeren Schulabschlüsse haben ebenso dramatisch an Prestige verloren wie eine traditionelle Berufsausbildung. Ganz zu Unrecht: In vielen nicht akademischen Berufen sind die Karriere- und Verdienstchancen höher als in so manchem Beruf, für den man den Bachelor braucht.

Das Ansehen der Ausbildung muss also dringend wieder steigen. Wichtige Adressaten sind hier die Eltern und sonstigen Verwandten künftiger Schulabgänger – denn deren oft zu Unrecht abschätziges Urteil über Handwerks- und andere Ausbildungsberufe prägt auch solche Jugendlichen, für die ein Realschulabschluss oder die Fachhochschulreife das Ideale wäre.[5] Sie quälen sich dann gegen ihre Neigungen und Anlagen zu einem (schlechten) Abitur und erkennen spätestens während der ersten Semester, dass sie sich falsch entschieden haben. Viel besser wäre es, sie folgten ihrer Begabung und oft auch Begeisterung für eine duale Berufsausbildung, die ihnen viele Türen öffnet und die vor allem ihren wahren Wünschen entspricht – also dem, was übrig bleibt, wenn man Prestige- und Einkommensüberlegungen wegstreicht. Denn »ob wir in einem Job gut sind oder nicht, hängt wesentlich stärker von unserer Begabung ab als von unseren Interessen«, wie der Psychologe Aljoscha Neubauer erklärt.[6]

Ein Berufseinstieg ohne Studium wäre für viele der beste Weg in die berufliche Karriere. Dazu muss die akademische Bildung dringend entmystifiziert werden. Wer bei »Studium« immer noch an den gottähnlichen »Herrn Professor« früherer Jahrhunderte denkt, liegt dramatisch falsch. Wir sind eher im Begriff, eine Art akademisches Proletariat heranzuzüchten, dessen Mitglieder nichts Handfestes gelernt haben, schon heute in Teilen zu Niedriglöhnen arbeiten und bei einer konjunkturellen Delle die ersten Verlierer sein werden.

Die gesellschaftliche und finanzielle Anerkennung für erzieherische und soziale Ausbildungsberufe muss dringend steigen – etwa für Pflegeberufe, Erzieher und Lehrer. Menschen ohne akademische Bildung dürfen sich nicht weiter als Verlierer fühlen – denn was Zufriedenheit und Jobsicherheit angeht, sind sie oft Gewinner. In Großbritannien sind schon heute Schulabgänger ohne Hochschulabschluss seltener arbeitslos als ihre akademisch gebildeten Altersgenossen – und verdienen oft besser. Der Wert eines traditionellen Hochschulabschlusses nimmt auf den Arbeitsmärkten ab. Dieselbe Entwicklung rollt unweigerlich auch auf Deutschland zu.[7]

Bachelor

Wenden wir uns denen zu, für die feststeht, dass sie studieren wollen. Wie gut wissen sie, worauf sie sich einlassen? Und verfügen sie tatsächlich, wie ihr Abiturzeugnis behauptet, über die »Allgemeine Hochschulreife«? Die berechtigten Zweifel daran habe ich in den vorangegangenen Kapiteln anhand meiner Erfahrungen als Professor dargelegt. Momentan leiden wir darunter, dass das Niveau und das Prestige der Bachelorausbildung sinkt – und viele Studienanfänger trotzdem davon überfordert sind.

Bildung eröffnet in pluralen Gesellschaften wie Deutschland einen weiten Horizont an Möglichkeiten. Damit junge Menschen ihre beruflichen Schwerpunkte gemäß den eigenen Interessen und Fähigkeiten wählen können, brauchen sie aber nicht 15 000 Studienfächer, sondern persönliche Stärke und Klarheit. Die bringen sie als frischgebackene Abiturienten aber oft noch nicht mit.

Die erste Folgerung muss sein, dass angehende Abiturienten die Chance – besser noch: die Verpflichtung – haben, einmal gründlich in den Unibetrieb hineinzuschnuppern. Entsprechende (realitätsgetreue!) Angebote sollten Unis machen müssen – durchaus mit dem Ziel, jene abzuschrecken, die sich völlig falsche Vorstellungen von einem Studium gemacht haben.

Ich schlage ein obligatorisches Einstiegsjahr, also ein interdisziplinäres Probestudium vor dem Start in den Bachelor vor. Dieses »Vorstudium« müsste sowohl Lehrveranstaltungen und Einblicke in wissenschaftliche Methoden und Denkweisen als auch Praktika oder soziale Dienste enthalten. Es soll die familiäre oder gesellschaftliche Erwartung, »studieren zu müssen« verwandeln in die individuelle Entscheidung für ein Studium – oder auch dagegen.

Erst nach diesem Probejahr würde anhand einer Beurteilung durch persönliche Betreuer der Interessenten über die kognitive, persönliche und soziale Studieneignung entschieden. Die menschliche Reife zu beurteilen, hilft zum Beispiel dabei, die typischen »Blender« zu erkennen und auszusortieren.

Eine viel diskutierte Grundsatzfrage lautet, wie der Zugang zum Studium gesteuert werden soll. Man sollte das nicht staatlich und zentral regeln, sondern den Unis die Auswahl ihrer Studierenden überlassen. (Weiter unten gehe ich näher auf eine Voraussetzung dafür ein: Die Unis müssen vom ökonomischen Anreiz befreit werden, möglichst viele Studienanfänger aufzunehmen.) Die Studieneignung sollte, wie oben vorgeschlagen, nicht nur anhand der Abiturnoten geschehen – und auch nicht aufgrund persönlicher Beziehungen. Auch ein 3,5er-Abiturient kann sehr gut für ein Studium geeignet sein. Und viele, die niemals »Einser-Lerner« sein werden, können trotzdem sehr gut in ihrem Job werden, zum Beispiel wegen ihrer sozialen Fähigkeiten. Geht man nur nach Noten, haben Streber und Sozial-Autisten einen gesellschaftlich nicht wünschenswerten Vorteil. Man könnte auch darüber nachdenken, das Quotensystem einmal querzudenken, etwa indem man für einen bestimmten Prozentsatz der Studienplätze – bei ansonsten gleicher Eignung – Montessori- und Waldorfschüler bevorzugt. Zielsetzung: sozial kompetente Persönlichkeiten statt Nieten in Nadelstreifen.

Ebenfalls im Interesse einer humaneren Gesellschaft wäre es, wenn es gelänge, den »alternativen Dünkel« gegen bestimmte Studiengänge zu durchbrechen, die den Zugang zu Spitzenpositionen sichern – und gegen die Spitzenpositionen selbst. (»Ich Vorstandschef? Niemals!«) Dieser Dünkel querdenkender, unangepasster junger Menschen etwa gegen Jura und BWL muss aktiv bekämpft werden – damit nicht nur die angepassten Jasager in diese konventionellen Studiengänge und damit an die Schalthebel der Macht kommen. Es müssten mehr junge Leute mit einer dezidiert kritischen Haltung zu den eingefahrenen Mechanismen unserer Gesellschaft von diesen Fächern überzeugt werden. Und zwar so viele, dass sie das Studium stärker beeinflussen, als das Fach sie deformieren kann. Denn diese befürchtete Deformation ist oft der stärkste Grund, sich gegen Jura oder BWL zu entscheiden. Aber ohne Druck seitens wacher Studierender wird, um ein Beispiel zu nennen, kaum ein BWL-Professor jemals den Fokus auf die gesellschaftliche Verantwortung der Wirtschaft und auf Ökologie legen statt auf Wachstum und Profitmaximierung.

Was das Bachelorstudium angeht, plädiere ich dafür, dass alle Beteiligten sich ehrlich bewusst machen: Es handelt sich hierbei – selbst wenn ein Probejahr die Abiturienten besser vorbereitet und einige der Ungeeigneten abschreckt – faktisch nicht um eine akademische Ausbildung, sondern eher um eine Art gehobene Berufsschule. Wir sollten Bachelorabsolventen deshalb vom Nimbus des

»Studierten« befreien – der Wirtschaft beginnt das ohnehin bereits zu dämmern. Mit einem Bachelor bekommt man, wie erwähnt, heute die Jobs, für die früher ein Realschulabschluss und eine Berufsausbildung genügten. Die Bachelorausbildung bereitet in allgemeiner Form auf eine Facharbeitertätigkeit vor – oder auf das eigentliche Studium, also den Master.

Entsprechend sollte das Bachelor-»Studium« auch angelegt werden: als Berufsschule für künftige Fachkräfte und als »College«. Für künftige Akademiker muss die Bachelorphase heute leisten, was früher das Gymnasium schaffte, nämlich das Heranführen an wissenschaftliche Arbeitsmethoden. Der allgemeine Bildungsanspruch und die Horizonterweiterung hingegen, die sich früher mit dem Wort »Universität« verbanden, überfordern sowohl die meisten Bachelorstudierenden als auch die aufgeblähten Massenuniversitäten. Erst an der Stufe zum Master wird heute überprüft, wer ein geeigneter Kandidat für echte akademische Bildung ist. Sinnvoller wäre das schon bei der Immatrikulation – aber wenn über die Hälfte eines Jahrgangs das Abitur oder die Fachhochschulreife erwirbt und fast alle auch ein Studium aufnehmen, ist das illusorisch.

Die Bachelorstudiengänge müssen viel stärker praxisorientiert sein und sich auf die spätere Tätigkeit beziehen, also auf konkrete Berufe vorbereiten – statt auf eine Vielzahl von Berufen ein bisschen und auf keinen richtig. Kooperationen mit Betrieben sollten verbindlicher Teil der Studienpläne werden und nicht nur vom Engagement einzelner Professoren (zum Beispiel durch Drittmittelprojekte) abhängen. Denn konkrete Projekte und Aufgaben mit einem praktischen Nutzen motivieren Studierende um ein Vielfaches besser als das Pauken theoretischen Stoffs. Wer an einer konkreten Lösung für ein Unternehmen wie etwa der Markteinführung eines Produkts mitarbeiten darf, entwickelt viel mehr Interesse an den dafür notwendigen wissenschaftlichen Methoden. Auch aus diesem Grund muss die Bachelorausbildung ent-akademisiert und der Berufsschule ähnlicher werden.

(Leider gehen aktuelle Überlegungen genau in die umgekehrte Richtung: Die Berufsschulausbildung soll dem Bachelor ähnlicher werden – heißt aufgewertet werden.[8] Das ist aus meiner Sicht der helle Wahnsinn: Diejenigen, die dem Trend zur Überakademisierung erfolgreich widerstehen und sich gegen ein theorielastiges Studium entscheiden, sollen künftig auf dieselbe Weise überfrachtet werden wie die Studienanfänger? Man kann nur den Kopf schütteln.)

Bologna reformieren

Nach zehn Jahren praktischer Erfahrung ist es Zeit, einige Geburtsfehler der Bolognareform zu beheben. So hat sich die extreme Verschulung und Standardisierung mit ihren unflexiblen Studienplänen als Irrweg erwiesen. Mehr Wahlmöglichkeiten schaffen mehr Selbstverantwortung – und an der fehlt es momentan. Studierende müssen ihr Studium wieder mehr selbst planen und gestalten können – schon weil diese Selbstorganisation eine wichtige Fähigkeit für die spätere Berufstätigkeit ist. Momentan fühlen sie sich ausgeliefert und sehen nicht, wie sie ihre Potenziale und Begabungen einbringen können. Sie müssen sich eine wissenschaftliche Ausbildung gestalten können, die etwas mit ihren Erfahrungen, Begabungen und Interessen zu tun hat.

Wegen der ausführlich beschriebenen Defizite vieler Studienanfänger stehen die Universitäten vor einer völlig neuen Herausforderung, der sie sich noch nicht ausreichend stellen: Studierende sind heute keine Erwachsenen mehr, denen man einfach nur den Lernstoff vermitteln muss, um sie dann in den Arbeitsmarkt zu entlassen. Es handelt sich von der Reife her oft noch um Schüler, die persönliche Betreuung und Führung brauchen. Unterstützung bei der Persönlichkeitsbildung und -entwicklung ist inzwischen eine wichtige Aufgabe der Universitäten – oder müsste es zumindest sein. Pädagogik wird wichtiger als Didaktik.

Wir brauchen also eine Bologna korrigierende Bildungsreform mit humanistischen Schwerpunkten – vor allem um die psychische Überforderung der Studierenden zu verringern. Das bedeutet für das Lehrpersonal und die Organisation der Uni große Umstellungen. Momentan liegt die Lehre in den Händen von Doktoranden und Professoren. Aber um Bachelorstudierende dort abzuholen, wo sie stehen, um ihre Ängste zu verstehen und ernst zu nehmen, um sie durch den überfordernden Unialltag zu lotsen, braucht es keine Promotion oder Habilitation. Es braucht eher pädagogische und therapeutische als akademische Fähigkeiten. Studienanfänger benötigen nicht nur Berufsausbilder, sondern auch Mentoren, die sie in ihrer persönlichen Entwicklung unterstützen. Sonst werden sie den Anforderungen ihrer Arbeitgeber später nicht gerecht werden können. Um es an einem Beispiel zu illustrieren: Um einmal eine echte, tragfähige, für die Gesellschaft nützliche Lösung der Dieselproblematik zu entwickeln, reicht eine sinnfreie und erfahrungslose Anhäufung von Fachwissen nicht aus. Dazu braucht man eine Haltung, das nötige Durchsetzungsvermögen und eine auf aktuellem fachlichem Wissen basierende Argumentations- und Kommunikationsfähigkeit. Insbesondere kleine und mittelständische Unternehmen sind auf Mitarbeiter angewiesen, die sich selbst organisieren können und kreativ sind. Daher ist es unabdingbar, die Persönlichkeitsentwicklung zu einem zentralen Bestandteil der akademischen Ausbildung zu machen.

Meine Erfahrung sagt mir: Über 90 Prozent der Dozenten erreichen ihre Studierenden nicht; und die Studierenden beschränken sich dann auf das stumpfe Scheinemachen. Aber wenn man keine darwinistisch-neoliberalen Sprüche klopft, sondern sich in ihre Ängste einfühlt, ihnen diese Ängste nimmt und ihnen dafür Selbstvertrauen vermittelt, kann man sie durchaus erreichen und ihnen dabei helfen, ihr Potenzial zu entfalten – sowohl im Studium als auch später im Job. Wenn man sich jungen Leuten intensiv und mit Empathie widmet, reagieren sie zuerst fast misstrauisch, weil sie oft noch nie erlebt haben, dass sich jemand ihrer gründlich annimmt. Aber dann sind sie extrem dankbar – und es bringt viel. Und zwar gerade bei jenen, die sich ohne persönliche Betreuung allzu oft mit einem schlechten Bachelorabschluss ins akademische Proletariat verabschieden oder das Studium ganz abbrechen.

Derzeit kümmern sich Dozenten viel zu wenig um die Persönlichkeitsentwicklung der Studierenden, weil ihnen dafür die Zeit und oft auch die Fähigkeiten fehlen. Wie soll ein Dozent oder Professor Werte und Tugenden vermitteln, die er selbst in seiner Sozialisation, Bildung und Ausbildung nicht erfahren hat? Und woher soll er wissen, wie man solche »weichen« Themen didaktisch aufbereitet? Es bedarf einer human-didaktischen Aus- und Fortbildung für Dozenten und eines neuen Typus von Dozent, der humane Werte als Persönlichkeit und Charakter vorleben und sie zugleich pädagogisch und didaktisch vermitteln kann. So müssen zum Beispiel im Fach »Medientechnik« digitalethische Fragen systematischer als heute erörtert werden: Wie sieht der Roboter-Mitarbeiter der Zukunft eigentlich aus? Was soll er können? Wie viel Autonomie sollen wir abgeben an Maschinen?

Eine bessere persönliche Betreuung schafft auch die Möglichkeit, mehr Verbindlichkeit von den Studierenden einzufordern. So sollten Universitäten den Studienanfängern ihre Erwartungen mitteilen und Regeln mit ihnen vereinbaren, wie etwa die Anwesenheit und Pünktlichkeit, den Verzicht auf anonyme Beurteilungen von KommilitonInnen und DozentInnen etc. Die Botschaft heißt: Du wirst gesehen – und auch deine Regelverstöße. Persönliche Tugenden, wie zum Beispiel diszipliniertes Arbeiten oder kritische mündliche Beiträge sollten in der Leistungsbeurteilung deutlich aufgewertet werden. Das Thema Persönlichkeitsentwicklung darf in Studienplänen nicht mehr als lästiges Beiwerk behandelt und mit den immer gleichen Rhetorikseminaren oder einem Achtsamkeitskurs für fünf Credit Points abgetan werden.

Unireform

Wie muss sich die Universität umorganisieren, um die persönliche Betreuung und die Lehre zu verbessern? Da die Diskrepanz zwischen Professoren und Studienanfängern wegen der gesunkenen

Eignung vieler Abiturienten zu groß geworden ist, plädiere ich dafür, das Dogma von der Einheit von Lehre und Forschung zu beenden. Professoren sollten nur dann in der Lehre tätig sein, wenn sie das wollen und dafür qualifiziert sind. Das Unterrichten und die Betreuung vor allem der Bachelorstudenten sollten wissenschaftliche Mitarbeiter übernehmen, die gezielt dafür ausgebildet sind. Geeignet dafür sind etwa Masterstudenten – oder auch externe Lehrkräfte. Promovierte oder habilitierte Nerds hingegen, die sich vor allem dem Verfassen und Publizieren möglichst vieler Papers widmen, sind nur sehr selten gute Lehrer. Für den akademischen Mittelbau muss es also eine gute Grundfinanzierung geben, damit unbefristete Stellen für die Lehre geschaffen werden können. Momentan gibt es an den Hochschulen noch nicht einmal einen Personalschlüssel, der regelt, wie viele Studierende maximal auf einen Dozenten kommen dürfen; solche Stellenschlüssel gibt es nur bundeslandbezogen. Viele Unis werben immer mehr Studierende an, stellen aber nicht ausreichend Lehrpersonal zur Verfügung.

Die Professoren hingegen sollten sich darauf konzentrieren können, als »Mastermind« das Studium und den Fachbereich sinnvoll zu organisieren, zu managen und vor allem weiterzuentwickeln. Darunter verstehe ich, Studienpläne zu aktualisieren und Kontakte zu Unternehmen zu pflegen, um Lernmöglichkeiten in Form von Praktika und Stellen für die Absolventen klarzumachen. In der Lehre sollten sie sich auf Masterstudierende konzentrieren, mit denen ein wissenschaftliches Gespräch auf Augenhöhe möglich ist. Anstatt sich in Massenveranstaltungen mit überforderten Bachelorstudierenden aufzureiben, sollten Professoren die Begeisterung für ihr Fach und ihre Disziplin vorleben, um die wirklich neugierigen, offenen und fachlich interessierten jungen Menschen wieder stärker anzuziehen. Natürlich soll keinem Professor der Kontakt mit Studierenden vorenthalten werden, wenn er ihn selbst will. Aber lustlose und elitäre oder entrückte und weltfremde Professoren können erheblichen Schaden für die Motivation der Studierenden anrichten. Insbesondere forschende Professoren sollten völlig vom Kontakt zu Studierenden befreit werden – zum beiderseitigen Nutzen.

Bei diesem Vorschlag geht es mir im Übrigen nicht darum, uns Professoren mehr Freizeit zu verschaffen. Ich meine aber, dass ihre Kapazitäten und Fähigkeiten nutzbringender für die Uni und die Gesellschaft eingesetzt werden können als in Lehrveranstaltungen für Studienanfänger. Denn die Qualität der Lehre muss dringend steigen. Die in Kapitel 4 zitierte Erkenntnis von John Hattie, wonach gute Lehrer das Wichtigste sind, muss nicht nur für Schulen gelten, sondern auch für Unis. Dass ein Professor 90 Minuten lang vor 1 200 Zuhörern seinen Text abliest, ohne den Kontakt zu ihnen zu suchen, und sich dann schnellstens verdrückt, bevor Fragen kommen, ist ein Anachronismus, der aber noch immer existiert. Es sind nicht nur die Studierenden, die den persönlichen Kontakt zu den Professoren scheuen – es ist viel zu oft auch umgekehrt.

Wie also erzielt man echte Lernerfolge? Die Qualität muss wichtiger sein als die Quantität. Das geht am besten in kleinen, überschaubaren Einheiten. So ist die didaktisch sinnvolle Gruppenarbeit in einem Massenbetrieb kaum zu organisieren. Universitäten müssen sich so umorganisieren, dass es kleine Fachbereiche gibt, in denen jeder jeden kennt und wahrnimmt. Damit Studierende dennoch ausreichend Wahlmöglichkeiten haben, sollten diese Fachbereiche wie die Waben eines Bienenstocks miteinander verbunden sein. Massenuniversitäten mit Zigtausenden von Studierenden und gigantischen Fachbereichen hingegen organisieren sich fast zwangsläufig so, dass sie nach vier Semestern die Hälfte der Studienanfänger »rausgeprüft« haben. Eine solche Zielsetzung ist aber ebenso inhuman wie der Massenapparat an sich.

Eine Universität, die auf persönliche Betreuung und Kontakte setzt, wird auch ihre Konflikte anders regeln als durch anonyme und unsinnige Evaluationsfragebögen, in denen nach der Länge des Fußwegs zur Bibliothek gefragt wird. In meinem Hochschulalltag erlebe ich es immer wieder als sehr positiv, wenn die gegenseitigen Erwartungen von Dozenten und Studierenden in einem kommunikativen Prozess geklärt werden. Leider ist das keineswegs an allen Universitäten üblich. Regelmäßige Gespräche mit Vertretern der Studierenden, in denen ohne Angst Kritik an Lehrveranstaltungen geübt werden kann, sind eher die Ausnahme. Aber wenn Dozenten sich den Studierenden öffnen, erleben sie, dass zumindest einige ihre Anpassungsroutine verlassen und sich den konkreten Erwartungen des Dozenten öffnen.

Ich plädiere auch dafür, die Anzahl der benoteten Prüfungen drastisch zu reduzieren und die dadurch frei werdenden Ressourcen für eine individuelle und qualifizierte Beurteilung des Absolventen durch seinen persönlichen Lehrer zu nutzen. Eine solche Beurteilung wird schon heute für Stipendienanträge gefordert und erstellt; sie sollte die Regel bei Beendigung des Studiums werden. In die Beurteilung sollte auch einfließen, wie sich der Absolvent bei Projekten gemacht hat – denn diese Information ist für künftige Arbeitgeber oft wesentlicher als die Note in einer der vielen Klausuren.

Ein wichtiger Aspekt ist die Finanzierung der Universitäten. Auch sie muss von Quantität auf Qualität umgestellt werden. Es darf keinen Anreiz mehr geben, wahllos möglichst viele Studierende aufzunehmen, nur um die Zuschüsse des Landes zu steigern. Eigentlich rechnet sich jeder Euro, der in Universitäten gesteckt wird, für die Gesellschaft. Aber das gilt nicht, wenn sinnlose »Buzzword-Studiengänge« zur weiteren Aufblähung der Anmeldezahlen aufgelegt werden. Die triviale Erhöhung von Akademikerzahlen kostet das Land irgendwann nicht nur mehr Geld, als es bringt, sondern steht auch der Erhöhung von Bildungsqualität und damit der Entwicklung von Führungskräften im Weg.

Zum Thema Finanzen gehört auch, dass gute Leute nicht gezwungen sein dürfen, aus finanziellen Gründen das Studium aufzugeben. Und umgekehrt darf die Finanzstärke der Eltern nicht der Grund für die Studienmöglichkeit sein. Dass ein Masterstudium auch mal 15 000 Euro kostet, ist eine ungesunde Entwicklung, die Stipendien und BAföG-Darlehen nicht ausgleichen können. Bildung und Bildungsabschlüsse dürfen nicht zu einem kaufbaren Konsumgut entarten. Dies gilt für klassisches analoggestütztes wie auch für digitalgestütztes Lernen.

Noch einmal: Digitalisierung der Bildung?

Die Vorstellung, Bildung lasse sich durch den Einsatz digitaler Technologien effektiver, gerechter und demokratischer machen, hat dennoch Konjunktur. Und ich will nicht bestreiten, dass der intelligente Einsatz von Technologie da und dort etwas verbessern oder erleichtern kann.

Aber ich plädiere generell für mehr Zurückhaltung.

Eine OECD-Studie aus dem Jahre 2014 zeigt, dass der Einsatz von digitalen Medien keinen eigenständigen Nutzen für den Lernerfolg bringt, sondern Lernen allenfalls dort besser macht, wo bereits ein analoger Unterricht von einem Lehrer sehr gut funktioniert.[9] Wenn wir keine »Sozial-Autisten« heranzüchten wollen, die »auf eine Computerstimme hören und tun, was die Maschine sagt«[10], dann sollten wir weiter auf menschliche Lehrer setzen statt auf Roboter. Ich will zu diesem Thema noch einmal den bereits zitierten Bildungspraktiker zu Wort kommen lassen. Wolfgang Schimpf, Leiter des Max-Planck-Gymnasiums in Göttingen und Vorsitzender der niedersächsischen Direktorenvereinigung, hat 2018 auf die nassforsche FDP-Parole »Digital first, Bedenken second« geantwortet:

 Erfülltes Leben resultiert nicht aus dem digitalen Entweder-Oder, es verdankt sich der Dynamik eines Sowohl-als-Auch. Sein Paradigma ist das autonome Individuum – das Gegenbild zu dem, was die digitale Transformation uns als Errungenschaft andient. Es wäre Zeit, dass auch die Entscheider unserer Republik dies erkennen.«[11]

Zukunft gemeinsam gestalten

Wir alle streben nach einem erfüllten Leben, jung wie alt. Gerade vielen Älteren gelingt das. Doch einige glauben mit zunehmendem

Alter, etwas in ihrem Leben verpasst zu haben, ihre Potenziale trotz mehr oder weniger materiellen Wohlstands nicht genutzt zu haben. Je älter der Mensch wird, desto mehr schaut er zurück auf das, was war, und nicht mehr auf das, was noch kommt. Und so manchen treibt eine Melancholie durch den Alltag um die möglicherweise verpassten Chancen, die im Laufe des Lebens vor der Tür standen, aber nicht gesehen wurden. So sollte es den jungen Menschen nicht ergehen! Sie können es anders machen. Und wenn es unserer Gesellschaft langfristig gut gehen soll, sollten sie es auch.

Ursprünglich wollte ich dieses Buch schreiben, um mein Unverständnis über Teile meiner Studierenden und der jungen Generation allgemein zum Ausdruck zu bringen. Aber je länger ich mich mit den Ursachen der von mir beobachteten Defizite und Probleme beschäftigt habe, desto klarer wurde mir, dass dieses Buch nicht mit einem Bashing der Jungen enden darf, sondern mit einem Appell an meine eigene Generation schließen muss: wir, die Menschen zwischen 50 und 70, die an den Schalthebeln unserer Gesellschaft sitzen und die die Generation meiner Studierenden erzogen und ausgebildet haben. Und die im Begriff sind, weitere junge Menschen beim Erwachsenwerden zu begleiten.

Die jungen Leute haben ein ungeheures Potenzial. Dass sie es nicht ausschöpfen können, hat sehr viel damit zu tun, dass wir gesellschaftlich so viel Angst schüren und Druck aufbauen. Wir Älteren müssen ihnen Mut machen, den Hunger nach dem Leben zu fordern, anstatt sie abzufüttern, um unser schlechtes Gewissen zu befrieden. Dazu müssen wir autoritäre Strukturen abbauen und so die Weichen dafür stellen, dass die nächste Generation ihre Fähigkeiten entfalten kann, um unsere Gesellschaft voranzubringen. Wichtig dafür ist gegenseitiges Vertrauen zwischen Jung und Alt. Wir Alten sollten ihnen Lust auf die Zukunft machen statt Angst davor. Denn Angst verändert die Welt nie zum Guten – sie schwächt vielmehr die, die sie gestalten und besser machen sollen.

Eine besondere Verantwortung tragen Eltern. Macht euren Kindern keine Angst, sondern Mut – und vermittelt ihnen innere Stärke. Erzieht sie zur Selbstständigkeit, was auch bedeutet: Sie sollen keine

Angst vor Fehlern haben. Sie sollen sie sogar machen dürfen. Aber vor allem: Beschützt die Kindheit! Organisiert das Familienleben so, dass eure Kinder ihre Anlagen in Ruhe und Geborgenheit entfalten können. Gebt ihnen Zuwendung und nehmt euch Zeit für sie. Denn der Satz »Zeit ist Geld«, der unsere effizienzgetrimmte Gesellschaft prägt, gilt nicht selten auch umgekehrt: Geld ist Zeit, die wir unseren Kindern vorenthalten haben.

Und die jungen Leute selber? Ihnen sage ich: Legt Bequemlichkeit und Angst ab und stellt euch dem Leben – mit all euren Stärken. Gebt uns Alten einen Vertrauensvorschuss und sprecht offen über eure Schwächen. Beides gehört zu einem erfüllten Alltag. Nehmt die Förder- und Gesprächsangebote persönlich an. Die Allermeisten werden das Vertrauen erkennen und ausnahmslos wie selbstverständlich unterstützen. Entwickelt eine innere Haltung zu den Realitäten unserer Welt und zeigt sie – selbst wenn sie nicht jedem gefallen wird, egal! Seid unangepasst!

Und von allen zusammen wünsche ich mir: Macht Augen und Ohren auf und verschließt euch niemals der Zukunft. Damit wir sie nicht verzocken.

Nachwort

Bildung als Begabung zum Menschen
von Konrad Paul Liessmann

Die Zukunft der Jugend geht uns alle an. Bildung, der Schlüssel zu dieser Zukunft, ist deshalb in aller Munde. Es gibt kaum einen Begriff, der in unterschiedlichen Zusammensetzungen so universell eingesetzt werden kann wie der Begriff der Bildung. Bildungseinrichtungen, -chancen, -gerechtigkeit, -reformen, -katastrophen, -experten, -politiker, -verlierer, -gewinner und andere Kombinationen beherrschen die Szene des Bildungsdiskurses. Der rasche Wandel von Bildungskonzepten und -utopien ist längst zu einem prominenten Gegenstand des öffentlichen Interesses geworden.

Wie relevant ist es, auf welchem Platz ein Land beim PISA-Test landet? Wozu führt die Umstellung des Unterrichts auf den Schwerpunkt Kompetenzorientierung? Sollte man Kindertagesstätten als Bildungseinrichtungen verstehen? Wie können Bildungsdefizite von Immigranten und sozial diskriminierten Menschen ausgeglichen werden? Welche Bildung macht für die Arbeitsplätze der Zukunft fit? Wie entdeckt und nutzt man Begabungsreserven? Wie wandelt sich die Rolle des Lehrers, und werden in Zukunft Lernbegleiter, Coaches und Sozialexperten das Bildungsgeschehen dominieren? Und ist es überhaupt notwendig, im Informationszeitalter noch Wissen zu vermitteln? – All diese Fragen, die beliebig vermehrt werden können, beschäftigen uns in immer höherem Maße.

Gleichzeitig zeigen diese Fragen aber auch, dass der Begriff der Bildung selbst höchst unscharf geworden ist. Schon lange herrscht keine

Einigkeit mehr darüber, was man unter Bildung eigentlich verstehen soll: Die Beherrschung grundlegender Kulturtechniken, berufsorientierte Qualifikationen, Soft Skills, Kompetenztrainings, Persönlichkeitsbildung, Orientierungsfähigkeit, Befähigung zur politischen Partizipation, Schulung von Verantwortung, Vermittlung von Werten, Produktion höherer Akademikerraten oder doch grundlegender Wissenserwerb: Bildung ist alles und alles ist Bildung.

Wenn etwas alles ist, ist es aber nichts. Bildung ist eine leere Begriffshülle geworden, die von jedem nach Belieben und je nach politischer oder ökonomischer Interessenslage gefüllt werden kann. Eine Besinnung auf die grundlegenden Bedeutungen von Bildung, ihre Ansprüche, aber auch ihre Grenzen, wie sie Gerald Lembke vorlegt, ist tatsächlich hochaktuell.

Theorie und Praxis sind dabei leider noch meilenweit voneinander entfernt und die Bildungspolitik hat mit dem Bildungsalltag wenig zu tun. Beliebt ist es unter Politikern und Unternehmern, aufgrund höchst zweifelhafter Kriterien und in der Regel plakativ verkürzter Testergebnisse eine Krise des Bildungssystems heraufzubeschwören, um dann das Mantra der notwendigen Bildungsreform anzustimmen und dabei die gerade angesagten Moden zu propagieren. Dann weiß dann plötzlich jeder, wie Bildung endlich gelingt. Der aktuelle Schlüssel zum Problem: Indem man auf Digitalisierung, Chancengleichheit, Inklusion, Ganztagsschule, gutes Essen und eine Lehrerausbildung setzt, die davon ausgeht, dass angehende Lehrer von dem Fach, das sie unterrichten, nicht mehr unbedingt viel verstehen müssen, scheint eine gute Bildung gesichert zu sein.

Kaum jemandem fällt auf, dass es bei all diesen guten Ideen um alles Mögliche gehen mag – um die Interessen der Internetkonzerne, um geschönte Statistiken, um sozialromantische Utopien und um beeindruckende Abiturnoten – aber nicht um Bildung. Und kaum jemand bemerkt, dass eine Reihe dieser Konzepte gegen jene empirischen Daten durchgesetzt werden sollen, die ansonsten eine evidenzbasierte Bildungspolitik gerne beschwört.

Mit anderen Worten: Die Realität des Bildungsgeschehens wird aus ideologischen Gründen in der Regel ausgeblendet. Dass Tablet-

und Laptopklassen im Vergleich schlechter abschneiden als analog unterrichtete Kinder, wird ebenso ignoriert wie die Probleme, die der Inklusionsimperativ für alle Beteiligten und Betroffenen geschaffen hat. Und dass die Lese- und Denkschwächen von Kindern und Jugendlichen auch mit einer verheerenden Erleichterungsdidaktik zu tun haben, die von der unseligen Rechtschreibreform bis zur »Leichten Sprache« alles tut, um Bildung als anspruchsloses Unternehmen zu installieren, sollte langsam ins allgemeine Bewusstsein rücken. Solange über Bildung allerdings nur in Euphemismen gesprochen werden darf, erübrigt sich eine ernsthafte Auseinandersetzung.

Als Folge der PISA-Tests hat »Kompetenzorientierung« einen prominenten Platz am Bildungshimmel eingenommen. Ansonsten wurde der Bildungsbegriff leider gravierend gestutzt. Auch die Hoffnung, dass die Digitalisierung nebenbei auch alle sozialen und didaktischen Probleme des Unterrichts lösen werde, ist ein Trugschluss. Was von Bildung übrig geblieben ist, ist ein Trauerspiel. All jene Dimensionen wurden gekappt, die zur Idee einer allgemeinen Menschenbildung gehörten und bereits von Wilhelm von Humboldt gefordert wurden. Dabei wäre diese Allgemeinbildung heute wichtiger denn je.

Zum Humboldt'schen Konzept gehören nicht nur grundlegende Kulturtechniken – die selbst noch gar keine Bildung, sondern eine ihrer Voraussetzungen darstellen –, sondern auch jene entscheidenden Kenntnisse und Fähigkeiten, auf die manche Bildungsreformer gerne verzichten möchten. All das, was lange den Kern allgemeiner Bildung ausmachte – tote und lebende Fremdsprachen, historisches Wissen, literarische und ästhetische Kenntnisse und Fähigkeiten, kulturelles und religiöses Verständnis, moralische Sensibilität –, spielt bei PISA keine Rolle. Wie beschränkt musste man eigentlich sein, um den PISA-Test als Indikator für den Zustand von Bildung zu akzeptieren?

Kompetenzorientierung und Digitalisierung sollen angeblich fit machen für die Arbeitsplätze der Zukunft. Abgesehen davon, dass Bildung nie eindimensional auf die Erfordernisse der Ökonomie bezogen werden sollte, stimmt dieser Ansatz nur in einem äußerst geringen Maße. Wer nur Kompetenzen schulen möchte, vergisst, dass diese nie Ziel, sondern nur ein Mittel sein können, um sich eben jene Kenntnisse anzueignen und mit jenen Fragen auseinander- zusetzen, die unsere Kultur in all ihren Spannungen charakterisieren und in Zukunft bestimmen werden. Schon Hegel wusste, dass der Geist junger Menschen, der frei und neugierig ist, einen Stoff benö- tigt, an dem er sich nähren, schärfen, entzünden, wachsen und abar- beiten kann. Über diesen Stoff, also um die Frage, was gelernt und vermittelt werden soll, sollte es vorrangig in Bildungsdebatten ge- hen, und nicht nur um die Frage, in welcher Organisationsform, so- zialen Zusammensetzung, mit welchen Chancen und mit welchen technischen Hilfsmitteln gelernt oder auch nicht gelernt wird. Auch wer individualisiert und lernbegleitet mit seinem Laptop das Falsche lernt, lernt das Falsche.

Zeigen lässt sich dies am aktuellen Hype um die Digitalisierung der Bildung. Neben all den wichtigen lernpsychologischen Einwän- den gegen einen zu frühen Einsatz digitaler Geräte im Unterricht, neben dem ebenso wichtigen Hinweis, dass der zu Recht geforderte kritische Umgang mit dem Internet, sozialen Netzwerken und digi- taler Lebenswelt eine Distanz zur Voraussetzung hat, die ihr Funda- ment in der analogen Welt haben muss, spricht vor allem eines gegen die These, dass die Digitalisierung des Unterrichts auf die neue Ar- beitswelt vorbereite: Digitalisierung bedeutet, alles zu automatisie- ren, was automatisiert werden kann, alles zu vernetzen, was vernetzt werden kann. Wohl werden für die Pflege dieser Technologien im- mer eine Handvoll Techniker und Experten gebraucht werden, auf den Arbeitsmärkten der Zukunft werden aber jene jungen Menschen die besten Chancen haben, die Kenntnisse und Fähigkeiten aufwei- sen, die entweder nicht digitalisiert werden können oder die Auto- matisierung kritisch und reflektierend begleiten. Dafür ein Konzept zu suchen, das sehr wohl auf der Idee einer humanen Bildung auf- bauen könnte, wäre die eigentliche Aufgabe aktueller Bildungspoli- tik. Gerald Lembke zeigt, in welche Richtungen der Diskurs geführt werden müsste.

Natürlich: Man muss der Idee von Bildung nicht zutrauen, alle Probleme dieser Welt und ihrer Zukunft zu lösen. Bildung ist kein säkularer Ersatz für die Heilsversprechen der Religionen, auch wenn der Gestus des Erlösers von Bildungsexperten gerne in Anspruch genommen wird. Aber Bildung ist auch nicht auf schmale Qualifikationsmaßnahmen, formelle Zertifizierungsverfahren, unnötige künstliche Wettbewerbe, ideologisch verordnete Chancenverteilung, Steigerung von Absolventenzahlen um jeden Preis und hemmungslose Kompetenzenproduktion zu reduzieren. Bildung hat mit der Entwicklung von Persönlichkeiten zu tun, sie hat mit der Vermittlung jener geistigen Fundamente zu tun, auf denen unsere Zivilisation aufbaut, und sie beinhaltet all jene Kenntnisse, Techniken und Fähigkeiten, die schlechterdings notwendig sind, um sich in dieser Gesellschaft zu orientieren und diese als selbstbewusster und mündiger Bürger in Zukunft mitzugestalten.

Bildung hängt daher immer auch mit dem Abarbeiten an Normen und Standards zusammen, zu dem durchaus die kritische Auseinandersetzung mit kanonischen Werken, Texten und Theorien gehört. Der Leistungsgedanke kann deshalb ruhig wieder reaktiviert werden, Ziele dürfen vorgegeben und Wissen darf vermittelt und geprüft werden – und zwar nicht, um irgendwelchen Test- oder Kompetenzüberprüfungskriterien zu genügen, sondern weil es die Logik einer Sache, der Anspruch eines Inhalts, die Struktur eines Gegenstandes, die Dringlichkeit eines Problems verlangen. Wem es um die Sache der Bildung geht, der muss von einer rituellen Wettbewerbsrhetorik ebenso Abstand nehmen wie von einer nur vordergründig empathischen Befindlichkeitspädagogik.

Alle Kenntnisse, alle Fähigkeiten, die im Zuge eines Bildungsprozesses angeeignet, erworben, geübt und weiterentwickelt werden, dienen nicht nur der Eingliederung eines Menschen in eine vorgegebene Welt der Technik und Ökonomie, sondern sind auch Vorbedingung für die Formung einer mündigen Person. Letztlich bleibt Bildung, nach einem Wort des zu Unrecht vergessenen kritischen Pädagogen Heinz-Joachim Heydorn, der Versuch, den Menschen zum Menschen zu begaben. Ein Versuch, der gegen alle Formen des einseitigen Trainings, der berufsorientierten Qualifikation und marktorientierten Talentpflege das unverstellte Menschsein im Auge hat. Bildung bleibt der Versuch, von dem nicht gesagt werden kann, ob er überhaupt gelingen kann. Aber es ist der einzige Versuch, der einen Versuch wert ist.

Ein herzlicher Dank

… geht an die Menschen, die mir in diesem Projekt unter die Arme gegriffen haben. Ganz vorne sind meine steten Mitleser, Mitdenker und größten Kritiker zu erwähnen: Lektorin Dorothea Bühler, Carmen Kölz (Programmleitung), Oliver Domzalski, Christoph Künne (docma), Claudia Paulus, Gitta Müller, Regina Nissen. Jede und jeder Einzelne ist ein wahrer Schatz, und ich bleibe jeder und jedem verbunden für das Zuhören, für die Energie und die Motivation in den schwierigen Phasen und für die konstruktive Unterstützung während dieser zwölf anspruchsvollen Arbeits- und Lebensmonate.

Besonders bewegend waren die vielen Gespräche mit Hochschulkollegen und -mitarbeitern, Personalmanagern, Geschäftsführern, Lehrern, Eltern und den jungen Menschen aus ganz Deutschland in den letzten zwei Jahren. Sie gaben mir äußerst bereichernde Einblicke in ihr Denken über die jungen Menschen heute. Viele saßen mir kopfschüttelnd gegenüber, andere waren optimistisch. Es gibt diese beiden Schubladen in unserer Gesellschaft. Doch alle motivierten mich, dieses Buch zu Ende zu schreiben.

Das Schreiben eines Buches braucht dauerhaft und viel Motivation, vor allem für die täglich sehr frühen Morgenstunden vor meinen hautberuflichen Tätigkeiten als Hochschullehrer und Familienvater. Ich danke ausdrücklich meiner Hochschule und im besonderen Maße meiner Familie, die mir so wunderbar und verständnisvoll den Rücken frei gehalten haben. Danke, danke, danke!!!

Meinem lieben Kollegen Konrad Liessmann gebührt mein Dank für sein Nachwort, vor allem aber dafür, sich durch meine »kyrillischen Betatextversionen« gewühlt zu haben, um schließlich aus der Ferne pointiert das Dilemma unserer Bildungspolitik auf den Punkt zu bringen. Im Geiste verbunden übersende ich herzliche Grüße nach Wien.

Anmerkungen

Vorwort

1 Hartmann, Evi (2018): Ihr kriegt den Arsch nicht hoch! Campus
2 Schulmeister, Ralf und Christian Metzger (Hrsg.) (2011): Die Workload im Bachelor: Zeitbudget und Studierverhalten. Eine empirische Studie. Waxmann, S. 36
3 Dworschak, Manfred (2010): Erschöpft vom Bummeln. In: *Der Spiegel*, 38/2010
4 Strobel, Beate (2018): Generation ›Passt schon‹, in: *Magazin Schule*, 6/7/8-2018
5 Hurrelmann, Klaus (2015): Jugend 2015: 17. Shell Jugendstudie. Fischer Taschenbuch
6 Keller, Marion (2017): Seelische Krisen und psychische Erkrankungen bei Jugendlichen und jungen Erwachsenen, Homepage des Dachverbands der Gemeindepsychiatrie. https://www.dvgp.org/themen-engagement/jugend-und-seelische-gesundheit/erkrankungen-bei-jugendlichen.html (28.07.2017)
7 Lembke, Gerald und Ingo Leipner (2018): Die Lüge der digitalen Bildung: Warum unsere Kinder das Lernen verlernen. Redline

1 Wo drückt der Schuh?

1 O. A. (2016): Forscher Thomas Kliche: Globalisierungsschock bringt das Ende der Gemütlichkeit. In: *Mitteldeutsche Zeitung* vom 25.06.2016. https://www.mz-web.de/politik/forscher-thomas-kliche-globalisierungs schock-bringt-das-ende-der-gemuetlichkeit-23621272 (15.01.2019)
2 Druyen, Thomas (2018): Die ultimative Herausforderung – über die Veränderungsfähigkeit der Deutschen. Springer VS, S. 5
3 Klein, Susanne (2018): Schicksal Armut. In: *Süddeutsche Zeitung* vom

24.10.2018. https://www.sueddeutsche.de/politik/pisa-studie-deutsch land-bildung-1.4182333?reduced=true (27.12.2018)

4 Statistisches Bundesamt (2018): Anteil der Akademikerinnen bei 30- bis 34-Jährigen doppelt so hoch wie vor einer Generation. Pressemitteilung Nr. 332 vom 06.09.2018

5 Bude, Heinz (2014): Gesellschaft der Angst. Hamburger Edition, HIS

6 Bertelsmann Stiftung (Hrsg.) (2017): Inklusives Wachstum für Deutsch land 14: Grenzbelastungen im Steuer-, Abgaben- und Transfersystem. Fehlanreize, Reformoptionen und ihre Wirkungen auf inklusives Wachs tum. https://www.bertelsmann-stiftung.de/fileadmin/files/BSt/Publika tionen/GrauePublikationen/NW_Steuer_und_Transfersystem.pdf (07.12.2018)

2 Die nächste Generation: fit für die Zukunft?

1 Lührs, Greta (2018): Me, Myself and Why. In: *Emotion* 12/2018

2 Shell Deutschland (2015): Jugend 2015: 17. Shell Jugendstudie. Fischer Taschenbuch, S. 76

3 Musil, Robert (2013): Der Mann ohne Eigenschaften. Anaconda Verlag

4 Förstl, Hans (2004): Frontalhirn: Funktionen und Erkrankungen. Springer

5 Herrmann, Manfred (2008): Neuronale Grundlagen disinhibitorischen Verhaltens. Workshopdokumentation vom Evangelischen Erziehungsver band 09.–11.04.2008. https://www.erev.de/auto/Downloads/ Skripte_2008/Fuenf_Tage/2008_Folien_Herrmann.pdf (13.01.2019)

6 DAK (2018): Kinder- und Jugendreport 2018. https://www.dak.de/dak/ download/dak-kinder-und-jugendreport-2018-2002322.pdf (07.12.2018)

7 Malik, Fredmund (2014): Führen Leisten Leben: Wirksames Management für eine neue Welt. Campus, S. 325

8 Calmbach, Marc et al. (2016): Wie ticken Jugendliche 2016? Lebenswelten von Jugendlichen im Alter von 14 bis 17 Jahren in Deutschland. Springer

9 Deutsche Gesellschaft für Qualität (DGQ) (2014): Repräsentative Studie zeigt: Für neun von zehn Unternehmen ist Qualität Erfolgsgarant der deutschen Wirtschaft. https://www.dgq.de/aktuelles/news/ repraesentative-studie-zeigt-fuer-neun-von-zehn-unternehmen-ist- qualitaet-erfolgsgarant-der-deutschen-wirtschaft (19.12.2018)

10 Bertelsmann Stiftung (2017): Sozialer Zusammenhalt in Deutschland 2017. https://www.bertelsmann-stiftung.de/fileadmin/files/BSt/ Publikationen/GrauePublikationen/ST-LW_Studie_Zusammenhalt_in_ Deutschland_2017.pdf (07.12.2018)

11 Spitzer, Manfred (2018): Einsamkeit – die unerkannte Krankheit: schmerzhaft, ansteckend, tödlich. Droemer

12 Freud, Anna (1984): Das Ich und die Abwehrmechanismen. Fischer Taschenbuch

13 Lührs, Greta (2018): Me, myself and why. In: *Emotion,* 12/2018

14 Focus Online (2018): Live-Ticker der Pressekonferenz zur »DFB-Analyse zum WM-Scheitern« am 29.08.2018. https://www.focus.de/sport/fussball/ em_2020/dfb-analyse-im-live-ticker-loew-holt-sane-zurueck-und-begnadigt-zwei-bayern-stars_id_9492066.html (13.01.2019)

15 O. A. (2018): Langjähriger DFB-Trainer Hrubesch schimpft über Nachwuchsausbildung im Fußball. In: *Spiegel Online* vom 29.12.2018. http://www.spiegel.de/sport/fussball/horst-hrubesch-kritisiert-ausbildung-von-talenten-im-fussball-a-1245799.html (15.01.2019)

16 Strobel, Beate (2018): Generation ›Passt schon‹. In: *Magazin Schule,* 6/7/8-2018

17 Accenture (2016): Erfolgsfaktor Leidenschaft: wie Unternehmen die besten Millennials gewinnen und langfristig halten. https://www.accenture.com/ t00010101T000000Z__w__/de-de/_acnmedia/PDF-34/Accenture-Sparking-Passion-People-infographic.pdf#zoom=50 (02.09.2018)

18 Ernst&Young (2018): EY Studentenstudie 2018. https://www.ey.com/ Publication/vwLUAssets/ey-studentenstudie-2018/$FILE/ey-studentenstudie-2018.pdf (07.12.2018)

19 Grobe, Thomas; Susanne Steinmann und Joachim Szecsenyi (2018): Arztreport 2018. Schriftenreihe zur Gesundheitsanalyse. Band 7. http:// bit.ly/2EPIZkB (17.04.2018)

20 Guski, Holger (2018): Interview in: *Paderborner Zeitung* vom 26.10.2018

21 Techniker Krankenkasse (2011): Gesundheitsreport 2011. Gesundheitliche Veränderungen bei jungen Erwerbspersonen und Studierenden. https:// www.tk.de/resource/blob/2026668/3cd7d2191f71fe6edf4dcb67d9e99f8a/ gesundheitsreport-2011-data.pdf (14.10.2018)

22 Luck, Jana (2018): Einsamkeit: ›Ich nenne es das Bridget-Jones-Phänomen‹. https://www.zeit.de/campus/2018-02/einsamkeit-forschung-social-media-rebecca-nowland-interview (05.09.2018)

23 Spitzer, Manfred (2018): Einsamkeit – die unerkannte Krankheit: schmerzhaft, ansteckend, tödlich. Droemer, S. 36

24 Morris, Errol (2010): The Anosognosic's Dilemma: Something's Wrong but You'll Never Know What It Is (Part 1). Interview der *New York Times* vom 20. Juni 2010 mit David Dunning http://opinionator.blogs.nytimes.com (02.08.2015)

25 Schorb, Bernd (2005): Medienkompetenz. In: Hüther, Jürgen; Bernd Schorb (Hrsg.): Grundbegriffe Medienpädagogik kopaed, S. 257–262.

26 Shell Deutschland (2015): Jugend 2015: 17. Shell Jugendstudie. Fischer Taschenbuch, S. 56

27 Zitiert nach: Furger, Franz (2009): Einführung in die Moraltheologie. wbg Academic in Wissenschaftliche Buchgesellschaft (WBG), S. 1

3 Familien im Dauerstress

1 Langer, Dietmar (2018): Im Interview: Kinder. In: *Süddeutsche Zeitung* vom 20.10.2018

2 Renz-Polster, Herbert (2018): Die Kindheit ist unantastbar: Warum Eltern ihr Recht auf Erziehung zurückfordern müssen. Beltz, S. 96

3 Amend, Lars (2017): Why not? Inspirationen für ein Leben ohne Wenn und Aber. Gräfe und Unzer

4 Haaf, Meredith (2018): Wenn Kinder brüllen. In: *Süddeutsche Zeitung* vom 26.10.2018

5 Singer, Kurt (2009): Die Schulkatastrophe: Schüler brauchen Lernfreude statt Furcht, Zwang und Auslese. Beltz, S. 56

6 Stiftung für die psychische Gesundheit von Kindern (2018): Psychische Störungen: Jedes fünfte Kind ist stark gefährdet oder bereits erkrankt. http://www.achtung-kinderseele.org/html/themen/psychische Prozent 20stoerungen.html (09.09.2018)

7 Sirota, Marcia (2018): Diese Erfahrungen in der Kindheit führen zu Problemen im Erwachsenenalter. https://www.huffingtonpost. de/2016/05/02/kindeserfahrung-erwachsen_n_9806636.html (05.09.2018)

8 Ziegler, Holger (2018): Stress-Studie 2015: Burn-Out im Kinderzimmer: Wie gestresst sind Kinder und Jugendliche in Deutschland? http:// kinderförderung.bepanthen.de/static/documents/03_Abstract_Ziegler.pdf (09.09.2018)

9 Greiner, Lena und Carola Padtberg (2017): Verschieben Sie die Deutsch-arbeit – mein Sohn hat Geburtstag; und (2018): Ich muss mit auf Klassen-fahrt – meine Tochter kann sonst nicht schlafen! Ullstein Taschenbuch

10 Ruholl, Sabine (2018): Selbstwirksamkeit als Indikator für psychische Störungen. Dissertation TH Aachen 2007. http://webcache. googleusercontent.com/search?q=cache:http://publications.rwth-aachen. de/record/62753/files/Ruholl_Sabine.pdf (15.10.2018)

11 Eberhard, David (2015): Kinder an der Macht: Die monströsen Aus-wüchse liberaler Erziehung. Kösel

12 BMFSFJ (2018): 15. Kinder- und Jugendbericht. Bericht über die Lebenssituation junger Menschen und die Leistungen der Kinder- und Jugendhilfe in Deutschland. https://www.bmfsfj.de/blob/115438/ d7ed644e1b7fac4f9266191459903c62/15-kinder-und-jugendbe-richt-bundestagsdrucksache-data.pdf (03.09.2018), S. 428

13 Winterhoff, Michael (2009): Warum unsere Kinder Tyrannen werden. Goldmann

14 Renggli, Franz (2018): Angst und Geborgenheit: Soziokulturelle Folgen der Mutter-Kind-Beziehung im ersten Lebensjahr. rowohlt repertoire, S. 234

15 Müller, Karin (2014): Wenn Burni unsere Kinder erreicht: Burnout bei Jugendlichen und Kindern. neobooks

16 Schmidt, Helmut (1978): Plädoyer für einen fernsehfreien Tag. In: *DIE ZEIT* vom 26.05.1978

17 Lembke, Gerald (2016): Im digitalen Hamsterrad: Ein Plädoyer für den gesunden Umgang mit Smartphone&Co. Medhochzwei Verlag

18 Lembke, Gerald und Ingo Leipner (2015): Die Lüge der digitalen Bildung. Redline

19 Oberhuber, Nadine (2014): Nesthocker: Wenn das Kind nicht ausziehen will. https://www.faz.net/aktuell/wirtschaft/wohnen/hotel-mama-13089681-p3.html (27.12.2018)

20 Strobel, Beate (2018): Generation ›Passt schon‹. In: *Magazin Schule* 3/2018

4 Vollgas im Leerlauf: die Schule

1 Precht, Richard David (2013): Anna, die Schule und der liebe Gott: Der Verrat des Bildungssystems an unseren Kindern. Goldmann

2 Wilhelm, Klaus (2018): Merkwürdig zufrieden. Interview mit Andrea Kleeberg-Niepage in: *Psychologie Heute* 9/2018 https://www.psychologie-heute.de/gesellschaft/39408-merkwuerdig-zufrieden.html (14.01.2019)

3 Vodafone Stiftung (2012): Lehre(r) in Zeiten der Bildungspanik. Eine Studie zum Prestige des Lehrerberufs und zur Situation an den Schulen in Deutschland. https://www.vodafone-stiftung.de/uploads/tx_newsjson/allensbach_04_2012.pdf (09.12.2018)

4 Hattie, John (2017): Lernen sichtbar machen für Lehrpersonen: Überarbeitete deutschsprachige Ausgabe von »Visible Learning for Teachers«. Schneider

5 Werner, Rainer (2012): Genervte Lehrer. Bürokratie und Bildungspolitik stören Unterricht. https://www.welt.de/debatte/article106264716/Buerokratie-und-Bildungspolitik-stoeren-Unterricht.html (12.11.2018)

6 GEW NRW (2019): Zur Rechtslage der Arbeitszeit von Lehrerinnen und Lehrern in Nordrhein-Westfalen. https://www.gew-nrw.de/arbeitszeit-arbeitsplatz.html (12.1.2019)

7 Die Einstiegsgehälter (Bezüge) von Lehrerinnen und Lehrern sind von Bundesland zu Bundesland unterschiedlich. In den meisten Bundesländern heißt für Grundschullehrerinnen und Grundschullehrer die entsprechende Besoldungsstufe im Beamtenrecht A12. Wer dagegen an weiterführenden Schulen (Gymnasien, Berufsschulen) unterrichtet, steigt zumeist bei A13 ein. https://www.oeffentlichen-dienst.de/news/69-gehalt/300-grundschullehrer-gehalt-lehrergehalt.html (14.01.2019)

8 DAK (2017): Präventionsradar. Kinder- und Jugendgesundheit in Schulen.

https://www.dak.de/dak/download/praeventionsradar-1936276.pdf
(14.01.2019)

9 Statistisches Bundesamt (2017): Gesundheit: Diagnosedaten der Patienten
und Patientinnen in Krankenhäusern. https://www.destatis.de/DE/
Publikationen/Thematisch/Gesundheit/Krankenhaeuser/Diagnosedaten
Krankenhaus2120621167004.pdf?__blob=publicationFile (11.02.2019)

10 Schimpf, Wolfgang (2018): Nachdenken first. In: *Süddeutsche Zeitung* vom
26.11.2018

11 Berthaler, Sandra (2018): Was ihr im ersten Jahrzehnt versäumt, ist kaum
aufzuholen. Interview von Sandra Berthaler mit Josef Kraus. https://www.
focus.de/familie/schule/josef-kraus-wieso-kinder-sich-nicht-mehr-beneh-
men-koennen_id_7239023.html (14.04.2018)

12 Kohlmaier, Matthias (2018): Gewalt an Schulen. Tritt vors Schienbein,
Schlag in die Magengrube. In: *Süddeutsche Online* vom 02.05.2018 http://
www.sueddeutsche.de/bildung/gewalt-an-schulen-tritt-vors-schienbein-
schlag-in-die-magengrube-1.3964060 (04.05.2018)

13 Meier, Heiko; Horst-Walter Hundte, Lisa Sennefelder, Robin Bätz, Oliver
Grebing, Theresa Günther, Lucas Hoppe und Sarah Ochmann (2018):
Wie geht's? Ergebnisse einer Untersuchung der strukturellen Rahmen-
bedingungen zur Gesundheitsförderung von Lehrkräften in der Schule.
http://www.vbe-nrw.de/downloads/PDF%20Dokumente/Gesu_Umfrage_
Ergebnisse.pdf (27.12.2018)

14 OECD (2015): PISA 2015. Ergebnisse im Fokus. https://www.oecd.org/
berlin/themen/pisa-studie/PISA_2015_Zusammenfassung.pdf
(27.12.2018)

15 Leest, Uwe und Christoph Schneider (2008): Cyberlife II. Spannungsfeld
zwischen Faszination und Gefahr. Cybermobbing bei Schülerinnen und
Schülern. Zweite empirische Bestandsaufnahme bei Eltern, Lehrkräften
und Schülern/ innen in Deutschland. https://www.buendnis-
gegen-cybermobbing.de/fileadmin/pdf/studien/2016_05_02_
Cybermobbing_2017End.pdf (18.07.2018)

16 Schäfer, Mechthild (2018): Mobbing unter Schülern: Phänomenologie,
Dynamik und Ansätze zur Prävention/Intervention. In: Petermann, Franz;
Wolfgang Schneider; Niels Birbaumer; Dieter Frey; Julius Kuhl und Ralf
Schwarzer (2007): Enzyklopädie der Psychologie: Angewandte Entwick-
lungspsychologie: Serie 5/BD 7, Hogrefe Verlag, S. 521–546

17 Mascolo, Georg (2018): Frei, unabhängig, kritisch. In: *Süddeutsche Zeitung*
vom 17.11.2018, S. 45

5 Der schöne Schein: Universitäten

1 Novotny, Rudi (2018): I love Bologna. In: *Die ZEIT* 21/2018 vom
17.05.2018

2 Kaube, Jürgen (2014): Studienzeitverkürzung? Fehlanzeige. In: *FAZ* vom
01.08.2014; und Maastricht University (2017): Fachkraft 2020. 7. und
8. Erhebung zur wirtschaftlichen und allgemeinen Lebenssituation der
Studierenden in Deustchland. https://studitemps.de/wp-content/
uploads/2018/07/2017_Studie_Fachkraft2020.pdf (14.01.2019), S. 16

3 Weiß, Claire und Tim Wiewiorra (2011): Reform des Bologna-Prozesses
als Voraussetzung für innovative und kreative Ausbildung in Europa.
In: Europäisches Informations-Zentrum in der Thüringer Staatskanzlei:
Reform des Bologna-Prozesses an deutschen Hochschulen als Voraussetzung für innovative und kreative Ausbildung in Europa, S. 105

4 Heublein, Ulrich; Julia Ebert; Christopher Hutzsch; Sören Isleib;
Richard König; Johanna Richter und Andreas Woisch (2017): Zwischen
Studienerwartungen und Studienwirklichkeit. Ursachen des Studien-
abbruchs, beruflicher Verbleib der Studienabbrecherinnen und Studienabbrecher und Entwicklung der Studienabbruchquote an deutschen
Hochschulen. In: *Forum Hochschule* 1/2017, https://www.dzhw.eu/pdf/
pub_fh/fh-201701.pdf (14.01.2019)

5 Heublein, Ulrich und Robert Schmelzer (2017): Die Entwicklung der
Studienabbruchquoten an den deutschen Hochschulen. Berechnungen auf
Basis des Absolventenjahrgangs 2016. https://www.dzhw.eu/pdf/21/
studienabbruchquoten_absolventen_2016.pdf (14.01.2019), S. 3

6 Warkentin, Natalia (2018): Was von Bologna bleibt. In: *FAZ* vom
30.06./01.07.2018

7 Göres, Joachim (2018): Die Konkurrenz schläft nicht. Referenzen, Motiva-
tionsschreiben, Auswahlgespräch: Um Masterstudienplätze wird hart
gekämpft. In: *Süddeutsche Zeitung* vom 09.11.2018

8 Lippold, Dirk: Die Bologna-Reform – eine verfehlte Hochschulpolitik?
In: *HRLer* 2016/17 vom 09.10.2016

9 Graeber, David (2018): Bullshit Jobs: Vom wahren Sinn der Arbeit.
Klett-Cotta

10 Warkentin, Natalia (2018): Was von Bologna bleibt. In: *FAZ* vom
30.06./01.07.2018

11 TK (2018): CampusKompass 2015. https://www.tk.de/tk/themen/
praevention-und-fehlzeiten/campuskompass/957778# (27.12.2018)

12 Univativ (2017): Zweifel am Studium steigen: Jeder zweite Student spielt
gedanklich mit Abbruch. Zusammenfassung der Studie unter
https://www.presseportal.de/pm/68143/3580477 (11.11.2018)

13 TK (2017): Gesundheit Studierender in Deutschland 2017.
https://www.tk.de/centaurus/servlet/contentblob/989724/Datei/93075/

Gesundheit-Studierender-in-Deutschland-2017-Studienband.pdf
(27.12.2018)

14 Barmer (2018): Barmer Arztreport, Schriftenreihe zur Gesundheitsana-
    lyse. https://www.barmer.de/blob/144368/08f7b513fdb6f06703c6e9765ee9
    375f/data/dl-barmer-arztreport-2018.pdf (07.12.2018)

15 Meuter, Sabine (2014): Studenten am Rande des Nervenzusammenbruchs.
    https://www.welt.de/gesundheit/psychologie/article129977400/
    Studenten-am-Rande-des-Nervenzusammenbruchs.html (27.12.2018)

16 Ärztezeitung (2017): Mehr Studenten mit psychischen Problemen. https://
    www.aerztezeitung.de/politik_gesellschaft/gp_specials/article/931779/
    studentenwerk-studenten-psychischen-problemen.html (27.12.2018)

17 Schulmeister, Rolf (2014): Auf der Suche nach Determinanten des
    Studienerfolgs: In: J. Brockmann/A. Pilniok (Hrsg.), Studieneingangs-
    phase in der Rechtswissenschaft, Nomos: Baden-Baden, S. 72–205.
    http://rolf.schulmeister.com/pdfs/Determinanten%20R_Schulmeister.pdf
    (20.12.2018)

18 Dworschak, Manfred (2010): Erschöpft vom Bummeln.
    In: *Der Spiegel* 38/2010

19 Hahn, Thomas (2018): Wegweiser in die Zukunft.
    In: *Süddeutsche Zeitung* vom 12.11.2018

20 Kleeberg-Niepage, Andrea (2018): Merkwürdig zufrieden mit der
    Gesellschaft. Interview in: *Psychologie Heute* 9/2018

21 Luhmann, Niklas und Dieter Lenzen (1997): Bildung und Weiterbildung
    im Erziehungssystem. Suhrkamp

22 Schomburg, Harald; Choni Flöther und Vera Wolf (2018): Wandel von
    Lehre und Studium an deutschen Hochschulen – Erfahrungen und
    Sichtweisen der Lehrenden. Studie der Hochschulrektorenkonferenz
    (HRK) 2012. https://www.hrk-nexus.de/uploads/media/HRK_nexus_
    LESSI.pdf (24.04.2018)

6   Höchste Ansprüche von Staat, Wirtschaft und Gesellschaft

1 Prantl, Heribert (2018): Schämt euch, Länder! In: *Süddeutsche Zeitung* vom
   05.12.2018

2 Allensbach-Institut (2012): Lehre(r) in Zeiten der Bildungspanik: Eine
   Studie zum Prestige des Lehrerberufs und zur Situation an den Schulen in
   Deutschland. Im Auftrag der Vodafone Stiftung. https://www.voda-
   fone-stiftung.de/uploads/tx_newsjson/allensbach_04_2012.pdf
   (11.12.2018)

3 Werner, Rainer (2012): Was Lehrer nervt. https://www.welt.de/print/
   die_welt/debatte/article106265785/Was-Lehrer-nervt.html (27.12.2018)

4 Duru-Bellat, Marie (2006): L›inflation scolaire : Les désillusions de la méritocratie. Seuil

5 Bölling, Rainer (2014), 50 Jahre »Bildungskatastrophe«. Studium für alle ist ein Holzweg. https://www.wiwo.de/erfolg/hochschule/50-jahre-bildungskatastrophe-studium-fuer-alle-ist-ein-holzweg/9475458.html (11.12.2018)

6 OECD (2015): Bildung auf einen Blick 2015 OECD. Indikatoren. https://www.bmbf.de/files/OECD_Education_at_a_Glance_2015.pdf (27.12.2018)

7 Bertelsmann Stiftung (2018): Lehrkräfte dringend gesucht. Bedarf und Angebot für die Primarstufe. https://www.bertelsmann-stiftung.de/fileadmin/files/BSt/Publikationen/GrauePublikationen/BST-17-032_Broschuere-Lehrkraefte_dringend_gesucht_GESAMT_WEB.pdf (14.01.2019), S. 7

8 Expertenkommission Forschung und Innovation (EFI) (Hrsg.) (2018): Gutachten zu Forschung, Innovation und technologischer Leistungsfähigkeit Deutschlands. https://www.e-fi.de/fileadmin/Gutachten_2018/EFI_Gutachten_2018.pdf (14.01.2019)

9 Klein, Susanne (2018): Schicksal Armut. In: *Süddeutsche Zeitung* vom 24.10.2018

10 Lembke, Gerald und Ingo Leipner (2015): Die Lüge der digitalen Bildung. Redline

11 Tagesschau (2018): Weltweiter Vergleich. Deutschland ist am innovativsten. Sendung vom 17.10.2018 um 09:00 Uhr. https://www.tagesschau.de/wirtschaft/innovation-deutschland-101.html

12 Eggebrecht, Steffen (2010): Hilfe, ich habe einen Job. http://www.spiegel.de/lebenundlernen/job/berufsanfaenger-hilfe-ich-habe-ei-nen-job-a-700152.html (27.03.2018)

13 Arbeitsgemeinschaft Mittelstand (2017): Anzahl der Beschäftigten im deutschen Mittelstand in den Jahren von 2006 bis 2017. https://de.statista.com/statistik/daten/studie/5953/umfrage/beschaeftigte-im-deutschen-mittelstand/ (14.01.2019)

14 DIHK (2015), Kompetent und praxisnah: Erwartungen der Wirtschaft an Hochschulabsolventen https://www.google.com/url?sa=t&rct=j&q=&esrc=s&source=web&cd=1&ved=2ahUKEwjUwdTfnpjfAhWjk4sKHZ6cDHwQFjAAegQIA-BAC&url=https%3A%2F%2Fwww.dihk.de%2Fressourcen%2Fdownloads%2Fdihk-umfrage-hochschulabsolventen-2015.pdf&usg=AOvVaw3WaGFIxLsP0Sbg25CUP1DG. (11.12.2018)

15 Staufenbiel (2017): RecruitingTrends 2017: So ticken Personalabteilungen. https://www.staufenbiel.de/magazin/bewerbung/recruiting-trends-2017-so-ticken-personalabteilungen.html (27.12.2018)

16 DIHK (2015): Kompetent und praxisnah – Erwartungen der Wirtschaft

an Hochschulabsolventen. https://www.dihk.de/ressourcen/downloads/
dihk-umfrage-hochschulabsolventen-2015.pdf (14.01.2019)

17 Barmer (2018): Barmer Arztreport, Schriftenreihe zur Gesundheitsanalyse. https://www.barmer.de/blob/144368/08f7b513fdb6f06703c6e9765ee9
375f/data/dl-barmer-arztreport-2018.pdf (07.12.2018)

18 Böhm, Stephan; Miriam Baumgärtner, Christoph Breier, Anna Brzykcy,
Flavia Kaufmann, Phillip Kreiner, Lars Kreissner und Besar Loki (2017):
Lebensqualität und Lebenszufriedenheit von Berufstätigen in der
Bundesrepublik Deutschland: Ergebnisse einer repräsentativen Studie der
Universität St. Gallen. https://www.barmer.de/blob/109628/dfa8e773b8e-
5d8e951b2bfc742b1e6e5/data/studienergebnisse-prof-boehm.pdf
(14.01.2019)

19 Hartmann, Evi (2018): Ihr kriegt den Arsch nicht hoch! Campus

20 Hurrelmann, Klaus (2018): Nicht ohne meine Eltern: die Generation Z.
In: *Die ZEIT* 48/2018 vom 22.11.2018

21 Ebd.

22 Zielcke, Andreas (2018): Erniedrigte und Beleidigte. In: *Süddeutsche
Zeitung* vom 03.12.2018

23 Heitmeyer, Wilhelm (2018): Autoritäre Versuchungen: Signaturen der
Bedrohung. Suhrkamp

24 Kraus, Josef (2017): Wie man eine Bildungsnation an die Wand fährt: Und
was Eltern jetzt wissen müssen. Herbig

25 Centrum für angewandte Wirtschaftsforschung Münster (2009): Lebenszufriedenheit und Wohlbefinden in Deutschland: Studie zur Konstruktion
eines Lebenszufriedenheitsindikators (»Glücks-BIP«). Gutachten im
Auftrag der Initiative Neue Soziale Marktwirtschaft. https://www.insm.
de/fileadmin/insm-dms/text/publikationen/studien/kurzfassung-glu-
ecks-BIP.pdf (28.12.2018)

26 Easterlin, Richard A. (1974): Does Economic Growth Improve the Human
Lot? In: Paul A. David & Melvin W. Reder (Hrsg.): Nations and House-
holds in Economic Growth: Essays in Honor of Moses Abramovitz.
S. 89–125

27 Suntum, Ulrich van; Aloys Prinz und Nicole Uhde (2010): Lebenszufriedenheit und Wohlbefinden in Deutschland: Studie zur Konstruktion eines
Lebenszufriedenheitsindikators. SOEPpapers on Multidisciplinary Panel
Data Research. https://www.diw.de/documents/publikationen/73/
diw_01.c.346193.de/diw_sp0259.pdf (11.12.2018)

7 Was tun?

1 Bude, Heinz (2014): Gesellschaft der Angst. Hamburger Edition, HIS
2 Kutter, Kaua (2018): Versuch geplatzt. In: *die tageszeitung* vom 01.07.2016
3 Kerstan, Thomas (2018): Zwei Welten: Warum Bildungsreformen in Deutschland so oft scheitern. In: *Die Zeit* vom 17.05.2018
4 Precht, Richard David (2014): Anna, die Schule und der liebe Gott: Der Verrat des Bildungssystems an unseren Kindern. Goldmann
5 Rossbach, Henrike (2018): Du bist, was du lernst. In: *Süddeutsche Zeitung* vom 18.10.2018
6 Scherer, Katja (2018): Nicht jeder braucht ein Studium. In: *Die Zeit* vom 27.09.2018
7 O. A. (2018): Viel verdienen ohne Studium. In: *FAZ* vom 24.10.2018. https://www.faz.net/aktuell/beruf-chance/studie-gehaelter-nach-ausbildung-aehnlich-wie-nach-studium-15853852.html?GEPC=s5 (28.12.2018)
8 News4Teachers (2018): Meister ade? Karliczek will auch in der Berufsbildung »Bachelor« und »Master« einführen. https://www.news4teachers.de/2018/11/meister-ade-karliczek-will-auch-in-der-berufsbildung-bachelor-und-master-einfuehren/ (31.12.2018)
9 OECD (2014): OECD-Wirtschaftsberichte: Deutschland 2014. http://www.oecd.org/berlin/publikationen/wirtschaftsbericht-deutschland.htm (31.12.2018)
10 Lankau, Ralf (2016): Die Demaskierung des Digitalen durch ihre Propheten. Computer und Computerstimme als Erzieher? Eine Digital-euphorie als Dystopie. In: *Die Zeit* vom 28.01.2016
11 Schimpf, Wolfgang (2018): Nachdenken first. In: *Süddeutsche Zeitung* vom 26.11.2018

Leben oder gelebt werden?

Holger Volland
Die kreative Macht der Maschinen
Warum Künstliche Intelligenzen bestimmen, was wir morgen fühlen und denken

BELTZ

Immer klügere Algorithmen beeinflussen, wen wir lieben, welche Nachrichten wir lesen und ob wir einen Kredit bekommen. Bilder malen wie Rembrandt, preisgekrönte Romane schreiben oder Musik komponieren – Algorithmen scheinen einfach alles zu können.

Holger Volland beschreibt, wie sich Künstliche Intelligenz bereits in unser Leben und unsere Kultur eingeschlichen hat – und was das mit uns macht. Der profunde Kenner der digitalen Entwicklung zeigt uns: Wo profitieren wir von kreativen Maschinen? Wo lauert Gefahr für uns? Und was können wir tun, um auch weiterhin über unser Leben zu bestimmen und Herr im (digitalen) Haus zu bleiben?

»Locker-leichtes Lesevergnügen, das nachdenklich macht.«
Michael Lange, Deutschlandfunk

»Ein fundiertes, gut lesbares Buch über die Zukunft, die unsere sein wird.«
Dierk Wolters, Frankfurter Neue Presse

Holger Volland
Die kreative Macht der Maschinen
Warum Künstliche Intelligenzen bestimmen, was wir morgen fühlen und denken
Gebunden im SU, 253 Seiten
ISBN 978-3-407-86509-0

www.beltz.de

Fünf Fragen für ein gutes Leben

»Fünf Fragen reichen aus, um gut durchs Leben zu kommen.« Mit dieser Botschaft verabschiedete James E. Ryan seine Studenten aus Harvard – und inspirierte Millionen von Menschen, die seine Rede im Internet angeschaut haben. Anhand privater Erlebnisse und beruflicher Erfolge entfaltet Ryan die Wirkungsmacht einfacher Fragen wie »Wie jetzt?!«, »Mich wundert, warum ...«, »Könnten wir zumindest ...?«, »Wie kann ich helfen?« und »Was zählt wirklich?«.

Diese fünf einfachen Frageformen helfen, das Wesentliche immer im Auge zu behalten, Diskussionen zu öffnen und Veränderungen auf den Weg zu bringen. Verblüffend, authentisch und berührend ermutigt Ryan in diesem Buch dazu, Fragen wie Schlüssel zu gebrauchen, um persönliche Ziele zu erreichen und die eigenen Ideale zu verwirklichen.

James E. Ryan
Wie jetzt?!
Und andere entscheidende
Fragen des Lebens
gebunden im Schutzumschlag
171 Seiten
ISBN 978-3-407-86507-6